BLACK BRAND 2

Unitas BRAND

PUBLISHER / EDITOR-IN-CHIEF 권 민
ART DIRECTOR 안은주

COMMUNICATION MANAGER 조선화

EDITOR 윤현식, 조아라, 박지연
ASSISTANT EDITOR 문지호

FEATURE EDITOR 배근정

WEB EDITOR 박요철

SPECIAL FEATURE EDITOR
UNITAS CLASS 김우혁 김경필

BOOK DESIGN AND ARTWORK
ART DESIGNER 이상민, 이진희, 박혜림

UNITAS FINDER
PHOTOGRAPHER 김학중

BUSINESS MANAGER 진경은
MARKETING MANAGER 김일출
MARKETING 윤인섭, 최승원
CONSUMER MARKETING 양성미
EDUCATION MANAGER 신현선

WEB CHIEF EXECUTIVE OFFICER 주로니

SPECIAL COMMITTEE OF DIRECTOR
주우진, 홍성태, 나건

도서등록번호 서울 라 11598
ISBN 978-89-93574-08-1
출판등록 2007. 7. 3
1판 1쇄 발행 2009. 2. 9
2판 2쇄 발행 2011. 9. 1
인쇄 ㈜다온기획

3F, 907-4, Seokgyo bldg., Bangbae-dong,
Seocho-gu, Seoul, KOREA, 413-843
서울시 서초구 방배동 907-4 석교빌딩 3층
Tel 02) 542-8508 Fax 02) 517-1921
광고문의 02) 333-0628
구독문의 02) 545-6240 010) 4177-4077

이 책은 저작권법에 따라 보호 받는 저작물이므로 무단전재와 무단복제를 금지하며,
이 책의 전부 또는 일부를 이용하려면 반드시 ㈜모라비안유니타스의 서면 동의를 받아야 합니다.
이 책에 수록된 글, 사진, 그림 등은 ㈜모라비안유니타스에 저작권이 있으며, 이미지는 저작권자의 허락을
얻어 실었습니다. 계약을 얻지 못한 일부 이미지들에 대해서는 편집부로 연락하여 주시기 바랍니다.

www.unitasbrand.com

MARKETING INSIGHT

Unitas BRAND Editor's letter

마케팅과 우주 과학을 공부할 때, 공통으로 필요한 능력은 '상상력'이다.
마케팅과 인류학을 공부할 때, 공통으로 필요한 능력은 '통합력'이다.
마케팅과 물리학을 공부할 때, 공통으로 필요한 능력은 '법칙 추론력'이다.
마케팅과 유치원에서 똑같이 배우는 학문은 '엔터테인먼트'다.
마케팅과 조직 폭력배가 똑같이 배우는 학문은 '군중 공포 심리'다.
마케팅과 CSI 범죄 과학 수사대에서 똑같이 배우는 학문은 '감식분별력'이다.

마노 경영자, 마케터, 그리고 브랜드 관리자를 동시에 경험한 사람이라면 마케팅은 인간이 만든 모든 학문을 통합시킨, '종합 학문'이 아닌 '종합 예술'이라고 인정할 것이다. 왜냐하면 마케팅을 공부해서 얻는 '전문적인 지식'이 아니라 상상과 실행을 통해서 얻는 '창조적인 능력'이기 때문이다. 따라서 수십 권의 마케팅 책을 읽고, 번듯한 MBA를 나오고, 최신 해외 사례를 줄줄 꿰고 있다고 해서 완벽한 마케터가 될 수는 없다.

마케팅은 구리를 금으로 만들 수 있다는 연금술처럼, 보이는 것(상품)을 (가치로) 보이지 않게 하고, 보이지 않는 것(욕망)을 (브랜드로) 보이게 하는 일종의 마술에 가까운 능력이다.

브랜드는 인간의 꿈과 욕망, 그리고 가치의 덩어리로 구성된다. 따라서 이것을 만드는 사람은 창의적인 상상으로 사람의 움직임을 계량화하여 법칙을 만들고, 컬러와 디자인, 그리고 이름으로 실체를 만들어 그것을 소유하는 꿈과 그것에 중독시키는 호르몬을 집어넣는다. 결국 마케터는 사람들에게 어제까지는 상품인 것을, 오늘은 작품으로 보여주어야 한다.

그런데 이런 일을 하는 사람은 무슨 학과를 나와야 할까? 직무를 뭐라고 불러야 할까? 디자이너, 크리에이티브 디렉터, 이노베이터, 마케터, 브랜드 매니저… 이런 사람은 어떤 사람일까?

유니타스브랜드는 이런 사람들을 위한 책이 되고자 발행되었다. 그래서 현장 중심적인 관점으로, 사례를 우선으로, 매출 통계같은 숫자보다는 그것을 움직이는 인사이트를, 그리고 보도자료보다는 숨은 이야기를 다루어왔다. 이번에 새롭게 편집된 유니타스브랜드의 블랙 브랜드 Black Brand 는 브랜드에 대해서 창의적 접근을 할 수 있도록 기존의 것에 상상력 엔진을 끼워 넣었다. 그래서 잡지처럼 읽으면 안 되며, 그렇다고 실력평가 문제집처럼 답만 달아서도 안 된다. 이 책은 마케팅 현장을 상상하도록 만들었다. 그래서 그림책에 가깝게 재편집 되었다.

아인슈타인은 물리학에서 가장 필요한 능력이 '상상력'이라고 말했다. 왜냐하면 그때는 우주를 볼 수 있는 허블 망원경도 없었고, 원자와 분자를 보는 디지털 현미경도 없었기 때문에 보고 싶은 것을 오직 상상력으로만 볼 수 있었다. 그럼에도 불구하고 우리가 아는 대부분의 우주 이론과 물리학 공식은 이런 상상력의 결과물이다. 마케팅도 상상력을 쓰는 학문으로 가설과 이론을 세우는 과정은 비슷하다. 미래의 시장을 알 수 없고, 사람의 욕망은

숫자로도 표현 할 수 없다. 우리가 사용하는 브랜드 내부분은 상상력의 소산이다.

이번 버전은 그동안 나왔던 것을 펌업시킨 것이 아니고, 새롭게 추가한 것도 없다. 원래 유니타스브랜드가 의도했던 상상 워크숍 용으로 만들었다. 혼자서 상상하면 공상이 된다. 반면에 여러 명이 함께하면 새로운 관점을 배울 수 있다. 이 책을 가장 효과적으로 사용하기 위해서는 3명 이상 모여 상상하면서 현실에 적용해야 한다.

이 책은 3년 동안 200여개의 회사에서 약 3,000명이 브랜드를 공부하기 위해 사용한 책이다. 이 책은 유니타스클래스에서 유니타스브랜드의 아티클을 현장 워크샵용으로 기획해 재편집한 것으로서 시장의 지식이 아니라 경영의 지혜를 원하는 비즈니스맨들을 위한 학습 교재다. 마케팅 마인드 편과 마케팅 인사이트 편 두 권으로 구성된 블랙 브랜드는 각 편이 3부로 구성 되어 있으며 각 부는 개요와 도입 질문, 그리고 탐구 후 마무리 학습을 위한 질문을 제시하여 자기학습을 위한 도구로 사용할 수 있다. 특히 브랜드 전담팀 및 관련팀들이 브랜드에 대한 서로의 견해와 지식을 공유할 수 있도록 워크숍 토론용으로 구성되었다.

이 책의 핵심은 '질문'에 있다. 질문 자체가 어렵기 보다는 평상시에는 느낌으로만 가지고 있던 암묵지를 형식지로 말하게 유도해 생각과 동시에 흩어진 개념들을 정리하게 한다. 따라서 질문을 읽기만 하고 넘어가면 이 책의 효과를 전혀 볼 수 없다. 따라서 까다롭게 느껴지더라도 질문에 답하면서 자신의 생각을 정리해 보는 것이 좋다.

명료한 전략은 명료한 생각에서 나온다. 명료한 생각은 처음부터 완성되어 있는 것이 아니라 여러 개의 질문을 통해서 깎아짐으로 만들어진다. 책의 컨셉이 '블랙'인 것은 어두운 무지의 공간을 질문과 대답의 마찰로 밝혀 보자는 이 책의 의도 때문이다.

어떤 질문에는 인생의 답이 있는 것처럼, 브랜드에 관한 어떤 질문에는 기업의 영속 가능을 위한 답이 있다.

CONTENTS

BLACK BRAND 2

Chapter 1 소비자는 브랜드의 판타지를 수집한다

012 꿈의 사회에서 꿈꾸는 마케팅 – 《드림 소사이어티》의 저자, 롤프 옌센 유니타스브랜드 Vol.3 '고등브랜드' 중

020 신들의 가면 유니타스브랜드 Vol.1 '판타지 브랜드' 중

028 신들의 박물관 유니타스브랜드 Vol.1 '판타지 브랜드' 중

032 판타지의 주문 Habracadabrah 유니타스브랜드 Vol.1 '판타지 브랜드' 중

036 신들의 거짓말 유니타스브랜드 Vol.1 '판타지 브랜드' 중

044 호모 판타지쿠스, 호모 브랜드쿠스 유니타스브랜드 Vol.1 '판타지 브랜드' 중

Chapter 2 소비자는 가질 수 없는 것을 갖고 싶어한다

052 감 마케팅 유니타스브랜드 Vol.3 '고등브랜드' 중

055 브랜드 진, 선, 미 유니타스브랜드 Vol.3 '고등브랜드' 중

058 탐미주의 소비 트렌드 유니타스브랜드 Vol.3 '고등브랜드' 중

070 강력한 메시지의 스틱! – 《Stick》의 저자, 칩 히스 유니타스브랜드 Vol.4 '휴먼브랜드' 중

074 고객이 최고의 마케터다! – 《Grapevine》의 저자, 데이브 볼터 유니타스브랜드 Vol.2 '브랜드 뱀파이어' 중

078 (BRAND CASE 1) – 초신성 브랜드, 컨버스 유니타스브랜드 Vol.2 '브랜드 뱀파이어' 중

098 (BRAND CASE 2) – SKY72 유니타스브랜드 Vol.6 '브랜드 런칭' 중

Chapter 3 소비자가 원하는 것은 '날 것'이다

114 RAW는 브랜드의 속살인가? 가죽인가? 유니타스브랜드 Vol.7 'RAW' 중

120 마니아 브랜드를 구축하는 RAW 메커니즘 유니타스브랜드 Vol.7 'RAW' 중

128 브랜드의 RAW, well-done으로 맛보기 유니타스브랜드 Vol.7 'RAW' 중

134 (BRAND CASE 3) 두 두둥 두 둥둥둥, 우리에게 야생의 심장을 넣다. 할리데이비슨 유니타스브랜드 Vol.7 'RAW' 중

144 (BRAND CASE 4) 음~~~~흠, 신이 만든 향기를 팔다. 러쉬 유니타스브랜드 Vol.7 'RAW' 중

152 (BRAND CASE 5) 똑, 쪼로록, 쪼로록, 똑똑, 커피의 즙을 먹다. 일리 유니타스브랜드 Vol.7 'RAW' 중

아이디어는 많다. 하지만 전략이 없다.
전략은 많다. 하지만 실행이 없다.

1

"소비자는 브랜드의 판타지를 수집한다."

제품은 이용이 목적이고, 작품은 수집이 목적이다.
제품에 원하는 것은 편익이고, 작품에 원하는 것은 가치다.
제품은 합리적인 기준이고, 작품은 감성적인 선택이다.
최근에 구매한 브랜드 5개를 적어 본 다음에 그것이 제품이었는지
아니면 작품이었는지를 살펴볼 때, 자신이 누구인지를 알게 된다.
당신은 소비자인가? 아니면 수집광인가?

Opening Question

Q1 당신이 생각하는 최고의 브랜드는 무엇입니까?

Q2 그 브랜드에 대한 당신의 생각과 느낌 그리고 가치를 '시'로 써 보세요.

CHAPTER 1

스토리로 미래 경영의 진화를 이끄는
상상 전문 최고 경영자이자(CIO: Chief Imagination Officer),
《드림 소사이어티Dream Society》의 저자, 롤프 옌센Rolf Jensen
돈을 버는 꿈을 꿀 것인가? 꿈꾸면서 돈을 벌것인가?

꿈의 사회에서 꿈꾸는 마케팅

미래에는 마음을 가진 회사가 필요합니다. 단지 이익을 추구하는 것 말고 말이죠.
주주가 아니라 소비자를 위한 회사 말입니다.

The Interveiw with Rolf Jensen

Rolf Jensen

정치학과를 졸업하고 외교·안보·국방 외무부에서 근무한 경력이 있는 롤프 옌센Rolf Jensen은 1983년부터 미래와 스토리텔링 연구에 몰입했다. 이러한 그의 노력이 2001년, 덴마크의 유명한 스토리텔러인 안데르센Hans Christian Andersen의 탄생일인 4월 2일과 동일한 날에 드림컴퍼니Dream Company를 탄생시켰다. 비즈니스의 삶에 좀 더 감성적인 측면들이 통합되어야 한다는 사실이 중요해지고 있는 요즘, 드림컴퍼니는 그 이름에서 보여지는 것처럼 꿈과 회사가 동등한 비중으로 두 가지 측면을 모두 가지고 있다. 그래서인지 직원들의 꿈과 상상력을 자극할 만한 사물들이 사무실 곳곳에 배치되어 있다. 벽을 가득 메우는 영화포스터들은 늘 스토리를 생각하게 하고, 수제 가구들은 사람들의 욕망을 자극시킨다. 또한 사무실 앞에 진보적이면서 동시에 순수함을 갖춘 아이보Aibo가 서 있는데, 이는 미래에 서로 간의 소통이 중요해 질 것임을 상징한다.

이러한 곳에서 일하고 연구하는 그에게 꿈의 마케팅에 관한 이야기를 듣고 싶어 인터뷰를 요청했다. 몇 번의 한국 방문으로 인한 친근감 때문이었는지, 흔쾌히 수락해 주었고, 미래의 스토리텔링과 꿈의 마케팅에 대한 그의 이야기를 들을 수 있었다. 그의 저서 《드림 소사이어티Dream Society》는 10개 국의 언어로 번역될 만큼이나 주목을 끌었다. 최근에는 제2판이 새로운 케이스와 지식으로 업데이트되어 덴마크어로 출판되었다. 이번에는 어떤 미래에 관한 스토리와 꿈에 대해서 이야기할지 기대해 본다.

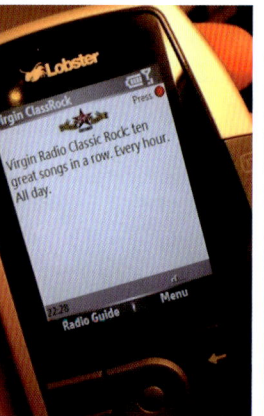

버진그룹, 애플, 삼성, LG의 스토리텔링(사진출처_http://www.flickr.com)

STORY TELLING

스토리를 발견하십시오. 단, 발명하지는 마십시오.
왜냐하면 스토리는 믿을 만한 근거가 있는 진짜여야 하기 때문입니다.
이것은 마치 스토리를 채굴하는 것과 같습니다.

《드림 소사이어티》에서 이야기 시장의 중요성을 강조하면서 '스토리는 상품개발을 피할 수 있는 방법이 될 수 있다'고 언급하셨습니다. 하지만, 애플사 경우는 이러한 모델을 따르지 않고 스토리와 더불어 끊임없이 제품을 업그레이드 합니다. 이러한 부분에 대해서 어떻게 생각하십니까?

일반적으로 브랜드에 새로운 점을 추가해야 하는 것은 사실입니다. 스토리를 발전시키기 위해서라도 말이죠. 하지만 만약 그것이 전통이 있는 브랜드라면 브랜드 아이덴티티를 변화시키지 마십시오. 크리스마스 트리가 여전히 변화하지 않는 것처럼 말이죠.

스토리텔링을 잘하고 있는 브랜드는 무엇이며, 그 이유는 무엇입니까?

잘 알려진 브랜드를 말하자면, 버진 그룹 Virgin Group이 좋은 예입니다. 그들은 소비자의 입장에서 생각하고 친구가 되려고 애씁니다. 반대로 적이 되는 회사는 소비자들이 높은 가격을 지불하게 만들죠.

저서에 문화 전쟁과 이야기 전쟁에 대하여 언급하셨는데, 미래에 모든 브랜드가 스토리에 집중한다고 가정했을 때, 차별화 전략은 무엇입니까?

과거에는 최고의 제품이 시장을 장악했지만, 미래에는 최고의 스토리가 시장을 지배할 것입니다. 가장 필요한 것은 좋은 스토리죠. 영화 시장을 보십시오. 영화 시장에서 다른 영역을 무시할 수는 없지만, 그 시장의 핵심은 이야기에 의해서 움직입니다. 이와 같은 현상이 브랜드에서도 벌어질 것입니다.

중국 시장의 미래와 성장 가능성에 대해 세계적인 관심이 높습니다. 이야기 전쟁 혹은 문화 전쟁 관점에서 중국을 어떻게 생각하십니까?

중국은 현재 최상의 물질주의 시대에 놓여 있습니다. 중국이 드림 소사이어티 시장에 진입하려면 10년 정도의 시간은 필요할 것이라고 생각됩니다. 그 전까지 중국 회사들은 세계의 공장이라고 할 수 있습니다

《드림 소사이어티》에서 시장을 6가지로 나누셨는데, 이 중에서 가장 중요한 시장은 무엇이라고 생각하십니까?

*사랑과 우정에 관한 시장이 가장 중요합니다. 일로 인해 오랜 시간동안 가족과 친구들이 힘들어하는 상황에 처해 있다면, 우리는 이러한 불균형을 해결해 줄 수 있는 제품이나 서비스가 필요합니다. 가장 좋은 예가 스타벅스입니다. 스타벅스가 말하는 문화는 사랑과 우정을 기초로 하고 있습니다.

 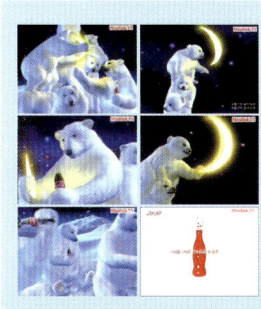 

*진실의 시장, 사랑과 우정

2008년 1월에 진행되고 있는 코카콜라 광고의 카피는 '사랑을 나눠요, 코카콜라'이다. 2000년 초부터 'Coca Cola Enjoy'와 'Always, Coca Cola' 캠페인을 진행했던 코카콜라가 이제 사랑이라는 컨셉을 내세운다. 롤프 옌센이 미래에 가장 의미있다고 말하는 사랑과 우정 그리고 연대감 시장의 중요성을 사치 앤 사치의 CEO인 케빈 로버츠Kevin Roberts도 《러브마크Lovemarks》에서 러브마크의 구축을 주장하면서, 그 파급효과는 커졌다. 롤프 옌센은 드림 소사이어티 시대가 도래하면서 사랑이라는 그 자체의 시장을 형성하지는 않겠지만, 포인트는 사랑을 상징화하는 기업이 중요하다는 것이다. 그가 스타벅스를 사랑과 우정의 시장의 예로 든 것은 의식儀式을 무대화하여 '사랑'을 최대한으로 잘 상징화 했다는 것을 의미한다. 즉, 스타벅스는 자신 만의 드라마틱한 스토리를 낭만적으로 소비자에게 전달했다. 스타벅스는 그들의 스페이스를 통해, 낭만적이고 문화적인 여유를 스토리화 하여 소비자들에게 전달하였다. 최근 우리나라 기업 및 제품 광고도 제품의 장점 보다는 '사랑' 혹은 '가치'에 관한 캠페인을 전개하고 있는 추세이다.

CHAPTER 1

스토리의 진실성

스토리는 발명되는 것이 아니라 발견하는 것이라는 롤프 옌센의 주장의 근거는 진실성authenticity이다. 스토리가 진짜임을 강조하는 것도 진짜 여야만 진실성을 찾기가 좀 더 쉬워지기 때문이다. 소비자들은 의미, 근본, 진실성을 원하며, 제품이 어떻게 만들어지는지를 궁금해하는 것은 제조자의 열정이 제품에 그대로 묻어있기 때문이다. 사람들은 피상적이고 오직 이익을 위해서만 만들어진 제품에 대해서는 많이 지쳐있다. 사람들은 가슴 속 깊은 곳에서 나오는 진실성을 갈망하기 때문에 단지 어느 여타의 상품의 스토리여서는 안 된다. 그 스토리는 당연히 사실이어야 하고 마음에서 우러나오는 진실성을 바탕으로 해야 한다. 소비자들은 점점 사람들의 스토리를 경청하기를 좋아한다. 그래서 사람들은 점점 사실이면서 마음에서 우러나온 스토리와 거짓 스토리의 차이를 알아가고 있다(Authenticity-The Next New Thing, 블로그 기사). 그래서 오직 진실한 진실만이 브랜드의 가치를 올리는 핵심 전략이 되고 있다.

피터 구버Peter Guber(미국 유명 영화 프로듀서)의 스토리에 관한 진실성

①이야기하는 사람에게 진실 되십시오. 네, 역시나 또 진실성에 관한 이야기입니다. 마음을 열고 당신이 누구인지를 보여주고, 나누십시오.

②청중들에게 진실 하십시오. 여러분이 그들에게 감성적인 가치와 개인적인 통찰력을 줄 것이라고 기대하기 때문에, 청중들은 자신들의 시간을 투자하는 것입니다.

③그 순간에 진실 하십시오. 준비하고 나서 임기응변으로 대응하십시오. 임기응변은 청중들을 잃지 않게 할 수 있는 좋은 수단이 될 것입니다.

④미션에 진실 하십시오. 당신도 믿지 않는 어떤 것에 사람들이 그것을 하도록 격려하는 것은 시도조차 하지 마십시오. 그들도 역시 그것을 믿지 않을 것입니다.

위에 언급한 4가지 조언은 피터 구버가 생각하는 진실성에 대한 의견이다. 그가 언급하는 진실은 무엇이 좋은 스토리를 만드는가와 관련이 있다. 피터 구버는 미국 영화 프로듀서로서 《플래시댄스Flashdance》 《레인맨Rainman》 《베트맨 2Batman Returns》 《탱고와 캐쉬Tango & Cash》 등 20여 편 이상의 영화를 프로듀싱 했다. 그의 아이디어들은 추상적인 이론들에 바탕을 두지 않았다. 그래서 그는 아이디어, 인사이트 아니면 조언을 얻기 위해 하버드 비즈니스 리뷰Harvard Business Review를 펼쳐 드는 경영자들과 다르다. 그의 아이디어는 사람들이 여러분의 스토리를 위해 전액을 기부하는 진짜 삶에 기초한다고 한다. 이러한 피터 구버의 진실에 관한 생각은 롤프 옌센이 스토리의 중요성을 언급하면서 영화 시장을 보면 알 수 있다고 했던 것과 일맥상통하는 면이 있다. 영화시장에서도 스토리의 진실성은 요구되며, 이것은 그대로 브랜드의 스토리텔링 전략으로 이어지고 있다.

케빈 로버츠Kevin Roberts가 《시소모Sisomo》에서 말하는 12가지 진실하고 좋은 스토리를 만드는 요리법 공개

①위대한 스토리는 사람들을 감동시킵니다. 스토리들은 우리 자신들의 욕망과 경험 그리고 우리가 관심 있어하는 것과 관련이 있습니다.

②위대한 스토리는 확산됩니다. 훌륭한 스토리를 전달하려는 열망은 참을 수 없을 만큼 크고, 반드시 공유되어야만 합니다.

③좋은 스토리는 신뢰 안에 쌓여 있습니다. 그래서 그 스토리들은 실용적인, 직감적인, 감성적인 센스를 발산합니다.

④훌륭한 스토리는 감성과 연관됩니다. 진실되고, 참을 수 없이 밀려오는 감정들은 모든 스토리를 이끌어 냅니다.

⑤위대한 스토리는 놀라우며, 기쁨을 줍니다. 이러한 스토리들은 무한히 기대치 않는 것일 수도 있습니다. 단지 새로움이나 흥미 있는 것뿐만이 아니라, 창의적이고 감정적이며 사실적인 스토리들입니다.

⑥위대한 스토리는 문맥이 있어야 합니다. 그것이 동화든 비즈니스 강의든 스토리들은 사실과 이벤트들이 서로 얽혀 있어서 우리들은 스토리의 더 큰 의미들을 이해하게 됩니다.

⑦훌륭한 스토리는 발 빠르게 일하는 사람들입니다. 스토리들은 믿을만한 사실과 함께 우리의 이성적이고 논리성보다 앞서 있습니다.

⑧위대한 스토리는 기술적으로 만들어집니다. 사람들은 스토리가 스킬과 노력으로 묘사되는 것을 좋아합니다.

⑨좋은 스토리는 사람들을 웃게 합니다. 유머는 우리를 진정시키고, 새로운 아이디어들에 대해서 마음을 열게 합니다.

⑩좋은 스토리는 사람들을 똑똑하도록 가르칩니다. 훌륭한 스토리들을 통해서 사람들은 잘못된 정보를 즉시 지적하도록 배우고, 질이 떨어진 스토리들은 편견을 강화시키고, 사실을 숨깁니다.

⑪훌륭한 스토리는 사람들을 인격이 있는 사람이 되도록 가르칩니다. 함께 시간을 보내고 싶은 사람으로 말입니다.

⑫훌륭한 스토리는 사람들이 다른 세계에도 열린 마음이 되도록 합니다. 상상의 세계, 새로운 지리, 새로운 현실로 오신 것을 환영합니다.

생물에도 상대적으로 고등과 하등이라는 개념이 있듯이 비즈니스에서도 고등과 하등 브랜드가 있을 수 있다고 생각합니다. 저자께서 생각하시는 고등브랜드는 무엇이며 그 이유는 무엇입니까?

고등브랜드는 이타적이어야 한다고 생각합니다. 당신의 친구들이 당신 옆에 있는 것처럼 말입니다. 그리고 그 친구들은 당신의 돈을 원하지 않습니다. 고등브랜드는 소비자들과 도덕적인 친구가 될 수 있는 브랜드입니다.

특히, 고등브랜드의 특징 중에서 이타적이라는 관점은 《드림 소사이어티》에서도 선행을 실천하는 기업에 대해서 긍정적으로 언급했던 부분과 일치합니다. 이타적인 기업은 어떤 측면에서 중요하다고 생각하십니까?

미래에는 마음을 가진 회사가 필요합니다. 단지 이익을 추구하는 것 말고 말이죠. 주주가 아니라 소비자를 위한 회사 말입니다. 하지만 그렇다고 이익을 무시하라는 뜻은 아닙니다. 회사는 여전히 이익을 내야합니다. 저는 단지 그것을 하기 위한 방향에 대해서 말했을 뿐입니다.

책에 나오지 않는 사례 중에 현재 어느 브랜드가 미래 시장에 있어서 최고의 브랜드가 될 것이라고 생각하십니까?

전자 시장에서 일어나는 일은 경이롭습니다. 삼성과 LG, 애플을 예로 들 수 있을 것 같네요. 그들은 드림 소사이어티에 진입하고 있습니다. 디자인, 컬러, 스토리에 관한 부분에서 말이죠. 마이크로소프트는 이와 반대입니다. 마이크로소프트는 여전히 정보 사회입니다. 제품이 잘 작동하는 기능적인 측면에서는 훌륭하지만, 이러한 기능적인 면은 오늘날 소비자에게 당연한 것으로 받아 들여지기 때문입니다.

개인적으로 가장 좋아하는 브랜드는 무엇이며 그 이유는 무엇입니까?

특정 브랜드 하나를 언급하기 보다는, 양조장에서 장인들의 사랑과 전통을 가지고 소량으로 생산되는 맥주를 좋아합니다. 한국에도 몇몇의 전문 기술을 갖춘 장인들이 있을 거라고 생각합니다. 앞으로 더 많은 사람들이 나올 것입니다. 비록 그들이 크게 되지는 않고 작게 머물지라도, 저는 이렇게 작은 곳에서 소중하게 만들어내는 브랜드들을 선호합니다.

현재, 저자께서는 기업에 영향력 있는 사람이 되셨습니다. 그렇게 되기 위해서 어떤 노력을 기울이셨습니까?

보통 사람들이 삶에서 가장 기발한 아이디어를 생각할 수 있는 것이 한 번인데, 만약 그 아이디어가 받아들여진다면, 그것은 큰 행운입니다. 그리고 그 행운 또한 중요합니다. 포인트는 타이밍입니다. 그리고 그것을 위해서 전력을 다하는 헌신이 필요합니다. 이것은 인생에 있어서 더할 나위 없이 중요한 목표임에는 틀림이 없습니다. 총력을 다하는 헌신은 대가를 요구하기 마련이죠. 현실적인 것 하나만 더 말하고 싶은데, 영어는 성공을 위한 핵심 키입니다. 그것을 좋아하든 싫어하든 상관없이 말이죠. 쉬운 일은 아닙니다. 그래도 현재로서는 미국 출판사들만이 세계적으로 책을 판매할 수 있는 파워를 가지고 있습니다.

브랜딩을 할 때, 가장 중요한 원칙과 전략은 무엇인지 현재 마케팅을 하고 있는 마케터에게 조언해 주십시오.

스토리를 발견하십시오. 단, 발명하지는 마십시오. 왜냐하면 스토리는 믿을 만한 근거가 있는 진짜여야 하기 때문입니다. 이것은 마치 스토리를 채굴하는 것과 같습니다. 회사의 가치를 정말 잘 반영할 수 있을 만한 몇 개의 좋은 스토리를 발견하는 것을 시도하세요. 그리고 그것을 잘 말하는 것이 중요합니다. 그러한 스토리가 주목을 끌기 위해서는 마음으로부터 나온 것이어야 합니다. 또한 스토리는 모순되는 점이 있어야 하고 모순에 대해서 말하면서 그것을 어떻게 해결하였는지에 대해서도 언급하십시오. 어느 기업이든 좋은 스토리를 가지고 있습니다. 그것을 발견하기까지 시간이 걸릴지도 모르지만 말입니다. 그 이야기는 반드시 돈과 관련이 없는 것들이야 한다는 사실도 명심해야 합니다.

꿈을 파는 기업을 강조하셨는데, 꿈을 팔지 않는 기업에 대해서는 어떻게 생각하십니까?

제가 꿈을 파는 사회에 대해서 이야기하고 있긴 하지만, 우리는 스토리 없이도 여전히 제품을 산다는 것을 기억해야만 합니다. 이것 또한 미래의 한 부분이라는 사실도 알아야 합니다. 그렇기에 중국과 다른 나라들과의 치열한 가격 경쟁도 받아들일 준비를 해야 하는 것입니다.

한국 기업을 브랜딩하기 위한 조언을 부탁 드립니다.

앞에서 빅 브랜드들을 이미 언급은 했습니다만, 한국기업들은 많은 스토리들을 가져야 합니다. 특히 전통적인 제품, 장인들에 대해 말할 수 있는 지역적인 것들 말이죠. 그리고 한국 정부는 하이테크에 투자를 많이 하고 있습니다. 하지만 모든 전통적인 생산자들이 그들의 스토리들을 전 세계에 말할 수 있도록 지원해주어야 합니다. UB

CHAPTER 1

지금으로부터 3,000년 전에 사람들의 입에서 돌아다녔던 수많은 그리스와 로마의 신들이 지금은 브랜드로 환생해 시장에서 또 다른 신화를 만들고 있다. 인간에게 문자가 있기 전부터 존재했던 신들의 생존과 통치 방식은 무엇일까? 이야기를 통해서, 책을 통해서, 그림을 통해서, 조각상을 통해서 그리고 지금은 상품을 통해서 자신의 또 다른 이야기로 사람들을 지배하고 있다.
승리를 위해서는 나이키 여신을 불러야 하고, 일상의 피로를 풀기 위해서는 스타벅스의 싸이렌 여신의 섬으로 놀러가야 한다. 시장은 신들의 카니발이다.

이상한 나라의 앨리스 1
신들의 가면

"마술사님, 오늘 제가 짜 드린 관광 코스는 어떠셨어요? 좋으셨죠? 아참! 그리고 여행 끝나고 저에게 아무 소원이나 한 가지를 이루어 주겠다고 약속한 것은 절대 잊지 마세요!"
바컴 컨설팅 회사의 브랜드 담당자인 앨리스는 곧 자신의 소원을 말할 것을 생각하며 흥분하면서 물었다. 너무나 흥분한 나머지 그의 손에 뭉툭하게 잡혀 있는 스타벅스의 녹차 프라푸치노의 두툼한 생크림이 땅에 떨어질 뻔했다.
"엘리사? 뭐라고?"
마법사는 얼굴을 찡그리면서 앨리스를 쳐다보았다.
"예? 아…저요! 저는 엘리사가 아니라 앨리스인데요."
"앨리스 나도 앨리스가 엘리사가 아니라는 것은 알고 있어. 이름을 바꿔 부르니까 기분 나쁘지? 나도 마술사가 아니라 마법사라고 불러줘. 마술사와 마법사는 차이가 있는 것이 아니라 차원이 다르단 말야."
"아…그렇군요, 몰랐습니다. 죄송합니다."
앨리스의 얼굴은 홍당무가 되었다.
"그런데… 어떤 차이가 있죠?"
앨리스는 눈치를 살피면서 오즈의 마법사에게 물었다.
"내가 사는 오즈에서는 인간들이 말하는 마술사의 계급과 직분을 가진 사람들은 없어. 그들은 광대처럼 쇼를 하는 것이지. 오늘 아침에 네모난 상자,

"그러니까 너희들이 말하는 TV라는 곳에서 마술사들이 나와서 어설픈 손기술과 눈속임을 하는 마술이라는 것을 보았어. 사람이 없어지고, 비둘기가 나오고, 그리고 사람의 목이 잘려 나가고 다시 붙고… 맞지?"
"예!"
"하지만 사람들은 신기한 것에 대해서 궁금해하지 않더라구. 그냥 마술사가 자신을 기가 막히게 속인 것에 대해서 재미있어하고 왜 그런지는 생각도 하지 않더군."
"그러면 마법사님은요?"
앨리스는 눈을 크게 뜨면서 마법사 바젤라의 손을 보았다. 왜냐하면 바젤라 마법사의 손이 천천히 움직이고 있었기 때문이다. 손놀림은 느렸지만 천천히 그 모습이 달라졌다. 마법사 바젤라는 천천히 커다란 푸른 새가 되었다.
"말도 안 돼."
앨리스는 너무 놀라서 스타벅스 카페에서 소리를 질렀다. 그러나 주변의 사람들은 지금 바젤라 마법사가 커다란 붉은 새로 변했음에도 불구하고 아무것도 눈치채지 못하고 있었다. 아니 그 누구도 신경을 쓰지 않았다. 바젤라는 다시 사람의 모습으로 변했다.
"이것이 마법이지."
마법사 바젤라는 자신의 앞에 있던 뜨거운 카라멜 마끼아또를 한 입에 벌컥 마셔버렸다. 또한 분명 뜨거운 카라멜 마끼아또임에도 불구하고 마법사는 얼음을 씹어 먹었다. 앨리스는 멍한 얼굴로 그를 쳐다보았다.
"저…정말…마…마법사군요."
"그래 나는 오즈의 마법사야."
"햐아~ 그러면 여기서 살면 우리는 부자가 될 수 있을 것 같은데요. 그 마법으로…햐아."
앨리스는 너무나도 기뻐서 얼굴에 있는 미소가 환희의 웃음으로 변하는 것을 참지 못했다.
"안 돼…. 여기서 살 수 없어."
"예? 왜요? 마법사님의 그런 능력으로 인간의 세계를 다스릴 수 있다고요."
앨리스의 흥분 때문에 그의 입에서 거대한 침이 마법사의 붉은 수염까지 날라갔다. 순간 어색했지만 마법사는 앨리스가 난처할 것 같아서 모른 척하고 말을 계속 이어갔다.
"여기는 신들이 다 지배하고 있어."

"신들이라뇨?"
"지금으로부터 3,000년 전에 신의 땅인 아틀란트 대륙과 올림푸스 산에 살았던 그 신들이 여기에 다 내려와서 모든 인간을 다

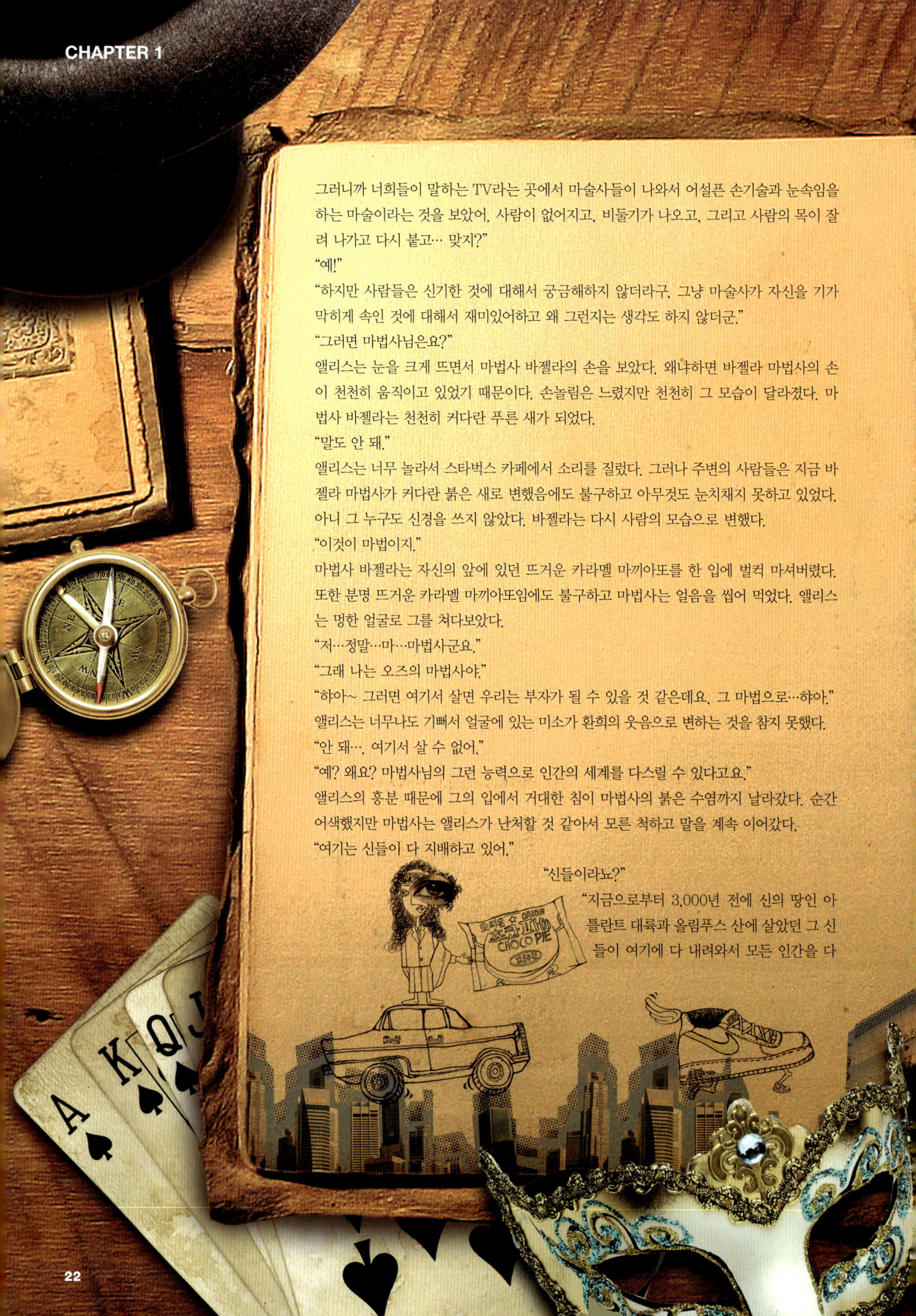

스리고 있다고."
"마법사님, 무슨 말을 하시는 거예요? 신들이 다 지배하다뇨?"
앨리스는 마법사가 자신의 수염에 묻은 앨리스의 침을 닦는 것을 보았다. 무안했다.
"내가 너와 헤어지고 이 집에서 나가자마자 갑자기 내 눈 앞에 타이탄(트럭) 신이 거대한 마차로 변해서 내 앞을 지나가는 거야, 그러더니 그 뒤로 웃을 짜는 여신인 그레이스(봉고차) 신이 똑같이 마차가 되어서 타이탄을 따라가더군. 내가 놀라서 숨을 돌리고 있는데 머큐리와 아카디아가 똑같은 마차로 변해 서 있더군. 나는 또 놀라서 모자를 벗고 경배를 하려고 하는데 화덕과 부엌의 여신인 베스타가 나보고 위험하다고 빵빵거리는 바람에 고개를 들지 못하고 그저 신들이 지나가기를 기다려야 했어."
"아니 그것들은 자동차인데…."
앨리스는 마법사 바젤라의 얼굴이 진심이라는 것을 알고 그의 말을 자르고 설명할 수가 없었다. "휴…, 겨우 숨을 돌리고 있는데 나이키 여신들의 추종자들이 거리를 뛰더군. 아마 수천 명은 될거야. 모든 나이키 여신의 부하들이 어디론가 뛰어갔어.
그들을 피해서 다른 길로 가려고 하는데 바로 비너스 여신이 운영하는 가게를 발견했지. 그 옆에는 에르메스 신의 신전도 보았어. 나는 백화점이라는 거대한 시장으로 들어갔는데 거기 안에는 신들의 제사 상품들이 가득했어. 오딧세우스를 유혹했던 칼립소(남성정장), 아프로디테에게 사랑을 받아서 신에게 저주 받았던 아도니스(양말), 메두사의 얼굴(베르사체), 그리고 제우스(시계)와 유리노메의 셋째딸 카리타스(시계), 아폴로가 사랑했던 요정 다프네(시계), 시간의 신이었던 크로노스(시계), 물의 요정인 닉스(청바지 의류), 그리고 헤라 여신(화장품)과 미네르비(화장품)를 비롯해시 포세이돈이 가장 싫어했던 사림인 오디세이(화장품). 그리고 나는 놀라서 제일 꼭대기 성전으로 갔지. 그곳에는 올림푸스(신들의 산)가 작은 마법의 상자가 되어 있었어. 나는 다시 그 건물에서 내려와 박카스 신이 만든 음료수를 먹는 사람을 보았지. 그런데 옆에는 검정 초코파이를 먹고 있는 아이도 보았는데 그 봉지에는 바다의 신 포세이돈과 에우리알레의 아들인 오리온 신의 이름이 찍혀 있었지. 그뿐만이 아니야. 내가 너무 힘이 들어 잠시 쉬려고 옆을 보았는데 사람들이 작은 집에서 차를 마시더군. 그래서 무심코 그곳에 들어갔고 그곳이 바로 여기인데, 이곳은 사이렌 여신을 섬기고 있는 스타벅스라는 신전이야. 그 신전에서 어떤 사람이 커다란 책을 읽고 있었는데 그 책 머리에는 전령신인 에르메스의 고어인 헤럴드라는 신의 이름이 찍혀 있었어. 그 이름이 뭐였더라… 맞아, 코리아 헤럴드였어. 한국의 에르메스 신이라는 뜻이라구. 여기는 신들의 땅이야. 내가 신들의 성전에서 조용히 나와서 이곳으로 오려고 할 때 어떤 사람이 여명의 여신인

CHAPTER 1

이오스^{EOS} 캐논이라는 벽돌 같은 상자를 통해서 나를 주목하고 있더군. 아마도 마법사가 허락 없이 인간의 땅에 들어온 것을 제우스에게 알리려고 했던 것 같아. 신들이 여러 가지 상품들로 환생해서 지금 이곳을 지배하고 있어. 나는 다시 오즈로 돌아가겠어."

"저기… 바젤라 마법사님, 그게 아니고요. 그것은 브랜드예요."

"브랜드?"

마법사는 자신의 커다란 유리 망토를 입으면서 앨리스를 쳐다보았다.

"브랜드가 뭐지?"

"상품의 이름이요."

"그래, 나도 알아! 바로 그것이 신들의 이름이야. 사람들은 신들의 이름을 브랜드라고 부르나?"

"아니요. 그것은 신이 아니라 상품이에요."

"앨리스, 그 신들은 내가 태어났을 때, 모르긴 해도 지금으로부터 4,000년 전에도 존재하고 있었어. 그들은 죽지 않는 신들이야."

"아니요, 그것은 상품이에요."

"앨리스, 그들은 예전에는 시인들의 입을 통해서 사람들의 마음을 지배했지. 그러나 지금은 그들이 상품이라는 것을 통해서 사람들의 삶을 같이 살고 있다구."

"무슨 말이죠?"

"신은 눈으로 볼 수 없는 존재들이야. 그러나 인간들은 그 신들을 눈으로 보게 하려고 신전을 짓거나 아니면 우상으로 만들지."

"그러니까 마법사님의 이야기는 그 신들이 사람들의 상품을 통해서 계속 이 땅을 지배하고 있다는 말인가요?"

"그렇지. 나는 신사동 도산공원 옆에 있는 거대한 에르메스 신전을 보았어. 그 곳에 들어가니 여제사장들이 즐비하게 서있더군. 그들은 에르메스 신에 대한 존경과 존엄의 얼굴을 하고 있었어. 내가 신전의 물건에 손대려고 하자 그들은 하얀 영혼의 장갑을 끼더니 에르메스 신이 직접 만든 자신의 우상들을 보여 주었어."

"그것은…"

앨리스는 마법사의 하얗게 질린 얼굴 때문에 다른 말을 할 수가 없었다.

"바로 그 모습은… 내가 2,500년 전에 그리스 마법학회에 갔을 때 봤던 에르메스 신전의 여제사장들의 얼굴과 똑같았어. 경외를 가득 띤 얼굴로 에르메스를 섬기고 있더군."

"예? 2,500년 전 마법학교요? 아니예요. 그들은 물건을 파는 점원이에요."

앨리스는 흥분했다.

"그들은 신의 사제들이야."

마법사는 하찮다는 듯이 웃으면서 말했다.

"상품을 팔고 있잖아요?"

앨리스는 답답하다는 듯이 말했다.

"신전의 거룩한 성물과 우상을 팔고 있지."

마법사 바젤라도 체념한 듯이 말하고 있다.

"좋아요, 어쩔 수 없군요. 지금 이 디지털 사회에서 저더러 그 신화를 믿으라는 건가요?

"무슨 소원이든지 다 들어주시겠다고 했잖아요?"
앨리스는 인상을 찡그렸다.
"인간은 인간을 신으로 만들지 못해.
하지만 너에게 신의 능력에 해당하는 힘을 줄게."
"신의 능력이요?"
"판타지"

CHAPTER 1

"그리고 그 신화에 나오는 신들이 이 세상을 지배하고 있다고 믿으라는 것인가요?"
앨리스는 상품이 신이라고 믿는 마법사의 지적 이해도와 수준을 의심하기 시작했다.
'이 마법사는 미개인 아닌가?'
앨리스는 속으로 생각을 했다. 하지만 마법사는 앨리스의 마음을 읽고 있었다. 마법사의 등에서는 노란색 불과 파란색 불이 피어 올랐다. 앨리스는 너무나 놀라서 아무 말도 하지 못하고 그 불이 천장까지 타고 올라가는 것을 보고만 있었다. 마법사는 앨리스가 충분히 놀랐다는 것을 알고 자신의 등에서 타올랐던 불을 껐다.
"너는 이해하는 것 만을 믿고 있는 건가? 그것은 믿음이 아니라 이해지. 진정한 믿음에는 경외감과 신뢰감이 있어. 그리고 내가 미개인이 아니라, 정신의 세계를 이해하지 못하는 네가 미개인이라고! 너는 내가 새로 변하고 불의 날개를 보여주는 것은 믿으면서도 왜 내가 하는 말을 믿지 않지?"
"예? 무슨 말씀 하시는 거예요? 그리고 미개인이라뇨?"
앨리스는 자신의 생각이 들켜서 깜짝 놀랐다.
마법사는 가벼운 웃음으로 앨리스에게 말했다.
"우리는 입으로 하는 말도 알아 들을 수 있고, 눈으로 하는 말도 알아 들을 수 있어."
앨리스는 변명하려고 했지만 갑작스럽게 마음을 들켜서 더 이상 말을 하지 못했다.
"알겠어요, 무슨 말을 하는지 잘 모르겠지만…. 그것은 인간들이 만들어 낸 이야기라구요, 허구라구요, 판타지예요."
"앨리스, 인간과 신의 차이가 무엇일까?"
"모…모르겠어요. 인간은… 죽잖아요. 그래요 인간은 죽고 신은 영원불멸하죠. 그게 차이 아닌가요?"
"그래, 지금 박카스 신이 죽었는가 살았는가?"
"예… 박카스가… 박카스는 자양강장제인데…."
"그는 술이 아니라 다른 음료로 부활한 거야. 죽지 않았지. 죽지 않은 것은 신이라고 네 입으로 말했잖아."
"그럼 박카스가 죽지 않고, 지금도 사람들에게 자신을 드링크제로 만들라고 해서 계속 존재하는 것인가요?"
"이제 이해를 하는군. 그것은 1단계야. 영원한 것은 신이다."
앨리스는 무엇인가를 알았다는 듯이 고개를 끄덕이면서 마법사를 보았다.
"물론 불완전한 개념이지만 인간들이 그렇게 정한 정의지."
"그럼 신들이 자신들을 인간들과 어떻게 다르게 정의하죠?"
앨리스는 마법사에게 물었다.
"음… 이제야 앨리스가 진리를 알 수 있는 질문을 하는군."
"예?"
"인간과 신의 가장 큰 차이점은 시공간의 차이야."
"시공간 차이요?"
"신들은 시간과 공간에 대한 제약이 없지. 즉 자연의 법칙대로 살아가는 것이 있다면 그것은 인간이고, 자연의 법칙을 뛰어넘는다면 신이지."
"아직 모르겠지만 느낄 수 있어요."

앨리스는 커다란 눈을 굴리면서 마법사를 쳐다보았다.
"그러니까 마법사님은 인간의 세계에 있는 상품들은 수천 년 동안 존재했고 사람들은 그것들을 숭배하고…그렇기 때문에 그것을 신이라고 생각하는 것이죠?"
"그러니깐 신으로 생각하는 것이 아니라 신이기 때문에 그런 거라고. 잘 나가다가 또 옆길로…"
마법사는 다시 한심한 얼굴로 앨리스를 쳐다보았다.
"어쩔 수 없어. 인간들은 인간의 생각들로 보니까 할 수 없어."
마법사는 자신의 나라인 오즈로 가기 위해서 일어났다.
"저… 잠깐만요! 마법사님 그럼 이제 제 소원을 정확히 말할 수 있을 것 같아요."
"소원이 뭐지?"
"신처럼 영원히 살 수 있는 비결을 알려 주세요. 그리고 시간과 공간도 초월하게 그리고…"
앨리스는 말을 맺지 못했다. 너무나 큰 소원이었기 때문이다.
"결국 너도 신이 되고 싶은 것인가?"
"그것은 아니지만 신처럼… 아니 신의 경험을 하고 싶어요."
"인간이기에 신이 될 수 없어."
마법사는 고개를 좌우로 흔들었다.
"무슨 소원이든지 다 들어주시겠다고 했잖아요?"
앨리스는 인상을 찡그렸다.
"인간은 인간을 신으로 만들지 못해. 하지만 너에게 신의 능력에 해당하는 힘을 줄게."
"예? 신의 능력이요?"
"판타지"
"판타지요? 무슨 말이죠? 판타지라뇨?"
"너는 에르메스를 상품이라고 보고, 나는 에르메스를 판타지라고 보고 있지."
"큰 차이가 있나요?"
"마술사와 마법사의 차이지. 그럼 시작해 볼까?"
"예? 예! 준비됐어요."
"주문을 따라해봐
아브라카다브라 라되가씨이말
Habracadabrah Ladegasimal!!!!!!!!!!"
"예, 뭐요? 아브라… 뭐 말요?"
"아브라카다브라 라되가씨이말"
마법사는 손을 하늘로 올리면서 다시 외쳤다.
"펑!" UB

CHAPTER 1

백화점은 신들의 놀이터다

신들의 박물관

판타지와 마케팅은 의미면에서는 오누이 지간이라고 할 수 있을 것 같다. 일단 마케팅과 판타지는 결국 그 무엇인가를 '보이게 하는 것'이라는 차원에서 같은 장르의 마법임에 틀림없다. 판타지…. 다시 한번 어원의 뜻으로 생각해보자. 보이지 않는 것을 눈에 보이도록 하는 것, 이것이 판타지다. 인간의 삶에도 보이는 것은 보이지 않는 것에 의해 지배를 받고 있다. 가장 대표적인 예로, '사랑'은 어떤가? 섹스와는 다른 차원의 밀도이다.

"껌을 잘 때 씹으세요", "비타민C는 마시세요", "바나나는 없지만 바나나맛 우유랍니다", "맥주는 물맛이죠."
이들은 이렇게 말하고 자신의 매출을 무려 1,000억 원에서 2,000억 원까지 올렸다.
금보다 비싼 은, 그랜저보다 비싼 오토바이, Canon 최상품보다 비싼 아날로그 카메라. 그것들 안에는 '환상'이라는 브랜딩 요소가 있다. 그것은 그 상품 안에 '신화'가 있다는 말이다.

판타지Fantasy라는 말은 그리스어, 'Phainein'로 '눈에 보이도록 하는 것'을 뜻한다. 우리가 널리 사용하고 있는 판타지라는 단어는 문학과 게임에서 SF 장르의 개념으로 협소하게 사용되고 있지만, 실제로 그 어원의 정체는 '보이지 않는 것을 보이게 하는 것'이다.

인간의 '판타지'에서 나온 학문이 있는데 하나는 마법이고 또 하나는 마케팅이다. 마법은 이해가 가지만 마케팅이 판타지라는 것에 대해서 얼핏 보면 이해가 가지 않을 것이다. 그러나 하버드 마케팅 교수이면서 《마케팅 상상력》을 쓴 테오도르 레빗 교수가 마케팅이란 '보이는 것을 보이지 않게 하고, 보이지 않는 것을 보이게 하는 것'이라고 정의한 바가 있기에 판타지와 마케팅은 의미면에서 오누이 지간이라고 할 수 있을 것 같다. 일단 마케팅과 판타지는 결국 그 무엇인가를 '보이게 하는 것'이라는 차원에서 같은 장르의 마법임에 틀림없다. 판타지와 마케팅이 오누이라는 출생의 비밀을 발표하기 전에 우리는 먼저 서로가 생각하는 판타지의 단어에 대한 규정이 필요하다. 왜냐하면 판타지라는 단어가 인간의 사랑처럼 너무나도 광범위하게 그리고 작위적으로 사용되기 때문이다.

판타지를 한국어로 해석하면 상상, 공상, 몽상, 환상, 환각 등으로 정의된다. 마치 이것은 스펙트럼에 비추면 색깔이 없었던 빛이 '빨주노초파남보'의 컬러로 보이는 것과 같다. 그만큼 광대역이라는 것이다. 대부분 판타지라고 생각하면 공상과학 혹은 SF 영화정도로 생각하겠지만 그 뿌리는 모든 민족들의 신화가 근원지라고 할 수 있다. 이런 신화, 곧 판타지는 현재 그리스 로마 신화 이야기책을 비롯해서 게임과 패션 브랜드까지 전 분야에 두루두루 사용되고 있다. 또한 지금은 판타지라는 상상의 세계를 디지털 기술의 발달에 의한 영상 미학으로, 눈에 보이는 세계로 당겨왔다.

판타지…. 다시 한번 어원의 뜻으로 생각해보자. '보이지 않는 것을 눈에 보이도록 하는 것'. 이것이 판타지다.

이상한 나라의 마케터 앨리스 양

"바쁘다 바빠, 늦었어… 이를 어째?"
앨리스는 시계를 보면서 숨이 넘어갈 정도로 허둥지둥 뛰어가는 토끼를 보고 있었다. 그리고 그 토끼를 따라 굴에 들어가게 되었는데 바로 그곳이 이상한 나라였다. 한마디로 이상한 나라에 간 앨리스는 이상한 일들을 많이 겪게 된다.

혹시 우리나라가 이상한 나라라고 생각해 본 적은 없는가? 대박 영화가 터지면 전국민의 1/4은 보아야 직성이 풀린다. 복권의 시장 규모를 약 8천억 원이라고 예상했던 초반의 로또 시장은 첫 해 2조를 넘겼다. 2007년 봄에 끝났던 주몽이라는 드라마는 국민의 둘 중에 한 명이 보는 드라마였다. 도로에는 다른 어떤 나라에도 볼 수 없는 진풍경으로 빌딩마다 스타벅스와 커피빈 카페들이 보석처럼 박혀 있다. TGIF와 베니건스 그리고 아웃백은 미국보다 더 많은 스토어가 우리나라에 포진하고 있다. 명동에 나가보면 브랜드 매장들은 거의 1년 주기로 간판을 바꾸어 단다. 바다이야기(성인 오락실) 이전에는 PC방, 노래방 그리고 찜질방이 웬만한 빌딩 사이사이에 거미줄에 걸린 파리처럼 걸려 있었다. 좀더 자극적인 것을 소개한다면, OECD 선진국 자살률 세계1위, 청소년 흡연율 세계 1위, 인구대비 성# 관련 사업 종사자 수 세계 1위(미국의 인권 보고서에 남한을 섹스 공화국이라고 지정했다), 위스키 1인당 소비율 세계 1위, 인구대비 낙태 세계 1위(미국의 6배), 영아 유기 및 해외 입양 세계 1위, 인구대비 성형수술 세계 1위, 교통사고율 세계 2, 3위. 다른 쪽도 화끈한 것이 있다. 특히 한국인의 미래 운명 사업(?)이라는 또 다른 방면에 약 1~2조원의 시장이 있다. 무속인 협회 등록 인원은 약 30만 명(미등록 무속인까지 합친 추정치 40만 명)으로서 Daum 포털 사이트에서 자신의 하루 운세를 열어보는 사람의 페이지 뷰가 무려 400만 회가 넘는다고 한다. 우리나라 인구 4명 중에 한 명은 출근하고 자신의 컴퓨터에 앉아서 하루의 미래를 열어 본다는 이야기다. 세계에서 가장 많은 인터넷 카페가 있으며, 최고와 최대의 무선 인터넷과 휴대폰 시장이 존재하고, 카메라 렌즈의 고가품이 일본 다음으로 가장 많다. 여하튼 최고와 최대 그리고 최초가 즐비한 나라가 우리나라이다. 이곳에서 마케터라는 직책을 가진 사람들은 어떤 사람일까? 이런 민족과 문화에서 그들의 지갑을 열게 하는 마케터들은 도대체 제정신으로 살아가는 사람일까?

오즈의 마케터

오즈OZ는 마법사들의 동네이다. 나는 11년간 명함에 마케터라는 직함을 찍었다. 만약 내가 중세 시대에 살았다면 나의 명함에는 아마도 '연금술사Alchemist' 내지는 '마법사Wizard'라고 찍혀 있을 것이다.

"자, 여러분… 여기 토끼가 이제 갑자기 사라질 것입니다. 보십시오, 얍!"

토끼가 사라지면 이제 막 학원을 이수한 초보 마법사, 토끼가 여자가 되었다면 마법밥을 먹고 산

CHAPTER 1

베스트셀러는 싸고 품질이 좋으면 가질 수 있는 영역. 스토리셀러, 즉 브랜드의 신화적인 이야기를 담는 것은 가격과 품질만으로는 어렵다. 그 이상의 환상적인 이야기(가치)와 품질 이상의 확실한 핏줄(정통성)을 가져야 한다.

지가 5년 된 이제 막 물오른 마법사, 토끼가 호랑이가 되면 이 바닥에서 10년 이상 생활해서 마법 생활에 염증을 느끼고서 다른 직종을 알아보는 마법사. 그리고 우리 눈에는 분명히 있는데 없다고 말하면서 이것은 토끼가 아니라고 말하는 그 분, 바로 그 분이 우리가 갈망하는 마법사님이시다.
"껌을 잘 때 씹으세요", "비타민C는 마시세요", "바나나는 없지만 바나나맛 우유랍니다",
"맥주는 물맛이죠"
이렇게 말하고 이들은 자신의 매출을 무려 1,000억 원에서 2,000억 원까지 올렸다 (바로 이것이 마법이다!). 우리나라에서 판매하는 등산복 가운데 대부분의 원단은 전문 등산 원단인 고어텍스이다. 알다시피 몇 십에서 몇 백만 원을 웃도는 이 등산복은 해발 8,850미터를 입고 올라갈 수 있도록 만든 전문복이다. 이런 전문 원단을 우리나라가 인구 대비 가장 많이 소비한다고 한다. 참고로 우리나라 사람들의 취미 80%가 등산이다. 해발 200미터 이하의 산도 우리나라 사람은 갖추어 입고 올라간다. 이렇게 갖추어 입지 않으면 산에 대한 예절이 없는 사람으로 취급을 당한다. 누가 마법을 걸었을까?
수많은 마케팅 책에서 마케터가 하는 일은 사람들의 마음에 없던 새로운 욕구를 만들고, 그 욕구를 해결할 수 있는 상품을 만들어 보여주고 그리고 이제는 그 상품이 없이는 살 수 없도록 만드는 사람이라고 했다. 다시 한번 복습한다면 마케터란 '보이지 않는 것을 보이게 하는 사람'이라고 할 수 있다.

Marketing, Branding, Fantasy 그리고 연금술
연금술의 기본 원리는 아리스토텔레스의 사상인 4원소설을 바탕에 두고 있다. 모든 물질은 물, 공기, 불, 흙으로 구성되며, 귀금속을 만드는 4원소의 구성비만 알면 일반 금속을 금으로 바꿀 수 있다는 생각에서 이 신비한 기술은 수백 년 동안 이어졌다. 어째서 물, 공기, 불, 흙이 우주의 4대 요소가 되었는지 모르겠지만 이 또한 그 당시의 과학과 철학의 산물이라고 할 수 있다. 아직도 이런 연금술의 철학을 근거로 마케터들은 구리를 금이라고 우긴다.
너무나 많이 사용한 개인적인 체험으로써 다소 식상하지만 예전에 필자가 경험한 생생한 사례이기에 다시 한번 사용하겠다. 롯데백화점 1층에 있는 티파니 매장에서 은목걸이(2001년 당시 은 값은 한 돈에 1,000원)가 230만원이 넘는 것이 의아해서 점원에게 이렇게 물어 본 적이 있었다.
"은이잖아요?"
점원의 대답은 간단했다.
"티파니입니다."
"야, 무슨 오토바이가 5,000만원이냐?"
"할리 데이비슨이야."
"디지털 DSLR도 아니고 무슨 필름 카메라가 800만원이야?"

"라이카야."

"무슨 청바지가 40만 원이야?"

"디젤이야!"

이런 이름이 붙은 상품을 보고 값이 터무니 없이 비싸다고 우기면 본인만 무식해진다. 금보다 비싼 은, 중형차보다 비싼 바이크, 최상급 디지털 카메라보다 비싼 아날로그 카메라, 그것들 안에는 '환상'이라는 브랜딩 요소가 있다. 그것은 그 상품 안에 '신화'가 있다는 말이다.

마케팅의 연금술이란 상품에 품질대신 품격을, 기능대신 인격을 주입시켜서 새로운 전인격체인 생명체를 만드는 것이다. 바로 그것이 브랜딩이다. 그래서 위에서 설명했던 티파니, 할리 데이비슨 그리고 라이카 같은 것은 상품이 아니라 영웅적 존재감과 힘을 가진 인격체이다. 그들에게는 품격과 가문이 있고 나름대로 족보와 독특한 철학적 가치도 가지고 있다. 이것들은 시간이 가면 갈수록 박물관에 갈 확률이 높아질 상품들이다. 그래서 이런 상품을 사는 사람을 소비자라고 말하지 않고 수집가라고 한다. 그러면 상품에 인품을 집어 넣는 브랜딩의 4대 요소가 무엇일까?

연금술사들의 철학과 브랜드의 구조를 억지스럽지만 맞추어 본다면 물에 해당하는 '이름Name', 흙에 해당하는 '상품Product', 불에 해당하는 '마니아Mania' 그리고 공기에 해당하는 '판타지Fantasy'라고 할 수 있다.

앨리스양, 오즈의 마법사 그리고 연금술사

마케터 앨리스가 사는 대한민국은 말 그대로 상상의 시장에서부터 시작해서 환각의 시장까지 서로 공존하는 시장이다. 오즈의 마법사들은 트렌드라는 주문을 외워서 모든 사람들이 오직 하나의 상품에만 집중하게 만든다. 그리고 연금술사들은 상품을 소장품과 전시품으로 만들어 '소비'가 아니라 '보관'과 '선시'로 바꾸어 버린다. 이쯤 되면 이 땅에서 자신의 명함에 '마케터'라고 찍혀 있다면 '환상의 마법' 하나 정도는 해야 되지 않을까? 상품은 베스트셀러와 스토리셀러로 나누어 질 수 있다. 베스트셀러는 싸고 품질이 좋으면 가질 수 있는 영역이다. 그러나 스토리셀러, 즉 브랜드의 신화적인 이야기를 담는 것은 가격과 품질만으로는 어렵다. 가격 이상의 환상적인 이야기(가치)와 품질 이상의 확실한 핏줄(정통성)을 가져야 한다.

아마도 가치와 정통성이라고 말하는 순간 따분한 마케팅 이야기로 치부할 수 있지만 이것은 상품을 브랜드로 만드는 일종의 영과 혼이라고 할 수 있다. 자기 안에 없는 영을 만들기 위해서 Made in Korea임에도 불구하고 브랜드 이름 밑에다가 London과 New York이라는 자신이 표방하는 국가의 느낌을 양념으로 살짝 집어 넣거나 아니면 매장에서 버터 냄새가 나게 해외에 있는 매장을 그대로 카피한다. 또한 상품에 혼을 집어 넣기 위해서 시대의 예술가와 협업을 하거나 비영리 단체와 같이 공익 마케팅을 진행한다. 결국 이런 것들을 한쪽으로 치우치지 않게, 말 그대로 '자알~' 그리고 적당히 배합해서 브랜드 컨셉을 강화하는 쪽으로 브랜딩을 해야 한다.

상품은 브랜드가 되길 갈망한다. 브랜드는 신화가 되기를 열망한다. 매출의 신화, 선호도의 신화, 시장 리더로서의 신화, 트렌드로서의 신화적인 존재가 되기를 원한다. 그래서 우리 주변에는 크게 신화가 된 브랜드, 신화가 되고 싶은 브랜드 그리고 신화를 베끼는 브랜드가 존재하고 있다. 브랜드 신화는 어떻게 만들어질까? 마케터는 마술사가 되어서 상품을 브랜드로 만들어서 사람들에게 신뢰와 눈속임으로써 물건을 팔 것인가? 아니면 마법사가 되어서 그들에게 신화를 팔 것인가? 창간 준비호에서는 브랜딩을 위한 마케터들의 꿈의 주문을 가르쳐 주려고 한다. 간단하지만 나름대로 효능도 있고 신뢰성도 높은 주문이다. 이 주문은 마케팅의 마법사인 필립 코틀러가 초기에 제작한 것으로서 지금은 브랜딩의 주문으로도 널리 사용하고 있다.

"Habracadabrah Ladegasimal!"

(고객의 모든 브랜드 접촉활동을 관리하여, 그 브랜드에 대한 고객의 기대를 달성하거나 추월한다.) UB

CHAPTER 1

Habracadabrah를 우리말로 읽는다면 '아브라카다브라'이다. 히브리말로 '말한 대로 될지어다'라는 뜻이다. 이 말은 말로 나타낸 일들이 실제의 일로 나타나기를 바라는 뜻을 담고 있는 간절한 주문이라고 한다. 이것을 우리말 주문으로 바꾼다면 '말이 씨가 되라'는 속담과 같은 의미가 있다. 그것을 마법처럼 말을 한다면 "라되가씨이말!" 말이 씨가 되라는 말을 거꾸로 해서 혀가 좀 뒤틀린다. 하지만 이러니까 좀 주문 같지 않은가! 다시 한 번 배에 힘을 모아서 '라되가씨이말…' 이 주문을 할 때는 뒷부분의 발음은 조심해야 할 것 같다. 최근에는 뜨는 주문으로서 해리포터 주문을 많이 쓰는데, '아바다 케다브라'는 아주 강력한 마법의 힘을 필요로 하는 저주의 주문이라고 한다. '익스펠리아르무스' 이

당신의 브랜드는 주문(注文)을 받는가 주문(呪文)을 거는가?

판타지의 주문 Habracadabrah!

소비자를 소비자로 생각하는 것은 일반 기업의 경영전략이다. 여기에 서비스 마인드를 집어 넣거나 약간의 기술이 들어가면 소비자는 고객이 된다. 하지만 판타퍼니^{Fantapany}라고 할 수 있는 환상적인 기업들은 소비를 팔지 않는다. 왜냐하면 인간은 만족하지 못하기 때문이다. 이기적이다. 남들과 비교한다. 새로운 것을 추구한다. 더 큰 행복을 찾는다. 더 이상 동물과 다른 점을 말할 필요가 없을 정도로 지구에 존재하는 다른 어떤 생명체보다 독특하다.

것은 무장 해제 마법이라고 한다. 그밖에 수십 개의 주문들이 해리 포터 책에 있다. 우리가 알고 있는 전통적인 주문으로 수리수리 마하수리(마수리)도 있다. '마케팅이란 궁극적으로 브랜드를 만드는 것이다'라고 말한 피터 드러커 박사의 말을 기초로 하여, 필립 코틀러 교수는 데이비 아커 교수가 약 400페이지로 뚱뚱하게 엮어서 책으로 말했던 브랜드 구축하는 방법을 3단계로 간략하게 말했다. 첫째, 브랜드의 이름을 선택한다. 둘째, 브랜드 이름에 대한 풍부한 연상과 약속을 개발한다. 셋째, 고객의 모든 브랜드 접촉활동을 관리하여 그 브랜드와 관련된 고객의 기대를 달성하거나 추월한다. 이것이 바로 브랜딩의 주문인 'Habracadabrah Ladegasimal!(말한 대로 될지어다)'와 '말이 씨가 되라'라는 마케팅 주문이다. 그렇다면 기업이 자신의 것을 판타지로 보여주기 위해서 우리들에게 걸고 있는 주문을 살펴보자.

침대는 가구가 아닙니다. 과학입니다 -에이스 침대
또 하나의 가족 -삼성
좋은 친구 -MBC
소리 없이 세상을 움직입니다 -포스코

과연 기업들은 소비자들에게 판타지(눈에 보이도록 하는 것)를 주고 있는가? 침대를 과학처럼 보이게 하고, 새로운 가족으로 '김 삼성'을 양자로 삼고, 오늘부터 MBC와 좋은 친구가 되고, 그 동안 세상을 움직였다는 것이 바로 포항제철이라는 것을 인정한다면 이런 기업들은 실제로 '판타퍼니'Fantapany: 소비자에게 자신의 판타지 안에 살게 하는 기업'라고 말할 수 있다. 곧 자신이 말한 대로 소비자에게 주는 '아브라카다브라' 기업이다. 그러면 이제부터 판타지의 세계로 들어가보자.

"신비Fantasy는 우리가 체험할 수 있는 가장 아름다운 일이다.
신비는 모든 진정한 예술과 과학의 원천이다.
신비를 알지 못하는 사람, 더 이상 놀라움에 멈춰서거나 경이에 넋을 잃을 줄 모르는 사람은 죽은 것이나 마찬가지다.
그의 눈은 감겨져 있다." - 아인슈타인

매트릭스라는 영화에서 모피어스는 네오에게 빨간 알약과 파란 알약 중 하나를 선택하라고 강요(?)한다. 파란색 알약을 먹으면 다시 매트릭스의 세계(우리가 지금 살고 있는 세상)에 살며 안정된 생활이 보장되지만 허상 가운데 살고, 빨간색 알약을 먹으면 다시는 자신이 있던 세계로 돌아갈 수 없지만 실재의 세상에서 살 수 있다는 것이다. 그 상황에서 네오가 파란 약을 먹었다면 어떻게 되었을까?

감독 : 컷! 헤이, 키아누! 지금 뭐 하는 것입니까?
      대본에는 빨간 알약을 먹으라고 씌여 있잖아요?
키아누 : 너무 작품에 몰입했어요. 죄송합니다.
감독 : 다시 갑시다. 조명! 카메라! 액션!
키아누 : (망설이다가 다시 파란 알약을 잡는다)
감독 : 컷, 지금 뭐하는 거에요?
키아누 : (두려워 하면서) 정말 메트릭스로 갈 것 같아요.

만약에 진짜로 우리에게 빨간 알약과 파란 알약이 있어서 둘 중에 하나를 고르라면 어떤 것을 선택할까?
   음…여기도 빨간 알약과 파란 알약이 있다. 빨간 알약을 먹으면 판타지의 세상과 현실의 세상을 볼 수 있지만 그 이후에 판타지에 대해서 우리가 가졌던 모든 꿈들은 사라질 것이고, 파란 알약을 먹는다면 특집은 보지 말고 실무내용이 담긴 챕터를 보고 이 책을 덮으면 된다. 이럴 때 대부분 다른 쪽에는 무엇이 있는지 궁금해 하다가 다시 지금 보고 있는 페이지로 오는 것이 지극히 인간적인 사람이다. 계속 보는 사람이라면 아주 판타지한 사람이라고 볼 수 있다. 그러면 지금부터는 빨간색 알약을 먹었다는 가정 하에,

모피어스 : 다시 하겠다! 씨익~(웃는 모습)

다시 과거로 돌아간다. 1987년. 그러니까 지금으로부터 20년 전이다. 꼭 이때까지만 거슬러 올라가는 이유는 이 땅의 민주화가 정착되며, 파쇼정권이… 아니, 컴퓨터의 보급이 막 이루어지는 시기이기 때문이다. 컴퓨터는 오락장에서부터 시작해서 이제 문서작업까지 아주 서서히 사람들의 일상으로 들어간다. 혹시 플로피 디스크, DIR/W, DOS 등 이런 말을 들어본 적이 있는가? 있다면 아마도 이 책을 읽고 있는 사람은 35~40대 전후반 사람일 것이다. 당시의 '기술'이라는 교과목 시험에 항상 단골로 나오는 시험문제는 최초의 컴퓨터 이름이 무엇인가를 묻는 시험(아직도 이 문제가 나올까? 정답은 에니악)이었다. 현재의 386세대는 말 그대로 컴퓨터 보급의 1세대이다. 그런 사람으로서 지금의 컴퓨터는 그 시대에 있어서 말 그대로 '환상'이다. 휴대폰은 어떨까? 1990년대 초반에 벽돌 같은 것을 들고 다니는 회색 카폰족은 일종의 부의 상징이었다.
   또한 이것은 조직의 상징으로서 '조폭의 넘버2', '고리대금' 아니면 '건물주'임을 알려주는 일종의 사회 상징 언어였다. 지금은 초등학생 1학년도 휴대폰을 가지고 있고, 그 휴대폰 안에는 TV, 라디오, 영화, 사진 등 우리가 살고 있는 웬만한 디지털 기술들은 모두 들어가 있다. '걸면 걸리는 걸리버'를 기억하는 사람들에게 지금의 DMB 초슬림 휴대폰은 말 그대로 '환상'이다.

지금 우리는 판타지에 살고 있다. 공간적으로는 느끼지 못하지만 시간적으로 90년대의 판타지임은 분명하다. 우리는 영원히 판타지를 누릴 수 없지만 이것은 분명 인간의 판타지에 의한 세상임은 틀림이 없다. 그러면 빨간 알약을 먹었다면 지금은 무엇인가? 너무나 간단해서 유치할 정도로 느껴지지만 오늘은 어제의 환상이고, 내일의 추억이다. 좀더 모비어스처럼 말한다면 지금 우리는 현재라는 이름 아래 과거의 판타지 속에 살고 있다. 인류의 시작부터 판타지적인 삶은 시작되었다. 마치 우리가 지구의 자전을 느끼지 못하고 사는 것처럼 그리고 산소의 절대 가치를 못 느끼는 것처럼, 우리는 인간이 만들어가고 있는 판타지의 시간을 느

CHAPTER 1

끼지 못할 뿐이다. 그러나 인류의 존재가 시작된 그때부터 지금까지 인간은 과거 사람들의 판타지 가운데 살고 있다. 그리고 지금 우리는 스스로가 만든 판타지(눈에 보이도록 하는 것) 속에서 살고 있다. 얼핏 판타지는 게임과 소설 그리고 만화에서 이야기하는 허무맹랑한 말이라고 하지만, 우리는 멋있게, 섹시하게, 있어 보이게, 권위 있게, 인격적으로 보이기 위해 물건을 산다. 의식주휴미락衣食住休美樂등 이 모든 것들을 통해서 자신이 만든 비전, 소망 혹은 판타지를 충족시키기 위해 무리해서 아니면 부정한 일을 치르더라도…. 소비자를 소비자로 생각하는 것은 일반 기업의 경영전략이다. 여기에 서비스 마인드를 집어 넣거나 약간의 기술이 들어가면 고객이 된다. 하지만 판타퍼니Fantapany라고 할 수 있는 환상적인 기업들은 소비를 팔지 않는다. '이것을 사면 100만 동호회와 카페에 가입할 수 있어!' 그들은 동호회를 판다. '나의 삶의 궁극적인 목표는 이 브랜드를 닮아가는 거야, 아마도 이 브랜드의 스토리를 줄줄 말할 수 있는 홍보 담당자는 없을 걸!' 마니아(중독)를 팔거나, '요즘은 이것을 사야만 트렌드에 낄 수 있어.' 문화를 팔거나 그리고 가장 크게는 라이프스타일 '나 정도되면 이런 브랜드가 필요하지, 남들 봐, 이것만 쓰잖아!'를 팔기도 한다. 그럼 다시, 빨간 알약을 먹은 우리가 보는 것은 바로 지금의 판타지 세상이다. 우리가 오늘을 현실이라고 하지만 지금은 과거의 판타지였기에 판타지임에는 틀림이 없다. 여기서 인식해야 할 중요한 것은 내일의 판타지도 누군가에 의해서 만들어지고 우리는 그 판타지로 들어갈 수밖에 없다는 것이다.

Fantasy의 국경지대

복잡한 현상을 파악하는데 있어서 개인적으로 가장 유용하게 쓰는 철학이 있는데 그것은 환원주의Reductionism다. 환원주의란 20세기 과학 철학의 근간으로서 자연을 이해하기 위해서 먼저 그것의 구성성분을 해독하는 것이다. 부분들을 이해하게 되면 전체를 이해하기 훨씬 쉬워질 것이라는 가정이 깔려 있다. 디지털이 바로 환원주의의 개가라고 할 수 있다. 컴퓨터의 모든 정보는 1과 0으로 환원시켜서 작동된다. 눈앞에 있는 모든 컴퓨터 정보는 실체가 아니다. 1과 0으로 이루어진 것들이다. 르네 데카르트의 환원주의의 모토는 매우 간단하다. 온 몸을 구성하는 작은 부

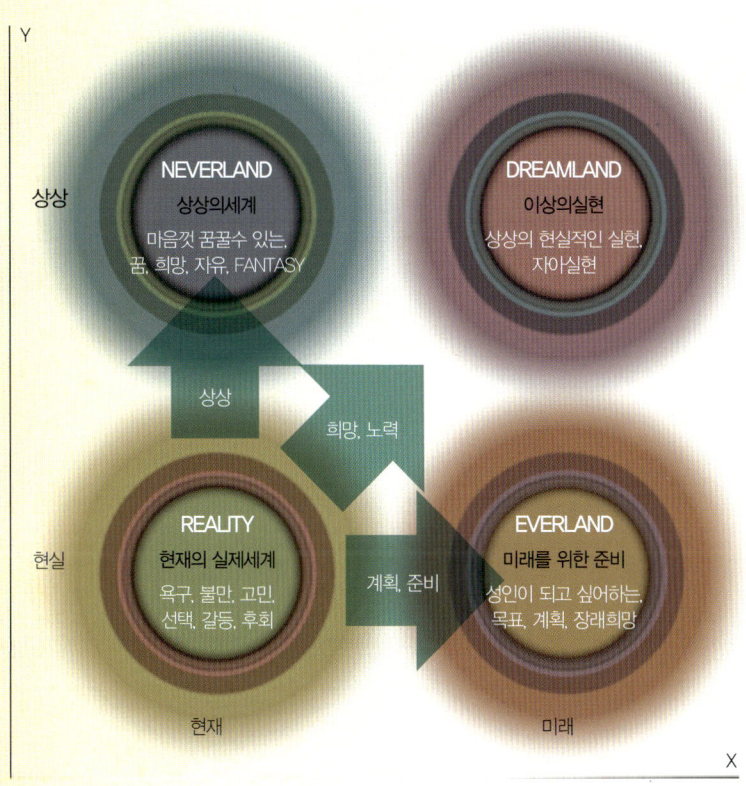

〈그림 1〉 현실과 상상의 세계

분들을 완벽하게 알 수 있다면 자연 전체도 완벽하게 이해할 수 있다는 것이다. 이런 차원에서 DNA 공동 발견인 프랜시스 크릭은 환원주의 철학에 입각해서 인간은 신경 덩어리로 구성된 집합체라고 말한다.

물리학자는 모든 것은 분자와 원자로 구성되어 있다고 한다. 결국 모든 것은 작은 조각으로 이루어진 집합체라고 정의한다.

개인적으로 환원주의 철학에 대해서 전적으로 동의하지는 않지만 복잡한 상황일수록 그리고 과학적인 접근일수록 이 접근은 매우 유용하다. 일단 판타지를 쪼개보자. 과연 그것이 어떻게 나온 것일까?

그림을 보면 공간은 변화하지 않지만 시간에 의한 변화를 알 수 있을 것이다. 예를 들어 지금 나이는 28세 연봉 2500만원, 앞으로 34살이 되면 회사 근속연수에 따라서 연봉 4000만원을 받을 수 있을 것이다는 기대는 가능성이 높은 현실적인 미래에 대한 것이다. 'Ever'는 조건문일 경우에 '언젠가는'이라는 뜻이다. 그래서 우리는 시간이 지나면, 즉 28세 착실히 일하면 '언젠가는' 5000만원 연봉 샐러리맨이 될 수 있다라는 것은 현실의 연장이고 이것을 'Everland'라고 한다.

28세 연봉 샐러리맨이지만 지금 하고 있는 마케팅 일을 1년 안에 책으로 집필하여 마케팅 베스트 셀러 작가가 되고 싶다라

고 생각하는 것은 꿈이다. 흔히 비전이라고 말하기도 하지만 그것은 실현 불가능한 것이 아니라 실현 가능할 수도 있는 일이다. 지금 당장은 아니지만 분명 가능성이 있는 일이다. 우리는 이런 것을 'Dreamland'라고 한다. 그러나 내일 아침에 출근하면 사장님이 나의 보고서를 보고 혹시 내가 다른 곳으로 이직하지 않을까라는 걱정으로 인해서 연봉 5000만원을 줄 거라는 상상 아니 공상, 우리는 이것을 판타지라고 한다. 바로 환상의 세계는 지금 당장 만져 보고 싶지만 좀처럼 오지 않는 꿈이다. 우리는 이것을 'Neverland'라 한다. 여기에 빠진 현실에서는 전혀 일어나지 않는 일이지만 그 사람은 마치 그것이 현실에서 일어날 것이라고 생각하면서 생활한다. 그때부터 상상에서 시작된 판타지의 기괴함과 자극적인 기쁨은 공상, 망상, 환상 그리고 환각까지 이르는 4가지의 판타지 증후군을 맞이하게 될 것이다. 현실에서 전혀 일어나지 않을 것이지만 마치 그것이 일어날 수도 있는 것처럼 생각하고 행동할 때 혹은 사고할 때 우리는 판타지적 상황이라고 한다. 시쳇말로 '뻥'간다라는 말이 더 정확하다.

인간은 현실에 살고 있지만 현실과 근접한 3개의 상상 국경지대에서 살고 있다. 아침에는 현실로 출근하고 저녁에는 이 3개의 나라로 밀입국하는 것이 일반적인 인간들의 행동이다. 그것을 우리는 자기와 주변 사람의 피해 강도에 따라서 현실도피, 이상주의, 비전의 달성 등 다양하게 표현한다. 여하튼 판타지의 세상은 바로 현실 근처에 있다는 것이다.

인간은 만족하지 못한다. 이기적이다. 남들과 비교한다. 새로운 것을 추구한다. 더 큰 행복을 찾는다. 더 이상 동물과 다른 점을 말할 필요가 없을 정도로 지구라는 혹성에 존재하는 다른 어떤 생명체보다 독특하다. 가장 독특한 것은 상상을 할 수 있다는 것이다. 상상이라는 것은 보이지 않는 것을 이미지로 만들어 낼 수 있는 일종의 초능력(개나 소의 입장에서 보면)으로서 이 힘으로 문명을 세웠다. 하지만 그 상상의 힘은 대부분 불안, 불만, 욕구, 욕망, 두려움에서 시작된다. 판타지 전략의 실체를 들여다 보면 판타지라는 말처럼 화려하지 않다. 오히려 섬뜩하리만큼 무섭고 괴기스럽다. 판타지는 인간의 욕구를 만족시키거나 욕망을 불러 일으킨다. UB

CHAPTER 1

우리는 고객의 행복을 위해서 존재합니다
신들의 거짓말

나는 너의 욕구야. 나는 너의 필요이지. 나는 너와 달라. 나에게는 네가 원하는 환상이 있지. 이것이 바로 네가 찾던 거야. 바로 내가 가지고 있다고. 나는 네가 지금 뭐가 부족한지 알고 있어. 너는 나를 통해서 강해질 수 있어. 정확히 말한다면 너의 가치를 더욱 올릴 수 있어. 나의 것을 원한다고? 그럼 아주 간단해! 나를 좋아하면 돼. 나를 경배하면 돼. 그러면 너는 내가 되고 나는 네가 되지. 나는 너의 브랜드야. 너에게 새 힘을 줄게!

결국 사람들은 현실에서 이루어질 수 없는 것을 느끼기 위해서 술, 담배, 마약으로 이미지를 만지려고 한다. 판타지, 그것은 현재의 불만, 불안, 도피에서 나오는 일종의 게이트웨이라고 할 수 있다.

그렇다면 이 도피 심리는 무엇 때문일까? 이제 이것도 두 개의 단어로 정리하겠다. 바로 채울 수 없고 채우지 못하는 욕구와 욕망 때문이다.

"모두 지식인이 될 수 있습니다. 댓글이나 정보들만 잘 엮어서 대답한다면 당신은 지식인!"

수능의 아픔과 가방 끈이 짧은 것에 대한 반발일까? 자신을 알아 주지 않는 세상에 대한 저항일까? 자신의 전지 전능에 대한 자랑일까? 아니면 타인을 위해서 기꺼이 봉사하는 지적 헬퍼helper들일까? 우리나라 4명 중 한 명은 네이버를 통해서 자신의 지식을 뽐냈다고 한다. 요즘 논문에는 가끔 출처항목을 네이버 지식인으로 표기하는 사람도 있고, 자신의 경력란에도 네이버 지식인 등급을 적는 사람이 있다고 한다. 이쯤 되면 네이버는 확실히 검색엔진이라는 툴을 가지고 보통사람을 지식영웅으로 만드는 판타지 사업을 통해 성공한 회사Fantapany라고 할 수 있다. 물론 네이버는 지식인이 될 수 있다는 판타지를 팔아서 야후를 비롯한 해외 굴지의 포털 회사들의 무릎을 꿇게 했고 지금도 부동의 1위 자리를 지키고 있다.

이런 판타퍼니의 대표적인 사업이 정부에서 주도되고 있다. 매주마다 벼락부자들이 3~9명씩 나온다. 아마 로또 사업은 지구 멸망까지 망하지 않을 것이다. 로또는 끊임없이 사람들을 우울하게 하고 기다리게 하고 그리고 다시 좌절시킨 다음, 다시 백지 수표를 주고 꿈을 꾸라고 한다. 판타지 관점에서 로또는 정부가 어려운 사람들을 일주일 동안 현실에 집중하고 지치지 않게 만들어주는 일종의 신종 마약(주사기 대체품)이다.

"우리는 커피를 팔지 않습니다. 우리는 도시의 안식처입니다." 이렇게 시작한 스타벅스. 빌딩에 초록색 에메랄드처럼 박혀 있는 이 스타벅스가 있으면 그 값도 올라간다고 한다. 개인적으로 슐츠 회장의 브랜딩 전략에 대해서 100%의 찬사를 보낸다. 여기는 하루 종일 앉아 있는다고 점원이 와서 다 먹은 커피잔을 치우지 않는다. 주문하지 않고 앉아 있어도 째려 보지 않는다. 스타벅스를 빌딩 속의 오아시스라고 말한 슐츠의 철학이 서비스로 나온 것이다. 스타벅스는 현실과 환상의 국경지대에 있는 일종의 비무장 지대이다. 결국 여기도 된장녀라는 판타지 중독자의 도피처로 나름대로 값싸고 우울한 동질문화를 만들어 내고 있다.

스타크래프트를 잘하면 취직은 물론이고 TV에도 출연을 한다. 반면에 게임을 하다가 열 받아서 폭행도 서슴지 않는다. 네이버, 로또, 스타크래프트 그리고 스타벅스, 과대과장 광고라고 생각하는가? 이 기업들은 현재의 세계에서 네버랜드를 구현했다. 결코 존재할 수 없지만 존재하게 만들어서 사람들에게 환상을 주었다. 당장 지식인이 되고, 당장 부자가 될 수 있고(로또는 최대 일주일), 당장 영웅이 될 수 있고, 당장 현실에서 도망갈 수 있다.

2006년에 대한민국을 모두 블루오션에 빠뜨렸던 김위찬 교수의 전략 캔버스를 꺼내어 잘 살펴보면 지금 성공한 대부분의 기업이나 브랜드들이 바로 현실과의 국경지대에서 일어난 사업들이다. 판타지 사업Fantabiz이란 중독, 불안, 빠른 피드백, 위로, 인정, 이런 것을 어떻게 다룰 것인가이다. 여기에서 브랜딩 연금술이 시작된다.

판타지는 과연 어떤 세상인가? 앞의 〈환타지의 주문〉의 〈그림 1〉 현실과 상상의 세계 에서 볼 수 있듯이 현실 위에 있는 일종의 꿈의 성층권이라고 할 수 있다. 환원주의에 입각해서 판타지를 뜯어 보았더니 결국 시간과 공간 그리고 가능성의 조각들이 상상, 공상, 망상, 환상 그리고 환각이라는 구성 요소가 나왔다.

결국 사람들은 현실에서 이루어질 수 없는 것을 느끼기 위해서 술, 담배, 마약으로 이미지를 만지려고 한다. 판타지, 그것은 현재의 불만, 불안, 도피에서 나오는 일종의 게이트웨이Gateway라고 할 수 있다. 그렇다면 이 도피 심리는 무엇 때문일까? 이제 이것도 두 개의 단어로 정리하겠다. 바로 채울 수 없고 채우지 못하는 욕구와 욕망 때문이다.

참고로 인류문명의 최초의 판타지 사업은 신전에서 여제사와 섹스를 제공하는 타락한 종교 지도자들의 모습이었다. 판타지와 성욕은 그야말로 커피에 꼭 필요한 설탕과 프림이라고 할 수 있다.

브랜드의 연금술 판타지

"그래요, 판타지에 대한 중요성을 알겠어요. 그래서 어떻게?"
"스토리를 만들어야 합니다."
"스토리 마케팅, 소문 마케팅, 다 알겠어요. 어떻게 스토리와 소문을 만드는데요?"
"아…예, 그럼 바로 시작하겠습니다."

사람들은 '필요' 때문에 물건을 산다. 이렇게 말하는 사람은 아직도 산업혁명시대에 살고 있는 사람일 가능성이 높다. 아직도 마케터들은 소비자라는 일차원적인 정의를 사용한다. 하지만 더 이상 소비를 위한 소비는 없다. 지금은 '욕망' 때문에 물건을 산다. 행복하기 위해서, 사회적 비교우위를 가지기 위해서, 즐거워하기 위해서, 일상의 탈출을 위해서 그리고 브랜드 연맹(동호회와 브랜드 카페)에 들어가기 위해서 '물건'이 필요하다. 예로 카메라 동호회 사이트에 가면 대부분 장비 이야기와 사용후기 이야기가 가득하다. 자신이 찍은 사진도 더러 올리지만 그것은 소수에 불과하고 대부분 사진 외 이야기가 더 많다. 여기서 바로 아라비안 나이트 이야기처럼 믿거나 말거나 식의 이야기를 수없이 들을 수 있다.

Brand alchemy

CHAPTER 1

뮤리엘 러카이저Muriel Rukeyser라는 미국 시인이며 사회 활동가는 '세계는 원자가 아니라 이야기로 이루어졌다'라는 정의를 내린 바가 있다. 시인답다. 시장도 상품으로 이루어지지 않고 스토리로 구성되어 있다. 마샬 맥루언Marshall Mcluhan이라는 캐나다 미디어 이론가는 '우선 우리가 도구를 만들면 다음에는 도구가 우리를 만든다'라고 말했다. 교수답다. 시장도 우리가 브랜드를 만들면 브랜드가 우리를 만든다. 뭔가 비슷한 알고리즘이 있지 않은가?

"더 이상 주변 이야기를 하면 이 잡지를 던져 버릴 거야!"
"아, 급하시군요. 바로 시작하겠습니다."

그러면 상품을 브랜드로 만들기 위한 판타지 마케팅 전략에 대해서 살펴보도록 하겠다. 먼저 다음 글은 이 글을 읽고 있는 사람이 브랜드 매니저(회사에서 차장 혹은 부장급)라는 가정하에 쓰도록 하겠다.

질문 1 우리 브랜드를 판타스틱하게 만들기 위한 방법을 적어 보시오(대체로 이런 질문에는 전혀 대답 하지 않는다).
①
②
③

하지만 이 책을 보는 사람이 팀장이라면 부하직원들을 모아놓고 이 질문을 물어 보면 아주 재미있는 현상이 생긴다. 모두들 '멍~현상'으로서 순간 집단 유체 이탈이 일어날 것이다. 일단 팀원들의 질문의 의도를 알아차리기 직전에 다시 한번 카운터가 될 수 있는 질문으로 분위기를 평정해야 한다.

질문 2 우리 브랜드를 고객이 다른 사람에게 뭐라고 말할까(이 정도는 대답을 해줘야 한다)?
①
②
③

 질문 1을 하고 머뭇거리는 것을 보고 바로 질문 2를 하면 순간 유체이탈로 잠시 정신을 잃다가 급작스러운 또 다른 질문에 의해서 동공이 확대되고. 심장 박동수가 빨라진다. 때로는 통제할 수 없는 짜증으로 인해서 욕이 튀어 나올 수도 있다. 왜냐하면 머릿속에 이 질문에 대한 답변이 정리되지 않은 채 막 떠오르기 때문이다. 머릿속에서는 느끼는데 입에서는 나오지 않는 일종의 브랜드 장애 현상이 일어난다. 2분 정도 시간을 주어야 한다. 하지만 2분은 매우 긴 시간이 될 것이다. 이제 곧 마지막 질문을 해야 한다.

질문 3 (마지막 질문이다) 우리는 소비자에게 무엇을 팔고 있는가?
①   ②   ③
이것은 일종의 유도 질문으로서 지적 번민 속에 빠져 있는 팀원들에게 일종의 미끼를 던진 것이다.
　만약에 신발 브랜드에서 '신발'을 판다고 하는 사람은 무조건 잘라라. 아무 생각 없는 팀원이다. 또한 문화를 판다고 하는 팀원이 있을 것이다. 어디서 대충 들었던 마케팅 지식으로 모호하게 말한 팀원일 확률이 높다. 이런 팀원에게는 아주 집요한 질문을 준비해야 한다. '어떤 문화이냐?', '당신이 말한 문화를 우리가 문화 마케팅으로 잘 팔고 있다고 생각하느냐?', '그럼 우리와 비슷한 형태의 문화를 파는 브랜드는 무엇이 있는가?'를 물어 봐야 한다. 만약 대답을 한다면 그 사람도 잘라야 한다. 곧 당신의 상관이 될 확률이 높다. 그 외 대답으로 편안함, 기능성, 운동 정신, 디자인 등등 뭐 이런 대답들이 나온다면 브랜드 매니저로서 당신의 자리는 몇 년 간 안전할 것이다.

예를 들어 최근에 트렌드의 아이콘이 된 컨버스라는 신발은 정체가 무엇일까? 가볍게 힌트를 준다면 1908년에 런칭이 되었고, 출발은 농구화였고, 지금은 청바지에 즐겨 신는 신발이다. 가격은 3만원(인터넷 판매)에서 최고가가 약 14만 원 대까지가 있다. 그러나 이 신발을 알마니 수트에 착용하기도 하며, 포르쉐 자동차를 탈 때 신기도 하며, 50만원짜리 청바지를 입을 때 신기도 한다.

이 브랜드를 좀 더 알기 위해서 압구정에 있는 플래그 샵에 가보면 얼핏 보아도 우리나라 갑오경장의 동시대 사진으로 보이는 아주 낡은 '척 테일러(컨버스를 개발한 농구 선수이며 기업인)' 사진이 걸려있다. 이 신발은 문화일까? 값싼 럭셔리? 전통? 트렌드? 청바지와 코디 상품? 예쁜 신발? 궁금하다면 한번 매장에 나가서 구매자들에게 물어 보면 알 수 있다. 그러나 장소는 두 군데로 정하고 싶다. 압구정동 플래그 샵과 명동 플래그샵…, 왜냐하면 고객이 다르고 목적도 다르고 착장도 다르기 때문이다(원래 이 잡지의 핵심은 공부이기에 이것만 숙제로 남기도록 하겠다. 하지만 대부분 가지 않을 것이다).

브랜드 제조법

상품을 만드는 사람은 공장에 있고, 브랜드를 만드는 사람은 매장에 있고, 판타지를 만드는 사람은 소비자들이다. 청바지는 원래 광부들의 작업복이다. 그런 청바지는 자유, 젊음, 섹시, 욕망 등 가지 각색의 상징들과 결합되어서 이제는 청바지 한 벌에 50만 원에서 100만 원까지 환상적인 럭셔리 시장까지 만들어 버렸다. 아마 유럽, 특히 영국에 가면 사람들은 대부분 청바지만 입는 것을 볼 수 있을 것이다. 일본과 미국도 예외가 아니다. 그리고 우리나라 명동에 가도 대부분의 사람들이 청바지를 즐겨 입는다. 그런 작업복이며 흔한 청바지가 단순한 청바지가 아닌 '시대의 상징'이 되어버린 브랜드가 있다. 바로 디젤이라는 브랜드다. 디젤은 청바지를 고가로 팔고 있다. 그러나 그들이 청바지 주머니에 몰래 끼워 팔고 있는 이 브랜드의 영혼에 대해서는 잘 모르고 있다. 그냥 대부분의 사람들은 '좀 다른 것 같아요' 혹은 '개성이 있어 보여요' 혹은 '핏Fit이 좋아요'라고 말한다. 그러나 디젤의 사장인 로소 씨는 자신의 청바지를 청바지라고 말하지 않고 '자신이 창조한 영혼의 그림자'라고 표현했다. 그는 5개의 단어로 연금술을 시작했다.

청바지가 영혼의 그림자라고?

청바지를 만들려면 구성요소로서 1)품질 2)염색 3)디자인 4)디테일과 같은 본질적인 것으로 구축을 해야 하는데 디젤은 그런 것보다는 보이지 않는 것으로 먼저 브랜드를 만들고 있다. 이것을 해석하기 위해서 잠시 영감과 의미가 있는 해석을 살펴보도록 하겠다.

아서 클라크(과학 소설가)는 '충분히 발달한 기술은 마법과 구분되지 않는다'라고 앞으로 일어날 기술문명에 대해서 정의했다. 소설가답다. 물론 최고의 브랜드도 마법과 구분되지 않는다.

CHAPTER 1

연금술사는 환원주의에 입각한 신비주의 이성론자들이다. 그러니까 쉽게 말하면 나름대로 개똥철학(?)을 가진 싸이코 과학자라는 뜻이다. 그들은 우주가 물, 공기, 바람, 불로 이루어져 있기에 이것저것 잘 섞으면 금이 된다고 믿는 사람들이다. 놀랍게도 브랜드 매니저들도 또한 연금술사의 마술을 추종하는 사람들이다. 디젤 또한 이런 브랜드 연금술사에 의해서 만들어진 '진짜 금'은 아니지만 '금'처럼 보이는 브랜드다. 청바지이지만 청바지가 아닌, 혁신적이며 도발적인 가치이지만 그것이 청바지인… 이성으로는 알 수 없고 감성으로만 인정할 수밖에 없는 신화(눈에 보이게 하는 것)를 만들었다.

사람들이 청바지를 입는 이유가 무엇일까? 아직도 작업복으로 입는 사람도 더러 있지만 그런 사람들은 예외다. 너무 독특해서 솔직히 이 사람들에 대한 마케팅 분석 데이터는 이미 화석화가 되어 버렸다. 디젤의 브랜딩 요소 5가지가 충족 되었다고 이 브랜드가 판타지한 브랜드가 된 것은 아니다. 제우스가 제우스가 되려면 스토리가 필요하다. 어떻게 제우스가 되었는지? 그는 누구와 결혼했고 어떤 실수를 했는지 그리고 나이키와는 어떤 관계인지 등 제우스를 중심으로 등장인물과 사건 그리고 절정에 해당하는 클라이막스 같은 요소가 필요하다. 그렇다면 디젤은 이 스토리를 만들기 위해서 무엇을 했을까? 브랜드 시작과 브랜드의 완성이 바로 브랜딩 요소(보이지 않는 가치)에서 시작되었다. 디젤도 자신의 5가지의 가치를 브랜딩의 중심축으로 해서 그것을 어떻게 판타지(어원적 정의 : 보이게 하는 것)하게 보여줄 것인가에 관한 마케팅을 했다. 결국 이것은 그리스 로마신화처럼 거대한 스토리로 만들어졌다. 다시 한번 정의하자. 판타지 브랜딩이란 욕망과 욕구의 고차원적인 이미지를 기기묘묘하게 시쳇말로 '아싸무리'와 '희끄무리'로 보여주는 것이 아니라 정확하게 보여주는 것이다. 디젤은 청바지를 보여주지 않고 정확하게 자신들이 주장하는 가치를 다양한 캠페인을 통해서 이미지와 스토리로 보여 주었다.

"디젤 사장님, 몇 가지 질문 좀 하겠습니다. 답변 좀 부탁드립니다!"

질문 1 우리 브랜드를 판타스틱하게 만들기 위한 방법은 무엇입니까?
① 브랜딩 요소와 소비자의 욕구를 점검한다.
② 아직 채워지지 않은 욕구와 채울 수 없는 욕망의 가치를 선택한다.
③ 선택된 브랜딩 요소들을 어떻게 제품, 매장, 판매, 서비스,
   마케팅에 구현시킬지에 관한 브랜딩 전략과 마케팅을 실행한다.

질문 2 디젤 브랜드를 고객이 다른 사람에게 뭐라고 말할까요?
① 트렌드의 상징 ② 나의 개성을 잘 표현하는 상징
③ 내가 주목 받을 수 있도록 해주는 것

질문 3 디젤은 소비자에게 무엇을 팔고 있는가?
① 진보 ② 섹시 ③ 네가 최고다

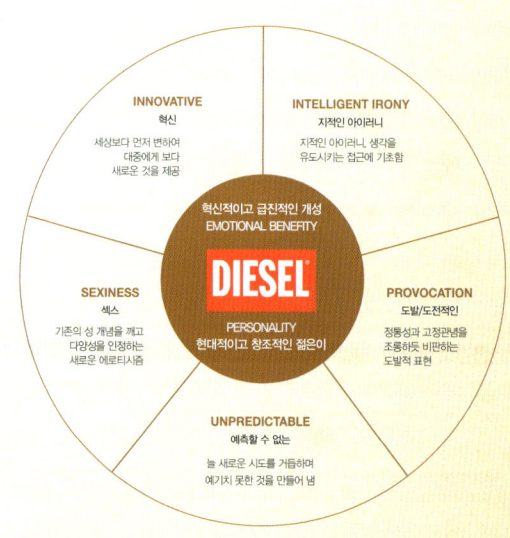

결국 판타지다. 우리가 최고의 브랜드 매니저이고 마케터라면 이런 가치들을 어떻게 보여줄 것인가에 달려있다. '정신이 물질을 지배한다', '생각이 결과를 낳는다', '상상력은 미래의 기억이다' 이다. 뭐 이런 말의 핵심은 위의 3가지 질문에 대한 답이 바로 소비자가 사야 될 이유라는 것이다.

위의 〈그림 1〉은 산업 스파이가 군침을 흘릴 만한 설계도면이 아니다. 이것은 영

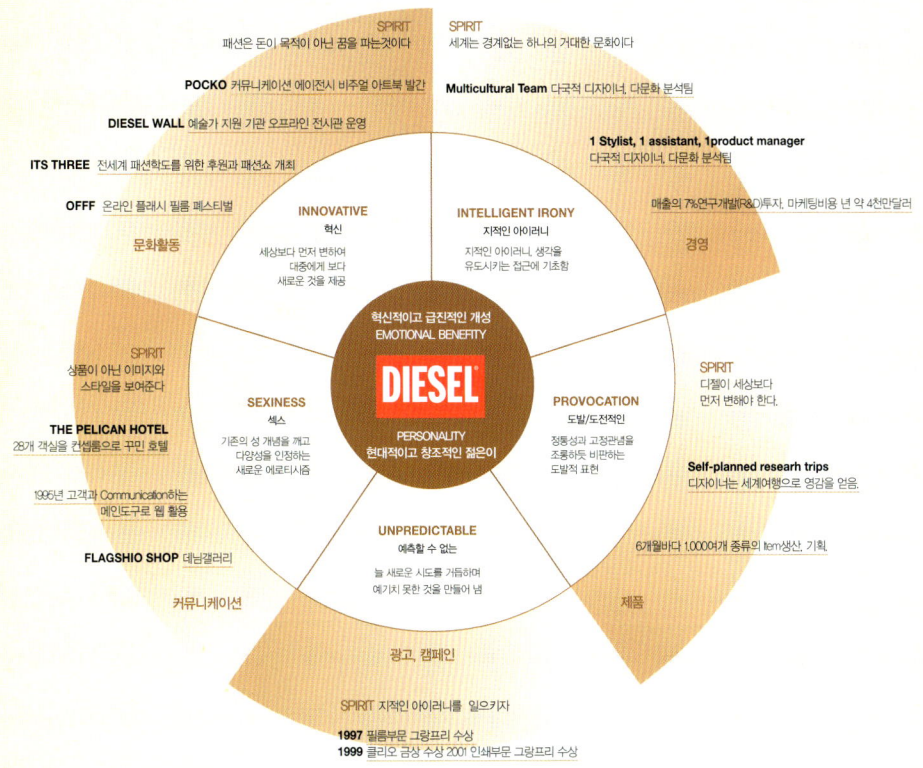

〈그림 1〉 DIESEL 브랜드 아이덴티티

혼의 그림이라고 할 수 있다. 만약에 저것이 옷이라 가정하고 설계도면에 개념으로 설명한다면 면 100%, 염색은 선염, 칼라는 블루, 150수의 얇은 실로서 실크처럼 만든 옷, 그냥 '작업 지시서'를 읽으면 된다. 하지만 이것을 버버리 옷이라고 말하라면, 전통과 품위 그리고 체크무늬에서 나오는 멋스러움, 고풍스럽지만 트렌드의 디테일을 가미한 왠지 모르는 부티….

판타지 마케팅의 연습문제

만약 누군가 여성에 관련된 의류, 화장품, 액세서리를 브랜드로 만들려면 무엇부터 해야 할까?
1) 시장 조사
2) 소비자 조사
3) 해외 브랜드 조사

물론 이 조사는 필수이다. 그러나 더 고민해야 할 것은 여자의 판타지에 관한 조사가 있어야 한다는 것이다.

그럼, 판타지를 주입한 가상의 브랜드인 아르비오에 대해서 브랜드 시뮬레이션을 해 보겠다.

브랜딩의 시작은 무엇을 팔까라는 철학적 질문에 대한 답에서 시작된다.

CHAPTER 1

ARVIO : 빛나는 꽃

북유럽 신화에서 읽었던 죽은 스토리

여자에게 중요한 게 있다. 예뻐 보임부터 향수까지... 그래서 영원이 넘쳐나는 여자는 드물다.
'여자는 향기 나보다 빛나야 된다' 는 가치, '여자야! 꽃보다는 새가 되라' 는 가치!
그렇다면 이 브랜드의 가치를 어떻게 상품으로 만드는까? 여성을 빛나게 만들기 위해서 내가 팔고
싶은 상품은 무엇? 그런 여성이 무엇을 소비해야만 빛나는가? 향기가 나는 꽃에서 빛나는 꽃이
되기 위해 먼저 신화적 근원지를 찾았다. 헤르만 헤세의 작품 《데미안》이다.

이것은 여자의 내면의 변화를 알기 위함이다. 수많은 여자의 매력 중의 하나가 바로 변화이다.
그래서 Modification(변경/일시적인 변이) 을 빛의 근원지로 잡았다.
그것은 Mustbeism(~군가를 위함이 아니라 나를 위하여 무엇이 되어야 한다는 존재론적 가치에 대한 철학이다.
아르비오는 빛나는 꽃이 자신만이 아닌 새를 만나 그의 향기로 변이해 내리는 꽃이 아니라
새가 되어서 날아간다' 라는 보다 적극적인 스토리를 가진 신화를 만들려고 했다.

소설속의 'Abraxas' 라는 새를 브랜드의 상징과 메시지로 삼았다.
아르비오를 주인공하는 사람들은? 성안에 갇힌 때렴이 공주도, 때려가 마음에 걸려서 왕자의 키스를 기대하는 공주도,
또 신데렐라처럼 유리 신발을 신고 왕자가 찾아 줄 것을 기대하는 공주도 아닌, 전쟁터에서 왕자들 옆에 있는 전사 공주의 이미지를 주려고 한다.

이 신화를 브랜드로 완성하기 위해서   최고로 은색 갑옷으로 빛나는 여전사, 아르비오!
3개의 브랜딩 주요 요소

: 3개의 브랜딩 요소는 보다 탄탄해지기 위해서 각각의 이미지 및 상징언어를 갖게 된다.

Arvio 꽃에서 새!!!! 알에서 나온 새가 아니라 꽃이 새가 된 것이다. 그래서 이 신비스러운
Arvio새를 Abraxas와 비슷한 종류의 새로 만들고 싶었다. 이 새는 어떤 새(여자)일까?
자신의 기존 세계를 파괴하고 절대자를 향한 집념이라면 먼저 목표와 기준을 만들어
낼 만한 철학을 가진 새 일 것이다. 그래서 Meditation명상, 지혜, 자아정체
성이라는 정적인 가치를 엔진으로 두었다. 이런 여자가 남성중심의 사회에서 리더가
되기 위해서 필요한 또 다른 동적인 에너지는 Energetic열정적인 / Immersion
중독, 몰입 / Competition경쟁 / Wild거침, 강렬함. 이렇게 4개의 가치로
잡았다. 아르비오의 여성상을 정리하자면 자신의 분야에서 적당히 현상과 봉급을 유지하
며 일상의 만족을 따르기보다는, 일단 열정적Energetic으로 경쟁하면서 자신의 분야에 강
렬한 속도로 몰입하는 여성이다. 외유내강이 아니라 외강내유의 제품으로서 보여지는 것은
부드럽다. 강인한 여자는 남자처럼 약간의 허풍이 가미된 힘을 보여주기 위해서 할리 데이비
슨 같은 것을 택하지 않는다. 오히려 그런 여자들은 더욱 여성스럽지만 차갑고, 감성적이지만 지적
인 상품에 반응을 한다. 그래서 아르비오 상품의 감성은 앞서 말한 가치와는 반대의 것들로 구축했다.

아르비오라는 새는 꽃에서 새로 변이하기 위해서 5개의 진화과정을 거치는데 Tapestry—선염색사,
다양한 자기 표현 / Fascination—매혹 Attraction—유혹 / Disguise—변신 / Fragrance—신비
로움, 은근한 매력으로 변화의 과정을 밟게 된다. 실제로 이 브랜드를 구매하고자 하는 사람들이 딱딱하고 큰 욕망을 한입에 먹기에 부담스러워
서 '욕망 덩어리'를 잘게 썰어 놓은 것이다. 결국 이 브랜드를 사게 되는 궁극적인 이유는 자신만의 가치 Must be(무엇이 되어야만 하는, 즉 존재의 완성)를
완성시키기 위해서다. 그 철학을 완성하기 위해서는 Egotism—자아주의 / Reductionism— 환원주의, 단순화, 미니멀리즘 / Fairyism— 마성, 요정다움/
Actualism—실천주의, 행동주의/ Expressionism=표현주의 라는 가치가 필요하다. 궁극적으로 변화의 시작은 예뻐 보이기 위함이 아니고 자신의 완성을
위한 것, 나보다 예쁜 것들과 경쟁하기 위하여 극단적인 수술보다는 내면의 완성을 선택하는 여성을 위한 브랜드다. 우리가 지금까지 모호한 단어를 브랜드
휠Brand Wheel에 맞추어 구성한 것은 강한 것을 부드럽게 차가운 것을 따뜻하게 그리고 여자의 성공을 빛 낼 수 있는 제품을 만들기 위한 영혼을 만드는
작업이라고 할 수 있다. 이제 아르비오는 화장품이 될 수도 있고, 주얼리가 될 수도 있고 옷도 될 수 있고, 자동차도 될 수 있고, 핸드폰이 될 수 있다.

42

알 듯 모를 듯 …. 상품이 있고 철학이 있어서 브랜드가 되는가? 철학이 있어서 상품이 브랜드가 되는가? 브랜드마케팅하는 사람은 철학이 먼저이고 그 다음이 상품이다. 똑같은 상품이 나왔다고 생각을 하자. 한쪽은 철학이 없다. 그래서 트렌드와 소비자의 불만과 경쟁 브랜드의 기능을 따라가는 상품이다. 이들은 유행이라는 매출 후 폭풍과 다른 것보다 다소 싸다는 포지셔닝으로 시장에서 생존할 수 있지만 곧 비슷한 경쟁 상품들이 출몰하게 된다. '욕하면서 배운다'와 비슷한 현상이 있는데 '경쟁하면서 닮는다'이다. 곧 상품은 경쟁 상품과 닮고 비슷해진다. 이제 소비자는 고민을 하게 되고 가격 혹은 품질에 대해서 보다 안전한 상품을 선택하게 되는 것이다.

반면에 철학이 있는 상품이 있다. 이들의 경쟁은 외부의 경쟁이 아니라 자신의 고객과의 경쟁 그리고 자신의 어제와의 경쟁이다. 초반에는 외로운 경쟁이 되겠지만 유행이 지나간 후에 잔잔해지면서 신상품이었던 상품은 어느 사이 브랜드가 되어 버린다. 다른 회사에서 브랜드가 되어 버린 이 상품을 경쟁하고 모방하기 위해서 비슷하게 만들지만…. '나이키'를 '나이커'가 이길 수 없고, '티파니'를 '타파니'가 이길 수 없듯이 이것은 상품이 아니라 기준이 되어버렸다.

"마법사님, 결국 영생하기 위해서는 영혼이 필요하군요."
앨리스는 무엇인가를 알았다는 듯이 고개를 끄덕였다.
"음…수준 이상의 깨달음이야!"
오즈의 마법사는 놀랐다.
"예?"
"아니 내 말은 너무 함축적인 진리를 알게 되었다는 거야. 그러면 이해가 어려울 텐데."
마법사는 걱정스러운 얼굴로 말했다.
"솔직히 어려워요. 그냥 느낄 수만 있어요."
"느낄 수 있다니?"
"음, 사람의 육체는 유통기한이 있잖아요. 상품도 마찬가지인 것 같아요. 일반적 시간 속에 트렌드라는 가속화 시간이 있어서 트렌드에 걸린 브랜드는 쉽게 노화가 되죠. 근데 영혼이 있는 브랜드는 영생을 하는 것 같아요."
"그렇지, 육체는 시공간에 지배를 받지만 영혼은 초월하지."
"트렌드, 상품의 자연적 라이프 사이클, 모방 브랜드… 뭐 이런 것을 초월하려면 그 브랜드만의 영혼이 필요한 것 같아요. 소비자들은 영혼이 있는 브랜드를 사는 것이 아니라 숭배하는 것 같아요."
"맞아, 내 말이 그 말이라니까, 지금 보니 인간들은 승리의 여신인 나이키를 비롯해서 수많은 신들을 숭배하고 있어. 물건을 소비하는 것이 아니라 숭배하고 있다고."
"예… 이제 보니 왜 마법사님이 그렇게 보는 줄 알겠어요."
앨리스는 점점 더 알아가는 얼굴이었다.
"그래? 너의 얼굴을 보니 모든 것을 알고 있는 것 같구나."
"진리에 가까이 온 것 같아요. 시장에는 필요에 충실한 상품, 욕구에 충실한 상품 그리고 가치에 충실한 상품이 있다는 것을 알았어요. 그리고 무엇보다도 상품의 가치라는 브랜딩 요소를 어떻게 만드는지, 그리고 그것을 눈에 보이게 하기 위해서 브랜딩 요소와 브랜드의 스토리를 사용해야 한다는 것을 알았어요."
"바로 그거야, 상품은 사라지지만 이야기는 사라지지 않지." UB

CHAPTER 1

둘 중에 당신은 누구인가?
호모 판타지쿠스, 호모 브랜드쿠스

호모 판타지쿠스는 갑자기 나타난 21세기의 인류가 아니라, 이제 본격적으로 활동할 채비를 하고 있는 21세기형 인류이다. 그들이 이끌어갈 미래의 유망 산업으로 IT, BT, NT, CT, ET, ST가 꼽힌다. 이들 거의가 인간의 판타지를 채우기 위한 산업이다. 더 편하게Information Technology, 더 오래Biology Technology, 더 즐겁게Culture Technology, 더 좋은 환경에서Environment Technology, 색다른 환경에서 살고 싶은Space Technology인간의 욕망을 미래의 산업이 대변하고 있다. 호모 판타지쿠스는 판타지를 현실에 구현시키며 더 진화할 것이다.

사람은 무엇으로 사는가

톨스토이는 《사람은 무엇으로 사는가》에서 사람은 마음속의 '사랑'으로 살아간다고 했다. 그러나 세상에서 가장 치열한 2007년의 대한민국 사람들은 '사랑'만으로 살아가는 것 같지는 않다.

본능으로 살아가는 동물과 구분짓기 위해서 인간은 끊임없이 자신들을 정의내려 왔다. 수백만 년 전에는 도구를 사용하는 것(호모 하빌리스)으로, 수십만 년 전에는 직립보행을 하는 것(호모 에렉투스)만으로도 인간은 동물과 구분되었다. 4~5만 년 전에 비로소 인간은 생각하게 되었고(호모 사피엔스), 고대 그리스 때에는 아리스토텔레스에 의하여 호모 폴리티쿠스(정치적인 인간)로까지 진화했다. 뒤이어 호모 루덴스(유희하는 인간), 호모 에코노미쿠스(경제적인 인간), 그리고 또….
수많은 '호모'로 인간은 설명되어 왔지만, 21세기의 인간은 무엇으로 살아갈 것인가?

호모 판타지쿠스

21세기를 살아가는 인간은, 적어도 21세기 산업의 영향 하에 놓여 있는 사람들은 '호모 판타지쿠스'다.
눈을 감아본다.
눈에 보이지 않지만, 내가 살아가게 하는 것들을 생각한다.
행복, 꿈, 미래, 성공, 사랑, 우정, 편안함, 안락함….
이것은 판타지이다.
주위를 둘러본다.
노트북, 마우스, 전화기, 휴대폰, 창 밖의 자동차들, 그 안의 네비게이션과 DMB, 신문, 잡지, 노트북에 저장된 영화, MP3 Player의 음악.
이것 또한 인간들의 판타지가 만들어 놓은 '물건'이다.
우리는 앞서 판타지^{Fantasy}는 그리스어의 Phantos에 기원을 두고 있으며, Phantos는 눈에 보이지 않던 것이 드러난다는 Visible의 의미가 있다는 것을 알고 있다. '눈에 보이는 것같이 하는 것'이란 어원을 가진 말이며 사전적 의미로는 '상상력 및 현실에 나타나지 않는 것을 형태로 바꾸는 일'이라고 할 수 있다.
'판타지'라고 하면, 판타지 소설과 판타지 영화를 먼저 떠올리지만, 문화컨텐츠는 판타지 월드의 가장 최전방에서 선전하고 있을 뿐, 판타지는 인간의 역사 그 자체였다. 단어가 가진 의미가 그러하듯, 보이지 않는 것을 보이도록 하는 노력이 인류의 역사였다. 호모 판타지쿠스는 판타지를 현실로 구현시켜왔고, 지금도 연구실에서, 작업실에서 그리고 우리 생의 생활 속에서 판타지는 구현되고 있다. 지금 내 눈 앞에 어느 하나 인간의 상상으로 만들어지지 않은 것이 없다는 것만으로도 알 수 있다. 뿐만이 아니라, 신대륙 발견, 산업혁명, 노예해방, 세계 제 1,2차 대전과 같은 역사적인 사건들도 판타지의 결과물이다.
호모 판타지쿠스는 갑자기 나타난 21세기의 인류가 아니라, 이제 본격적으로 활동할 채비를 하고 있는 21세기형 인류이다. 그들이 이끌어갈 미래의 유망 산업으로 IT, BI, NT, CT, ET, ST가 꼽힌다. 이들 거의가 인간의 판타지를 채우기 위한 산업이다. 더 편하게$^{Information\ Technology}$, 더 오래$^{Biology\ Technology}$, 더 즐겁게$^{Culture\ Technology}$, 더 좋은 환경에서$^{Environment\ Technology}$, 색다른 환경에서 살고 싶은$^{Space\ Technology}$ 인간의 욕망을 미래의 산업이 대변하고 있다. 호모 판타지쿠스는 판타지를 현실에 구현시키며 더 진화할 것이다.

왜 판타지인가? Everything is fantasy.

'판타지가 대세다'라는 식상한 말로 시작하고 싶지 않지만, '바야흐로 판타지의 시대가 도래했다.'라는 표현으로 가장 쉽게 설명이 될 것 같다.

판타지는 더 이상 문학에 머물러 있지 않고 폭발하고 있다. 상상력이라는 폭발력에는 한계가 없다. 누군가가 그랬듯, 판타지는 세 개의 점으로 삼각형이 아닌 무엇이든 만들 수 있는, 불가능을 가능으로 바꾸는 힘이다. 소설이 영화화 되면서 전세계적으로 10조원의 부가가치를 창출한 〈반지의 제왕〉은 북유럽의 신화^{Sigurd}에서 시작되었다. 구전 동화에 불과하던 이야기가 소설이 되고, 영화가 된 것은 순전

CHAPTER 1

귀여운 쥐 한 마리는 태어난 지 80년이 된 지금도 다양한 소비 컨텐츠로 변신하여 디즈니에 수십조 원을 벌어다 주고 있다. 최근에는 D&G의 미키마우스가 프린트된 티셔츠를 선보이면서 미키마우스는 어린이 상품에서 성인용 소비재로 부활하기도 했다.

히 '상상력' 때문이었다.

국내에서도 음지의 영역이었던 판타지 소설은 문학계의 커다란 한 축으로 자리잡았다. 코스프레라는 적극적인 표현으로 판타지를 직접 현실 속에서 구현하는 문화가 생겼는가 하면 대부분 판타지 세계를 배경으로 하고 있는 게임은 산업적으로 영화산업보다 큰 규모로 자리잡았다.

판타지의 폭발은 문화컨텐츠 뿐만이 아니라 소비 컨텐츠로 확산되고 있다. 대표적인 예로 디즈니랜드의 미키마우스를 들 수 있다. 귀여운 쥐 한 마리는 태어난 지 80년이 된 지금도 다양한 소비 컨텐츠로 변신하여 디즈니에 수십조 원(2005년 32조 원)을 벌어다 주고 있다. 최근에는 D&G의 미키마우스가 프린트된 티셔츠를 선보이면서 미키마우스는 어린이 상품에서 성인용 소비재로 부활하기도 했다.

판타지를 문화컨텐츠에서 소비컨텐츠로 연결시켜주는 것이 바로 광고다. 그래서 광고는 판타지가 가장 판타스틱하게 구현되는 장이다. 누구도 광고에 리얼리티가 없다고 비난하지 않는다. 오히려 독특한 상상력을 발휘할수록 좋은 광고로 평가된다. 상상력에서 시작된 판타지가 문화의 영역을 넘어서 소비의 영역을 지나면 삶이 된다. 이미 삶은 판타지라고 했지만, 이러한 상호작용을 통해서 판타지적인 삶은 더 공고해진다. 호모판타지쿠스에게 판타지는 더 이상 현실도피나 대리만족을 위한 수단이 아니라, 문화이며 생활이다.

시뮬라크르의 시대를 살아가는 호모 판타지쿠스, 마케터

모든 것이 판타지인 세상 Everything is fantasy은 보드리야르가 말한 대로 비관적이기만 할까. 그렇지 않다. 적어도 마케터에게는 말이다.

보드리야르는 우리는 시뮬라시옹 simulation의 세계에 갇혀 있다고 경고했다. 시뮬라시옹은 쉽게 말하면 '가상세계'라고 할 수 있다. 21세기는 이미지의 세계다. 원본이 무엇인지도 모른 채 복제의 복제를 거듭한 이미지로 가득하다. 보드리야르의 4단계이론에 따르면 단계가 거듭될수록 이미지는 처음 가졌던 실재의 모습을 점점 잃고, 어떠한 실재와도 무관한 상태에 이르게 된다. 그 마지막 단계에서 이미지는 결국 실재와 완전히 동떨어진 현실보다 더 현실적인 이미지가 만들어지는데, 그것을 시뮬라크르라고 한다.

그는 대표적인 예로 '전쟁'을 들고 있다. 전쟁을 일으키는 사람도 실제 현장이 아니라 모니터를 통해서 버튼 조작으로 전쟁을 일으키고, 이것은 미디어를 통해서 이미지화 되어 전세계로 뿌려진다. 진짜 전쟁이 아닌, 전쟁의 이미지를 보고 사람들은 그것을 전쟁이라고 생각한다. 한국전쟁을 경험하지 않은 세대에게 '전쟁'이라고 하면, 죽음의 공포 속에서 살아가고 있는 현지 사람들이 아니라, 미사일 발사 장면을 먼저 떠올리는 것은 전쟁이라는 시뮬라크르로 전쟁을 받아들였기 때문이다. 이렇게 미디어에 의해 끊임없이 재생산되는 이미지들은 어떤 것이 진짜이고 어떤 것이 가짜인지 조차 못하게 만들며, 실재를 의심하게 만든다고 한다. 따라서 보드리야르는 진짜보다 진짜 같은 가짜들로 얼룩진 하이퍼리얼 hyper-real 시대에 저항해야 마땅하다고 주장한다.

하지만 마케터들은 하이퍼리얼 시대에 저항하거나 맞서 싸워서는 승산이 없다. 시뮬라크르의 시대를 살아가는 호모 판타지쿠스들은 시뮬라크르에 함몰될 것인가, 개척할 것인가.

마케터라면 후자를 택할 것이고, 마땅히 그래야 한다.

소비자의 판타지(환상)를 어떻게 요리하느냐에 따라, 즉 어떻게 시뮬라시옹하느냐에 따라 마켓 세터와 마켓 리더, 그리고 마켓 팔로워로 구분될 것이다. 자, 이제 고민이 된다. 어떻게 적극적으로 시뮬라시옹해서 마켓 세터가 될 것인지…

판타지 월드의 호모 판타지쿠스, 그리고 호모 브랜드쿠스

"이것이 진짜입니까?"

"진짜란 게 뭔데? 만약 보고 듣는 게 진짜라면 진짜는 그저 뇌가 받아들이는 전기적 신호에 불과해."

영화 〈매트릭스〉에서 네오를 가상세계에서 현실세계로 안내한 후 네오와 모피어스의 대화다. 마치 모피어스는 보드리야르의 생각을 대변해 주고 있는 것 같다. 그의 말대로라면 광고야말로 전기적 신호에 불과한 시뮬라크르다. 인류의 평화를 위한 제거 목록 1위인 것이다. 하지만 마케터에게 시뮬라크르(판타지를 현실화한 영상)는 필수적이며, 광고는 가장 대표적인 시뮬라크르다. 광고가 대표적인 시뮬라크르이기는 하지만, 가장 효과적인 시뮬라크르는 아니다. 《마케팅 반란》에서 알리스가 말했듯이 광고는 점차 예술의 영역으로 이동하고 있고, 상품을 알리고 소비를 유도하는 본래 광고의 역할을 PR이 대체하고 있기 때문이다. 게다가 마케팅은 단순히 상품을 알리고 소비를 유도하는 행위가 아님은 자명하다.

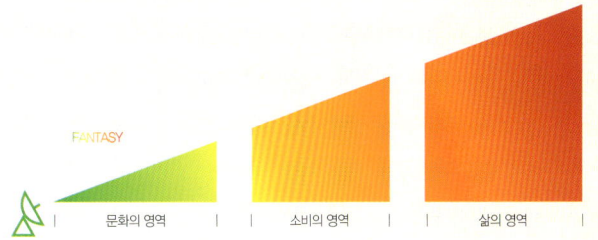

〈그림 1〉 가장 대표적인 시뮬라르크의 하나인 광고는 인간의 판타지를 문화의 영역에서 소비의 영역으로 확장시킨다.

경영에서도 이제는 생산성 향상(포디즘, 테일러리즘), 품질경영, JIT, 경영혁신, 가치혁신(블루오션)-창조경영의 일종이 아니라, 바로 창조경영이 화두다. 상상력이 힘인 상상예찬 시대에는 판타지를 구현시킬 수 있는 호모판타지쿠스가 진정한 인간이다. 제 3의 눈으로 인간들의 판타지(욕망)를 투시해서 현실화시키는

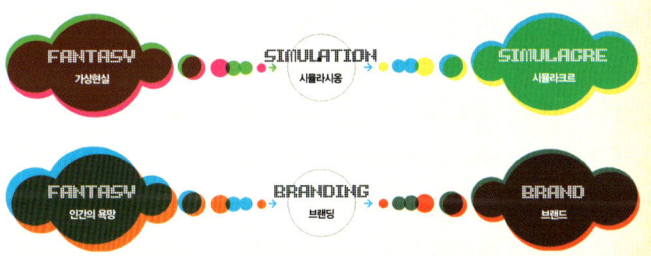

〈그림 2〉 호모 판타지쿠스의 브랜딩 과정
시뮬라시옹과 브랜딩의 과정은 같다. 가상현실이라는 판타지를 시뮬라시옹의 과정을 통하여 시뮬라크르를 만들듯이, 호모 판타지쿠스는 인간의 욕망이라는 판타지를 브랜딩 과정을 통하여 브랜드로 만든다.

마케터들이야말로 판타지 월드의 첨병이다. 다시 말하자면, 시뮬라시옹으로 가득 친 시뮬라크르의 시대에 가장 인간다운 호모판타지쿠스는 바로 마케터인 것이다. 그리고 마케터에게 최고의 시뮬라크르는 바로 브랜드다. 마케터는 브랜딩을 위하여 시뮬라시옹 한다.

미국 드라마 〈Sex and the City〉에서 슈즈 홀릭인 주인공 캐리는 구두 브랜드 마놀로 블라닉^{Manolo Blahnik} 예찬론을 펼친다. 어느 날 그녀는 길을 걷다 강도를 당한다. 총을 꺼내 캐리를 위협하며 캐리의 백과 신발을 벗으라는 강도에게 캐리는 이렇게 말한다. "펜디 바게트 백이나 반지, 시계는 다 가져가도 좋으니 제발 '마놀로 블라닉' 구두만은 건드리지 말아주세요!" 마돈나는 "섹스보다 마놀로 블라닉 구두가 좋다."는 말로 극찬했을 정도라고 한다.

무엇이 마놀로 블라닉을 특별하게 만들었을까? 당연히 성공적인 브랜딩이고, 브랜딩의 핵심은 '판타지'였다. 마놀로 블라닉은 '뉴요커들에게 가장 사랑 받는, 트렌드 리더의 필수품'이라는 판타지를 주었다. 그 판타지는 전파와 광케이블을 타고 전세계 여성들에게 전해졌다. 마놀로 블라닉의 판타지는 〈Sex and the City〉라는 시뮬라크르를 통하여 케이블 채널에서 무한 재방되고 있으며, 웹 페이지로 끊임없이 재생산, 재확산되고 있다. 이것이 바로 성공적인 브랜딩이었으며 동시에 성공적인 시뮬라시옹이었다. 또 하나, 마놀로 블라닉의 브랜딩에는 '스토리'가 있었다. 사람들은 최고의 브랜드 마놀로 블라닉을 사기도 했지만, '캐리가 가장 좋아하는, 뉴요커에게 가장 사랑받는 구두'를 사기도 한 것이다. 호모 판타지쿠스는 구두를 사는 것이 아니라, 판타지를 산다.

마케터들의 꿈은 성공적인 브랜딩이다. 성공적인 브랜딩을 위해서는 호모 판타지쿠스를 호모 브랜드쿠스로 변화시켜야 한다. 호모 판타지쿠스가 판타지로 살아가는 인간이라면, 호모 브랜드쿠스는 브랜드를 위해서 살아가는 인간이다. 마놀로 블라닉의 호모 브랜드쿠스인 캐리가 늘어날수록 브랜드는 판타지가 되고, 신화가 된다. 내 브랜드의 판타지를 시뮬라시옹하는 능력. 이것이야말로 21세기형 마케터의 능력이다. 마케터들은 내 브랜드로 살아가는, 내 브랜드를 위해 살아가는 호모 브랜드쿠스를 위하여 오늘도 상상하고, 환상하고, 몽상하며, 이상하고, 때로는 환각한다. UB

Additional Case Exercise

'신들의 거짓말' 아티클에 보면 디젤의 브랜드 아이덴티티 휠$^{Brand\ Identity\ Wheel}$이 등장합니다. 컨셉 휠$^{Concept\ Wheel}$이라고도 부르는 이 도구는 브랜드 기획자나 매니저들이 브랜드 아이덴티티를 만들 때 가장 많이 사용하는 것입니다. 이 도구의 목적은 브랜드의 핵심적인 아이디어를 세부적인 마케팅 프로그램으로 연결시키기 위한 것이며 브랜드의 통합성과 일관성을 유지하도록 만들어줍니다. 복잡한 현상과 목표를 단순화시켜 브랜드 구축을 위한 모든 마케팅의 행위를 한 곳에 집중시키고, 또한 집중된 곳에서 여러 아이디어가 나와도 브랜드의 아이덴티티와 정렬되도록 구축하는 도구입니다. 일명 IMC$^{Integrated\ Marketing\ Communication}$ 전략을 짤 때 가장 많이 사용되지요.

유니타스브랜드에서 브랜드를 설명할 때 주로 사용하는 도구이기도 한 브랜드 아이덴티티 휠은 기능과 직업군에 따라 도넛북, 컨셉 휠, 심플 포커스 휠, 마케팅 바레이션 휠 등으로 불리는데, 그 용도는 다양하지만 목표는 하나입니다. 바로 'Conceptualization(개념화)'입니다.

Q1 소비자에게 제품이 아니라 판타지를 파는 대표적인 브랜드로 할리 데이비슨이 있습니다. 할리 데이비슨 브랜드의 아이덴티티 휠을 그려보고 동료가 그린 것과 비교해 보십시오.

Q2 근무하고 있는 회사의 브랜드 하나를 떠올려 보시고 브랜드 아이덴티티 휠을 그려 보세요. 컨셉과 마케팅 프로그램들이 통합성을 갖고 있나요? 통합의 장애요인은 무엇인가요?

Q3 이 질문은 개인용 질문입니다. 여러분 자신의 브랜드 아이덴티티 휠을 그려 보세요. 한 해 개인 목표와 액션 프로그램을 아이덴티티 휠을 이용해 만들어보시는 것도 도움이 될 것입니다.

Group study guide 3~5명의 그룹을 만들어 토론해 보세요. 브랜드 아이덴티티 휠을 만드는 방법은 디젤 사례를 참조하시고, 할리 데이비슨에 대한 자료는 3부에 있는 할리 데이비슨 아티클과 홈페이지 http://www.harley-davidson.com을 참고하세요.

Tools 유니타스매트릭스의 '컨셉츄얼라이제이션' 노트

※ 문제출제 : Unitas CLASS

Closing Question

Q1 최근에 구매한 브랜드에 대해서 왜 샀는지 그 이유 10가지를 말해 보십시오.

Q2 자신이 갖고 싶은 브랜드에 대해서 꼭 사야 될 이유 10가지를 말해 보십시오.

Q3 소비자가 우리 브랜드를 사야 할 이유 100가지를 적어 보십시오.

Q4 100개의 이유 중에서 우리 브랜드에만 있는 것 10가지를 적어 보십시오.

Q5 10가지 중에 한 가지만 선택하여 보십시오.

Q6 그 한 가지를 위해서 당신의 기업은 어떤 마케팅을 하는지 10가지를 말해 보십시오.

Q7 우리와 경쟁 브랜드가 있다면 그들은 어떻게 하는지 말해 보십시오.

Q8 당신의 브랜드에 대한 '시'를 써보십시오.

2

"소비자는 가질 수 없는 것을 갖고 싶어한다."

최고의 브랜드는 '소비'되지 않고 '소유'된다.
브랜드의 소유가 곧 명예이거나, 꿈이거나 아니면 전부가 되는 때도 있다.
애인에게 얼마나 사랑하는지와 왜 사랑하는지를 설명할 수 없는 것처럼,
진정한 브랜드는 왜 구매하는지를 설명할 수 없다.
소비자들에게 구매 이유를 물어보면 그냥 쿨~~하니까 사거나, 폼나니까 사거나
아니면 머릿속에 아른거려서 산다고 한다. 그리고 소비자들은 솔직히 사고 싶지 않
았지만 지름신이 오셔서 어쩔 수 없이 샀다는 황당한 핑계도 댄다. 그들이 거짓말
을 하는 이유는 무엇일까? 그들이 왜 샀는지를 설명하지 못하는 이유는 무엇일까?

Opening Question

Q1 당신이 최근에 기분 좋게 구매한 브랜드는 무엇입니까?

Q2 그 브랜드에 대한 당신의 사용 후기를 '시'로 써 보세요.

CHAPTER 2

"내가 그럴 줄 알았다니까!"
어떻게 그럴 줄 알았을까?

감感 마케팅

많이 아는 것만큼 많이 볼 수 있다. 많이 아는 것만큼 많이 느낄 수 있다.
그리고 많이 아는 것만큼 정확한 한 가지의 결정을 할 수 있다.
이것이 바로 감으로 하는 산업군에서 필요한 브랜드 통찰력이다.

"기능면에서는
이것이 탁월한데…
하지만 이것이 더 예뻐!"

사람들은 합리적인 선택을 위해서 좌뇌(이성)를 사용하여 결론에 이른다. 하지만 행동을 할 때는 좌뇌 옆에 있는 우뇌(감성)를 사용하여 결정을 한다.

필자는 DMB 서비스를 비롯하여 33만 단어 수준의 한영/영한 사전, MP3 플레이어 등의 최신기능으로 무장한 70만 원 상당의 핸드폰을 설명서도 보지 않고 단지 '예쁘다'는 이유로 결정하고 있는 여자와 남자 소비자를 관찰 중이었다.

예쁘면 용서되는 것이 아니라
예쁘니까 팔리네!

요즘 대부분의 회사에서 디자인만이 일류 기업이 될 수 있는 최고의 성공 및 성장 엔진이라는 것을 알게 된 것 같다. 그래서 너도나도 돈 되는 디자이너를 잡으려고 혈안이다. 이제서야 디자인이 핵심이라는 것을 알게 된 이유는 무엇일까?

필자는 한때 100명의 디자이너가 있는 회사에서 일한 적이 있고 1992년부터 지금까지 디자이너들과 같이 일하고 있다. 그래서 디자인이 얼마나 돈 되기 어려운가에 대해서도 나름대로 알고 있다. 왜냐하면 이곳은 개선, 측정, 수정, 보강, 조정, 조절, 보완, 강화, 첨가라는 정량적인 마케팅 접근이 어려운 동네이기 때문이다. 창조와 느낌(우리끼리 용어로는 간지와 자세)만이 이 바닥에서 먹어주기 때문에 최고의 디자이너가 최악의 디자인을 낼 수 있고, 최악의 디자이너가 최고의 디자인을 낼 수도 있다.

디자인과 관련된 비주얼 산업군에서 필요한 마케팅은 감感마케팅(개인적으로 매우 좋아하지 않는다)이다. 런칭 브랜드에서 책임자로 '감' 좋은 사람을 세우면 이미 50%는 성공한 셈이다. 그들의 '감'이 바로 매출이며 그들의 '감'이 바로 소비자의 니즈이기 때문이다.

부인하고 싶지만 이것은 사실이다. 그래서 다른 마케팅도 그렇지만 특히 패션을 비롯한 트렌드에 민감한 분야의 마케팅 핵심은 '감' 좋은 디자이너와 '감' 좋은 브랜드 매니저를 고르는 일이 시작이며 결론의 50%에 해당한다. 그렇다면 어떻게 감 좋은 디자이너와 감 좋은 브랜드 매니저가 될까?

디자인의 누이라고 할 수 있는 트렌드. 트렌드의 변화는 아침과 저녁이 다르다. 또한 트렌드의 라이프 사이클은 누구도 예측하지 못하기에 소비자 조사를 하고 니즈를 파악한 후에 상품을 가져다 밀면 이미 그때는 한참 지난 후가 된다. 수천 명을 통한 소비자 자료에서 디자인과 트렌드에 관한 소비자의 니즈가 정확히 나올 수 없다. 이렇게 단정적으로 이야기 하는 것에 대해서 리서치 관계자들은 심히 불편한 마음을 가질 수도 있을 것이다. 소비자들의 응답이 정량적으로 구분되어 그래프로 눈에 보여지지만 진짜 중요한 것은 정성적이어서 숫자의 영역에는 없기 때문이다. 누가 충동구매를 정량화시키고 누가 브랜드 아이덴티티를 숫자화 시킬 수 있을까? 아마 소비자 조사를 당해 본 사람들은 설문지의 한계점을 알고 있을 것이다.

그래서 디자인과 트렌드를 다루는 분야에서는 디자이너의 창조적 감에 많은 부분을 의존하고 있다. 물론 나름대로(?) 디자이너들의 직관적 창조 행위에 대해서 과학적 분별과 합리적 선택을 하기 위하여 '다수결 원칙'이라는 도저히 이해가 안되는 방법을 쓰는 곳도 있다.

'감'도 학습될 수 있다

어떤 브랜드 디자인 실장과 사장이 6개월 뒤에 나올 상품에 대해서 품평회를 하는 것을 참관하게 되었다. 약 50가지의 스타일 중에서 주력상품과 보조상품을 정하고 수량을 결정하는 어려운 시간이었다. 그러나 이들의 의사결정은 매우 빠르고 지나칠 정도로 단순했으며 그리고 웃겼다. "얘는 너무 못생기게 나왔다. 1,000장만 할게요!" "작년에 네이비 컬러가 반응이 좋았는데 4,000장으로 하지." "하지만 올 봄에는 카키가 유행이 될

> 바람에게는 힘이 있다. 그러나 보이지 않고 소유할 수 없기 때문에 판단하기 어렵다. 단지 바람이 어디선가 불어 온다는 것을 느낄 때 강력한 힘을 느낄 수 있을 뿐이다. 이와 같이 지식에도 보이지 않는 힘을 가진 것들이 있다.

거예요." "그럼 2,500장으로 하자." 이 대화는 사실이다. 너무나 충격적이었기 때문에 아직도 기억을 하고 있는 것이다. 비록 벽에 걸려있는 샘플의 예상 소비자 가격은 20,000원이지만 그들이 결정하는 미래의 수익은 2,000만 원과 8,000만 원이었다. 그리고 그것을 판단하는 기준은 '느낌'과 '작년 경험'이었다. 필자는 뒤에서 이 모습을 바라 보면서 그들의 초능력(?)을 관찰했고, 6개월 뒤에 그들을 판단하기 위해서 그들이 예언했던 몇

가지 상품들을 머릿속에 넣어두었다. 그 후 8개월 뒤에 매장에 가서 그들이 결정했던 상품들을 확인했다. 정확하다고 말할 수 없지만 어떤 것은 50% 어떤 것은 90% 그리고 어떤 것은 20%의 판매율을 보였다. 전체적인 결과면에서는 다소 실망스러운 부분도 있었지만 놀랍게도 디자인 실장이 말한 것들이 더 많은 적중율을 보였다는 것이다. 그리고 더더욱 놀라운 것은 90%와 10%의 판매량의 편차가 있었던 것도 디자인 실장이 택한 것이다. 지금 언급한 상황은 지극히 주관적이고 과학적이지 않은 것이기에 참고할만한 가치는 없다. 하지만 이런 현상들이 대부분의 브랜드에서 일어나고 있다는 것에 대해서는 주목해 볼 만한 일이라고 할 수 있다. 그 후, 나는 소위 살 씩는나(?)는 사람들을 만나서 그들의 예지능력(?)에 대해서 물어보았고 몇 가지의 가설과 검증할 수 없는 자료 그리고 표현할 수 없는 이상한 힘의 근원을 발견했다. 바로 통찰력이다.

바람에게는 힘이 있다. 그러나 보이지 않고 소유할 수 없기 때문에 판단하기 어렵다. 단지 바람이 어디선가 불어 온다는 것을 느낄 때 강력한 힘을 느낄 수 있을 뿐이다. 이와 같이 지식에도 보이지 않는 힘을 가진 것들이 있다. 그것을 암묵적 지식이

라고 한다. 지식 창조이론의 대가인 노나카 Nonaka는 지식을 외부 시장과 환경으로부터 유입되는 정보 및 지식이 조직 내에서 어떠한 형태로 존재하고 있는지에 따라, 형식적인 지식 Explicit Knowledge과 암묵적인 지식 Tacit Knowledge으로 나누었다. 형식적인 지식은 보다 명확히 표현된, '눈에 보이는' 지식으로서 업무 수행 절차 및 규정, 매뉴얼, 특허 등이 이에 해당된다. 따라서 다른 개인이나 조직으로의 전파가 암묵적인 지식에 비해 용이하다. 이에 비해 암묵적인 지식은 일상화된 행위 패턴을 형성하고, 행동기준을 제공하며, 당연하게 받아들여지는 가치관으로서, 내외부의 형식적인 지식을 다양하게 해석할 수 있는 기반을 제공하고, 이를 통해 개인차원 및 조식차원의 행동기준을 설정하는데 결정적으로 작용한다. 그 당시 디자이너가 사용했던 지식이 바로 암묵적 지식이었던 것이다.

이 암묵적인 지식은 다른 개인 또는 조직으로의 전파가 어렵기 때문에, 기업 내외의 베스트 프랙티스 Best Practice 등과 같은 지식체제나 지식관리시스템 자체의 활용에 있어 촉진 또는 장애요인으로 작용하기도 한다. 따라서 암묵적인 지식을 보다 활성화하고 형식화하려는 조직차원의 노력이 요구된다. 그는 지식경영과 기업성장을 위해서 암묵적 지식과 형식적 지식이 의미있고 체계적인 상호작용을 통해 새로운 지식을 창조하는 지식 창조형 경영이 경쟁력 확보의 열쇠라고 주장하고 있다.

보이지 않고 글로 쓸 수 없지

CHAPTER 2

● IMPROVEMENT

● INTENSIFICATION

● AMENDMENT

● ADDITION

● SURVEY

● ADJUSTMENT

● SUPPLEMENTATION

만 결정적인 것을 결정하는 암묵적 지식의 결정체인 통찰력. 그렇다면 이 통찰력을 얻기 위해서 어떤 패러다임과 방법이 있어야 하는가? 무엇보다도 '학습된 경험'과 '직관력'이 필요하다.

디자인과 트렌드의 조화가 있는 산업군에는 수많은 변수에 대한 예측이 필요하고 전혀 알 수 없는 상황에 대한 분별을 요구한다. 그러나 이런 불규칙한 현상을 규칙적인 매뉴얼로 접근하고자 한다면 막연한 해석만이 나올 뿐이다. 따라서 소비자 조사에 의한 분석과 경쟁사 분석 그리고 시장 환경 분석은 판단의 자료가 될 수 있지만 선택의 기준은 될 수 없다. 이때 필요한 것이 통찰력이다. 그래서 이 바닥의 마케팅을 인사이트(통찰력) 마케팅이라고 한다.

그렇다면 통찰력을 어떻게 키울 수 있을까? 여러가지 방법이 있지만 그 중에 가장 확실한 방법을 소개하고자 한다.

탁월한 패턴을 가지기 위해서 탁월한 모델의 체득이 필요하다. 예를 들어, 사람은 문제점을 발견하고 그것에 대한 해결을 하고자 할 때 자기 안에 학습된 방법으로 결정하게 되어있다. 이때 탁월한 결과를 얻기 위해서 얼마나 좋은 판단 시나리오(프로세스)를 가지고 있는가가 중요하다. 왜냐하면, 전혀 경험해보지 못한 문제일지라도 자신의 제한된 경험과 판단 시나리오에 의해서 결정하게 되어있기 때문이다. 그렇다면 어떻게 탁월한 모델(통찰력 프로세스)을 체득할 수 있는가? 여러가지 방법이 있지만 그 중에 하나가 가장 '감'과는 어울릴 것 같지 않은 방법이다. 바로 책을 읽는 것이다. 물론 책을 읽는다고 해서 '감'이 올라가거나 새로운 '감'이 생기는 것은 아니다. 하지만 다양한 '접근과 이해(객관적이라는 말이 아니다)'를 통해 자신의 '감'을 입체적으로 볼 수 있게 된다. 또한 대체로 '느낌이 좋아' 정도로 끝날 수 있는 기분을 논리적으로 그리고 조금은 지루할 정도의 나열식으로 정리할 필요성도 느끼게 된다. 그럼에도 불구하고 감이 좋으면 그것은 '최고의 전략적 인사이트'일 것이다. 참고로 도움을 받았던 책은 최소한 3번 이상 정독을 해야 된다. 그리고 책의 기준에 자신의 문제를 적용하면 보다 빨리 자기 것으로 만들 수 있다.

그렇다면 어떤 책을 읽어야 할까? 필자가 읽었던 베스트 10개를 뽑아주는 것은 치명적인 오류를 일으킬 것이다. 왜냐하면 산업분야, 관심분야, 현장지식 등 너무나 복잡 다양한 변수 때문이다. 경험으로 책 선별 비법을 소개한다면 필자의 경우는 나와 같은 분야에서 근무하는 최고에게 메일을 보냈다(전화를 권하지는 않지만 최후의 경우는 사용했다). 아직까지 한 명을 제외하고는 모두 친절하게 알려 주었다.

최악의 디자인은 자신의 취향에 의존하는 경우이다. 다행히 트렌드와 취향이 일치되어서 대박이 날 수도 있겠지만 취향은 오래가고 트렌드는 빨리 변화한다. 디자이너와 브랜드 매니저 그리고 마케터들은 무조건 많이 보아야 한다. 잡지를 뒤지고, 타깃 소비자들에게 요즘 뜨는 아이템을 물어보고, 길거리를 헤매고, 동호회를 기웃거리고… 정보가 나오는 곳은 찾아가서 반드시 눈으로 직접 보아야 한다. 이것만이 자신의 취향을 무취향으로 만들어서 트렌드와 디자인을 자기 중심적으로 보는 병폐를 막을 수 있는 방법이기 때문이다.

많이 아는 것만큼 많이 볼 수 있다. 많이 아는 것만큼 많이 느낄 수 있다. 그리고 많이 아는 것만큼 정확한 한 가지의 결정을 할 수 있다. 이것이 바로 '감'으로 하는 산업군에서 필요한 브랜드 통찰력이다. UB

CHAPTER 2

브랜드 세포분열

브랜드 진眞, 선善, 미美

브랜드를 만든 사람들의 궁극적 목적은 고객이 자신의 브랜드를 '소비'가 아니라 '소유'의 대상으로 바라보는 것이다.
그들은 소유가 곧 명예가 되며, 완성이 되는 브랜드를 만들고 싶어한다. 그것을 자본주의 사회에서 최고의 '아름다움'이라고 생각한다.

시대의 코드, 미학

미학Aesthetics은 말 그대로 '아름다움'의 본질과 구조에 대해서 연구하는 학문이라고 한다. 일반적으로 우리가 느끼고 표현하는 아름다움이라는 것은 감정(예쁘다, 사랑스럽다, 귀엽다, 아름답다 등)이 반응하는 것이다. 하지만 미학의 그 근본은 철학이기에 형이상학적인 가슴의 감동을 머리로 끌고 와서 이해하기란 결코 쉬운 일은 아닐 것이다.

미학이 어려운 이유는 미의 기준이 일반적인 것이 아니라 상대적인 것이어서 시대마다, 지역마다, 인종마다 다르기 때문이다. 어떤 나라는 풍퉁한 것이 미의 기준이고 어떤 나라는 마른 것이 미의 기준이 된다. 어떤 나라는 여자가 가슴을 드러내는 것이 미가 되지만 대부분의 나라에서는 이런 행동은 추한 것이다. 그래서 미학은 다분히 문화의 소산이며 시대적 거울이라고 할 수 있기 때문에 어떠한 문화를 읽는데 중요한 코드가 될 수 있다. 앞서 말했듯이 이렇게 다양하고 복잡하고 상대적인 것을 '1+1=2'라는 과학적 사고나 '1+1=2가 될 수도 있다'는 철학적 논증으로 풀어가려는 것 자체가 여간 곤혹스러운 일이 아니다.

최근에는 이런 '미학'이라는 단어 자체가 다르게 사용되고 있다. 술의 미학, 죽음의 미학, 엽기의 미학, 고통의 미학, 섹스의 미학, 춤의 미학 등 '미학'이라는 말이 유행어처럼 사용되고 있다. 또한

플라톤이 이데아에서 만날 수 있는 진정한 가치인 진, 선, 미는 브랜드 안에서도 있다. 진眞은 완벽한 브랜드 아이덴티티(진정성)를 말하는 것이며, 선善은 브랜드의 가치를 말하는 것이고, 미美는 눈으로 볼 수 있는 브랜드의 이미지, 즉 디자인이다.

CHAPTER 2

매우 모호한 개념으로서 마구 난무하면서 특정 대상의 '찬사' 내지는 '추앙'의 개념으로 사용되고 있고, 특정 행위에 대한 '중독'과 '탐닉'의 철학적 변명으로도 사용되고 있다.

플라톤의 이데아와 진眞, 선善, 미美

그러나 플라톤이 정의한 '미'의 개념은 우리가 말하는 것(문화코드 또는 어떤 이즘ism)과는 다르다. 플라톤이 말하는 미는 물리적인 것뿐만 아니라 심리적이고 사회적인 것도 포함되며, 감각 기관을 즐겁게 해주는 것뿐만 아니라 정신을 안정시켜 주는 것도 포함된다고 말한다.

플라톤은 미를 넓은 의미로 이해했다. 미의 범위를 선善의 범위와 일치시켜 풀어나갔다. 이런 연결관계로 인해서 진의 항목 아래 선이 다루어지고 선의 항목 아래 미가 다루어진다고 규정했다. 진眞, 선善, 미美가 일치된다는 생각은 플라톤의 주장일 뿐만 아니라 고대 희랍의 일반적인 사상이기도 하다. 미 자체가 무엇인지가 플라톤의 관심사였기에 플라톤은 눈으로 느껴지는 미보다는 머리로 이해되는 미의 이념에 도달하게 되었다.

우리가 알고 있는 플라톤의 이데아 철학은 영혼이 육체보다 더 완전하며, 이데아는 육체나 영혼보다 더 완전하다는 것이다. 이러한 철학을 밑바탕으로 플라톤은 미를 육체와 연관시키려 하지 않았다. 미는 영혼이나 이데아의 성격을 가져야 하며 영혼이나 이데아의 미가 육체의 미보다 훨씬 더 높은 지위를 차지한다고 주장했다. 미는 소멸하지만 미의 이데아는 영원하다라고 주장했다.

플라톤은 미를 이데아의 영역으로 해석함으로써 미의 개념에 대한 새로운 정립이 이루어졌는데 이는 세 가지로 정리할 수 있다. 첫째, 희랍에 통용되었던 넓은 의미의 미 개념이 훨씬 더 확충되어 미의 영역 속에서 경험을 넘어서는 추상적인 대상이 포함되었으며 둘째, 현실에서 나타나는 구체적인 미가 현상계에 속하는 어떤 것으로 가치가 하락되었으며 셋째, 미의 척도가 미의 이데아라는 관점에서 새로이 도입되었다고 할 수 있다.

이데아에서 바라보는 플라톤의 미학은 관념론적인 정의뿐만 아니라 도덕적인 정의도 지니고 있다. 그래서 그는 미와 선을 일치시키려 했다. 플라톤의 예술론은 그의 철학 및 그의 미론과 결부된다.

그는 예술을 유용한 예술, 생산적인 예술, 모방하는 예술로 구분하면서도, 일반적으로 그는 예술을 모방으로 생각했다. 예술이 현실을 모방한다는 생각은 희랍인에게 낯선 것은 아니었다. 플라톤은 현실 자체가 이데아의 모방이므로 예술은 결국 현실을 모방하는 더 낮은 단계로 규정지었다.

아리스토텔레스의 예술과 카타르시스

플라톤은 주로 미 개념을 중시한 반면 플라톤의 제자였던 아리스토텔레스는 미 개념을 제쳐두고 예술을 탐구하기 시작했다. 아리스토텔레스는 '예술이란 인간의 활동이다'라는 명제에서 출발했다. 즉, 예술을 자연으로부터 분리시켰던 것이다. 자연물은 필연성으로부터 발생하나 예술 작품은 그것을 만드는 사람의 활동에 달려 있다고 믿었다. 그는 인간의 활동을 연구활동, 작용활

> 이데아가 소비자에게 충족되었을 때 예술에서 느끼는 카타르시스를 소비자는 구매를 통해서 맛보게 된다. 이러할 때 구매는 이데아의 소유이며, 자기 창조의 행위이며 그리고 자기 완성의 모습이라고 할 수 있다.

동, 창작활동으로 구분했고 예술은 창작활동에 속한다고 말했다. 창작은 그 결과로 하나의 작품을 남겨 놓기 때문에 다른 두 활동과 구분된다. 다시 말하면 모든 예술은 창작이지만 모든 창작이 예술인 것은 아니다. 아리스토텔레스에 의하면 '하나의 능력에 기초한 의식적인 창작'이 예술이다. 예술에 속하는 범주가 창작이며 창작의 특징은 하나의 능력에 기초되어 일반적인 법칙을 사용해서 의식적으로 구성하는 데 있다. 아리스토텔레스의 정의에 의하면 단순히 본능이나 일반적인 체험에 의존하는 창작은 예술이 아니다. 왜냐하면 여기에는 규칙, 수단의 의식적인 응용, 일정한 목적의 지향이 결여되었기 때문이다. 이렇게 볼 때 미예술뿐만 아니라 수공품도 예술이 된다. 회화나 조각뿐만 아니라 구두를 만드는 기술이나 선박의 건축도 예술에 속한다. 예술은 예술가를 통해서 만들어지는 작품이고 이러한 작품을 만들기 위해서 그는 일정한 능력을 가져야 하며 이러한 능력을 아리스토텔레스는 예술이라 불렀다. 작품을 만들어 낼 수 있는 규칙을 아는 것이 능력이므로 창작의 근거를 이루는 지식 또한 예술이라 불렀다.

그는 예술에 대해 또 다른 개념을 이야기했는데 그것이 바로 '카타르시스 katharsis'라는 것이다. 카타르시스는 '정화', '청정' 또는 '마음의 배설'을 뜻하는 그리스어로, 고대 그리스의 철학자 아리스토텔레스가 쓴 《시학詩學》이라는 책 제 6장 비극에서 처음 등장했다. 현대인들은 이 '카타르시스'라는 말을 영화를 보고, 책을 읽고, 음악을 듣고 희열이나 어떤 고도의 감정을 느꼈을 때 사용하기도 한다. 그러나 아리스토텔레스에 따르면 비극을 본 관객들은 주인공의 비참한 운명과 결말 때문에 자신의 마음 속에 있던 두려움이나 슬픔, 동정, 연민이 한꺼번에 폭발되는데 이때 이 응어리가 정신적으로 순화되는 것이라 했다. 아리스토텔레스는 특히 비극이 인간 영혼에 미치는 청정화 효과에 대해 '비극이란 자비와 두려움과 정에 의한 정화, 즉 카타르시스다'고 정의했다. 즉, 인간적 정념이 어떠한 형태론으로 순화되는 일종의 정신적 승화작용昇華作用으로 해석할 수 있다.

브랜드 이데아와 카타르시스

브랜드, 마케팅에 관련된 글을 쓰면서 플라톤과 아리스토텔레스의 철학을 논하며 그들의 복잡한 이론을 설명하고자 하는 것은 아니다. 그들이 발견한 개념을 이해하고 전략적으로 사용하자는 것이다. '이데아'와 '카타르시스'를 충분히 이해하고 있다면 브랜드 안에 이 두 가지의 개념이 공존하고 있다는 것을 알게 될 것이다.

어설픈 정의이지만 '브랜드는 이데아와 카타르시스의 미학'이라고 말하고 싶다. 소비자들은 샵에서 무엇을 느낄 것인가? 먼저 샵에서 이데아의 동굴 안에 있다는 느낌을 받을 것이다. 예를 들어, 옷가게 윈도우에 서있는 마네킹이 입고 있는 옷을 자신의 모습에 교차시킬 것이다. 곧바로 소비자는 이데아로 들어오게 된다. 판매원의 안내로 걸려 있는 옷을 입고 거울을 보게 된다. 이때 '충동구매'라는 감정의 폭발이 그를 이데아에 있는 것처럼 착각하게 만들 것이다. 소비자가 꿈꾸었던 이데아는 과연 무엇일까? 소비자는 아름다운 옷을 구하는 것이 아니라 아름다운 자신을 만나고 싶어한다. 소비자는 브랜드를 구매한 것도 아니고, 옷을 구매한 것도 아니다. 소비자는 자신의 이데아를 보게 될 것이다. 결국 오랜 방황 끝에 자신의 아름다움을 표현할 수 있는 이상적인 브랜드를 만나게 되었다. 어떤 브랜드는 이런 이데아를 명확히 제시하고 있다. 이것을 마케팅 용어로는 '브랜드 비전'이라고 하는데 엄밀히 말한다면 인간 내면에 있는 '완전한 선'을 제시하는 이데아라고 말할 수 있다. 그렇다면 육체가 주는 완전한 선은 무엇인가? 이 정도 질문을 받으면 아마 도저히 헤아날 수 없는 철학적 질문에 갇히게 된다. 이 풀지 못하는 영원한 질문은 철학자에게 맡기자.

플라톤이 이데아에서 만날 수 있는 진정한 가치인 진, 선, 미는 브랜드 안에서도 있다. 진眞은 완벽한 브랜드 아이덴티티(진정성)를 말하는 것이며, 선善은 브랜드의 가치를 말하는 것이고, 미美는 눈으로 볼 수 있는 브랜드의 이미지, 즉 디자인이다. 이처럼 브랜드 안에서 진, 선, 미의 세 가지 요소가 병합 되어서 이데아 메시지로 만들어져야 한다. 그것이 바로 미학적 마케팅의 기본이라고 할 수 있다. 이런 이데아가 소비자에게 충족되었을 때 예술에서 느끼는 카타르시스를 소비자는 구매를 통해서 맛보게 된다. 이러할 때 구매는 이데아의 소유이며, 자기 창조의 행위이며 그리고 자기 완성의 모습이라고 할 수 있다. 과연 우리 주변에 진선미가 모두 있는 브랜드는 무엇일까?

물론 대부분의 브랜드 기획자나 마케터가 신규 브랜드 런칭을 하면서 '브랜드 진선미'를 생각하고 만들지 않는다. 아직 그런 사람을 본 적은 없다. 하지만 그렇게 만들지 않더라도 소비자들은 우리가 만든 브랜드에서 진, 선, 미(아이덴티티, 가치 그리고 디자인)를 느끼려 한다. UB

CHAPTER 2

Phryne before the Tribunal

아무 이유 없어, 예쁘면 다 용서 돼!

탐미주의 소비 트렌드

"미는 감춰진 자연법칙의 표현이다. 자연의 법칙이 미에 의해서 표현되지 않았다면 영원히 감춰져 있는 그대로일 것이다." — 괴테

TREND

◀〈배심원 앞의 프리네Phryne before the Tribunal〉장 레옹 제롬Jean Leon Gerome, 1861년, 캔버스에 유채, 113×148cm, 독일 함부르크시립미술관 소장

"프리네는 아름답다.
예쁘면 다 용서된다.
따라서 프리네는 무죄이다."

이 말을 처음 본 사람들이라면 이처럼 비논리적이고 비합리적인 말이 있을 수 있냐며 논박할 것이다. 이것이 수준 높은 철학이 발달했던 그리스 시대에, 그것도 최고의 지성인들이라는 재판관들에 의해 내려진 실제 판결이라면 더욱 믿기 힘들 것이다.

기원전 4세기경, 고대 그리스 아테네에 프리네Phryne라는 지성과 미모를 겸비한 당대 최고의 헤타이라hetaera(단순히 몸을 파는 여자가 아니라 철학, 정치, 예술 등을 토론할 수 있는 교양을 갖춘 고급 매춘부로서 당대의 저명한 정치가, 철학자, 장군 등의 비공식적 파트너 역할을 했다)가 있었다. 당시 유명한 조각가였던 프락시텔레스Praxiteles가 〈크니도스의 아프로디테〉를 만들기 위해 프리네를 모델로 이용할 만큼 그녀의 미모는 뛰어났다고 한다. 당대 최고의 헤타이라였던 만큼 그녀는 아무에게나 사랑을 주지 않았고, 이것이 결국 화를 부르고 만다. 그녀에게 사랑을 거절당한 고관대작 에우티아스는 '애욕에 눈먼 질투'로 인해 〈엘레시우스의 신비극〉에 벌거벗고 출연한 프리네에게 신성모독죄라는 죄명을 덮어씌웠다. 그 당시, 그리스에서 신성모독죄는 바로 사형을 뜻하는 대죄였다. 그녀의 애인이자 유능한 변호사였던 히페리데스가 그녀의 변호를 맡았고, 재판관들 앞에서 열변을 토하며 변론했지만 재판관들의 결심은 돌아서지 않았다. 논리로서 재판관들을 설득할 수 없다는 것을 알았던 히페리데스는 재판관들 앞에서 프리네의 옷을 벗겨버리고 만다. 즉, 재판관들의 감정에 호소하는 방법을 선택하고 "여신상을 빚을 만큼 아름다운 이 여인을 죽여야겠는가?"라고 외친다. 재판관들은 프리네의 눈부시게 하얗고, 아름다운 몸에 다들 할 말을 잃어버리고 결국 다음과 같은 판결을 내린다.

"저 아름다움은 신의 의지로 받아들여야만 할 정도로 완벽하다. 따라서 그녀 앞에선 사람이 만들어낸 법은 효력을 발휘할 수 없다. 그러므로 무죄를 선고한다."

"저 아름다움은 신의 의지로 받아들여야만 할 정도로 완벽하다.
따라서 그녀 앞에선 사람이 만들어낸 법은 효력을 발휘할 수 없다.
그러므로 무죄를 선고한다."

'미' 앞에서는 어떠한 도덕적 잣대도 논리도 그리고 엄격한 법도 무용지물이라는 이 극단적 탐미주의의 선택이 프리네의 재판 이후 없어졌을까? 인간을 닮은 로봇이 만들어지는 첨단 과학시대를 살아가고 있는 우리이기에 논리적인 선택만을 할 것이라고 생각한다면 이는 큰 오산이다. 프리네의 눈부시고 아름다운 몸 앞에서 어이없는 판결을 내렸던 재판관들처럼 우리도 '예뻐서'라는 단 하나의 이유 때문에 합리와 논리로는 도저히 용서할 수 없는 점을 매일같이 용서하며 살아 가고 있다. 즉, 우리도 프리네 소비 이론의 신봉자가 되어가고 있는 것이다.

CHAPTER 2

쥬시꾸뛰르Juicy Couture **의 벨벳 트레이닝복**
운동하러 갈 때에도, 동네 앞 슈퍼에 나갈 때에도 캐주얼한 섹시함을 자랑하게 만드는 쥬시꾸뛰르의 벨벳 트레이닝복은 우리가 막 입고 다니는 '추리닝'과는 다르다. 이 벨벳 트레이닝복은 그 자체로도 스타일리쉬한 패션

Juicy Couture

아이템이지만, 제니퍼 로페즈, 할리 베리, 브리트니 스피어스, 제시카 알바, 패리스 힐튼 같이 패션에 일가견 있는 유명 헐리우드 스타들의 사랑을 한 몸에 받았던 것으로 유명하다.

그러나 이 사랑스러운 아이템을 입기 위해서는 많은 점을 참아내야만 한다. 본래의 태생이 트레이닝복임에도 불구하고 땀 흡수와 통풍성이 좋지 않아서 '트레이닝'할 때 절대 입을 수 없고, 벨벳이라는 소재의 특성상 먼지가 많이 묻어 관리가 쉽지 않다는 치명적인 불편함을 용서해야만 한다. 게다가 어느 정도 살이 있는 여성이 입었을 경우 곰 같아 보인다는 비난을 들을 수도 있다.

그럼에도 불구하고 벨벳 트레이닝복을 입고 파파라치들의 카메라에 찍힌 스타들을 보면, 이 벨벳 트레이닝복을 사야만 한다는 욕구를 떨쳐낼 수 없게 된다. 그래서 적당히 살이 덜 쪄 보이는 컬러를 선택해서라도 기어이 벨벳 트레이닝복을 사고야 만다. 오랫동안 예쁘게 입기 위해서는 멀쩡한 세탁기를 놔두고 힘들게 손빨래를 해야 한다는 참을 수 없는 불편함을 감수하면서도 말이다.

high heels

하이힐 high-heels

마를린 먼로는 "나를 성공의 길로 높이 들어 올려준 것은 바로 하이힐이었다"고 고백할 정도로 하이힐을 사랑했다고 한다. 그녀는 하이힐 뒷굽의 1/4을 잘라내서 약간 뒤뚱거리는 걸음걸이로 섹시함을 강조하는 자신만의 독특한 걸음걸이를 만들기도 했다.

교복을 입는 소녀에서 아름다운 여성으로 변하기 위해서 반드시 필요한 아이템 중의 하나가 바로 하이힐이다. 하이힐을 신으면 다리와 힙이 팽팽하게 긴장될 뿐 아니라, 아랫배에도 힘이 들어가 허리를 곧게 펴도록 해준다. 이 팽팽한 긴장감 덕분에 실루엣은 한결 날씬해지고 성적 매력은 한껏 끌어 올려진다. 힐을 신고 걸을 때마다 약간씩 흔들리는 허리와 힙의 아름다움을 부정할 사람은 세상에 아무도 없을 것이다. 또, 똑같은 옷을 입고 있더라도 힐을 신으면 다리가 길어 보이고 키가 커 보여서 옷맵시도 훨씬 좋아 보이고, 약간 통통한 종아리를 가진 여성이라도 높은 하이힐을 신으면 종아리가 늘씬해 보이는 효과를 얻을 수 있다. 영국의 패션 저널리스트 카밀라 몰튼 Camilla Morton은 여자가 알아야 할 라이프스타일에 관한 책을 쓰면서 ≪스타일리시한 여자는 하이힐을 신는다≫라는 제목을 붙였을 정도로 여성의 스타일리쉬함을 완성하는 것이 바로 하이힐임을 강조하고 있다.

그러나 하이힐을 신어 본 경험이 있는 여성들이라면 누구나 그 고통을 알 것이다. 발이 쉽게 피로해지고, 붓고, 오래 걷다 보면 허리부터 척추까지 고통이 밀려와 앉을 자리부터 찾게 된다. 의학적으로도 하이힐은 허리 통증, 관절염, 디스크, 혈액 순환계에 문제를 일으킬 뿐만 아니라 발 앞쪽이 기형으로 변하는 무지외반증의 원인이 되기도 한다고 밝혀졌다. 이렇게 하이힐은 육체적으로 고통을 가져다주지만, 그 '섹시함' 때문에 하이힐은 여자의 인생에 있어 절대 포기할 수 없는 존재다. 그러니 18세기 여성들의 세계에 처음 들어온 후 지금까지 수세기가 지났음에도 불구하고, 하이힐에 대한 여성들의 사랑이 변치 않고 이어지는 것이 아닐까?

CHAPTER 2

illy coffee

일리 커피 illy coffee

'현대식 에스프레소 추출법의 시초'라는 전통 외에도 디자인과 예술성, 그리고 심미성을 두루 가진 일리 커피는 단순한 커피 브랜드가 아니라 예술적인 커피로 추앙 받을만하다. 일리 커피는 베니스 비엔날레의 후원자이기도 하고, 일리 커피의 브랜드로 세계 유수의 아트 전시회에 참가하는 아트 프로젝트 Art Project를 지속적으로 펼쳐오고 있는 것으로도 유명하다. 이뿐 아니라, 커피와 관련된 예술작품들과 저명한 예술가들의 사진, 디자인 작품 등을 전시하는 일리 커피는 '일리 커피가 곧 예술'임을 말해주고 있다.

특히, 일리 커피의 에스프레소 머신은 아날로그 감성이 묻어나는 디자인과 다른 에스프레소 머신에서는 쉽게 찾아볼 수 없는 화려하고 독특

한 컬러 때문에 900달러라는 못된 가격이 용서가 된다. 심지어 에스프레소 머신의 생명이라고 할 수 있는 분사압력이 같은 가격대의 제품보다 떨어진다 하더라도 참을 수 있다.

2007년 압구정에 문을 연 일리 카페 illy cafe도 스타벅스, 커피빈 그리고 홈스테드 커피 homestead coffee 같은 카페와 확연히 차별화되는 인테리어로 눈길을 끈다. 모던한 매장 디자인은 카페라기 보다는 바 bar 같아 보이기도 하고, 럭셔리한 클럽처럼 보이기도 한다. 특히 테라스에 있는 라탄 체어 rattan chair와 거대한 붉은 커튼은 일리 커피 맛이 어떤지도 모르는 이들에게조차 한 번쯤은 꼭 그 테라스에서 커피를 맛보고 싶다는 충동을 불러 일으킨다. 그래서일까? 11월 말 추운 겨울 날씨가 시작되고, 테라스에서 커피를 마시기에는 손, 발 그리고 두 뺨이 시려울텐데도 사람들은 몸을 웅크리고 덜덜 떨면서까지 꼭 매장 밖 테라스에서 커피를 마신다. 왜냐하면 그 예쁜 테라스에서 마시는 멋을 느끼기 위해 일리 카페에 들어왔기 때문이다.

수입 생수

작년 말 유가가 사상 처음으로 배럴당 100달러의 벽을 넘어섰다. 도무지 끝을 모르고 치솟는 유가는 가히 살인적이다. 이미 '기름값은 금값'이 되어버렸고 백금값이 되지 않기를 비는 수밖에 없는 고유가 시대가 활짝 열렸다. 작년 12월 11일에는 국내휘발유 소매가가 1,900원대를 넘어서기도 했다. 도대체 지구 상에 기름보다 비싼 액체가 있을까 하는 의문이 들 법도 하지만, 허탈하게도 기름보다 비싼 액체는 널려 있다. 수입산 프리미엄 생수들이 그 주인공이다.

최근에 많이 팔린다는 수입산 프리미엄 생수 피지워터$^{Fiji\ Water}$의 경우, 12개 들이 1리터 한 박스의 가격이 4만 원 정도이니 어림 계산해도 휘발유보다 1.5배 이상 비싸다. 프랑스산 탄산수 페리에^{Perrier} 역시 330ml 한 병이 2천 원 정도로 기름보다 3배 비싼 셈이다. 일본의 해양심층에서 끌어올렸다는 마린파워$^{Marine\ Power}$는 2리터 한 병에 1만 5천 원으로 휘발유보다 딱 4배 비싸다.

그러나 생수라 할지라도 몸에 좋은 미네랄 성분이 많이 함유되었다거나 특별한 성분이 들어 있는 약수藥水라고 한다면 '기름보다 비싼 물값'이 충분히 합리화될 수도 있다. 그러나 몇몇 사실들을 보면 꼭 그럴지도 않은 것 같다.

대부분의 수입 생수들은 국산 삼다수, 아이시스 그리고 석수보다 훨씬 더 긴 운송과정을 거쳐 도착한다. 그래서 우리나라 생수 브랜드보다 신선도 측면에 있어서 떨어진다는 것은 물에 대한 깊은 지식이 없어도 정상인이라면 1초만 생각해도 알 수 있다. 거기다 모 수입 생수의 경우는 물의 경도가 기준치 300mg/ℓ를 웃도는 309mg/ℓ로 나타나 국내 기준치를 초과한다고 밝혀지기도 했다. MBC 〈불만제로〉라는 프로그램에서 실시한 테스트 결과에 의하면 수입 생수의 미네랄 성분이 너무 미비하여 건강상의 효능이 거의 없을 뿐만 아니라, 몇몇 수입 생수에서는 버스 손잡이, 쓰레기통, 화장실 변기에서보다도 더 많은 세균이 검출되기도 했다고 한다.

그러나 세균이 있거나 말거나, 신선도가 떨어지거나 말거나 수입산 프리미엄 생수의 수요는 계속해서 급증하여, 백화점에서 판매하고 있는 수입 생수 종류만 해도 40~50여 개가 되며, 신세계백화점 본점, 현대백화점 압구정 본점 그리고 갤러리아 백화점 웨스트관에서는 수입 생수 코너를 아예 별도로 마련해 놓고 있다. 그리고 고급 스포츠 센터에서는 여성 고객들을 끌어 모으기 위해 회원들에게 수입산 프리미엄 생수를 제공하기도 하며, 고급 레스토랑과 카페의 메뉴에 수입 생수가 올라오고 있다.

그렇다면 수입 생수가 정말 맛이 더 좋아서일까? MBC의 〈불만제로〉에서 실시한 길거리 테스트에서 소비자들은 맛이 좋은 생수로 국내 일반 생수를 뽑았다. 그러나 사람들은 국내 생수를 들고 다니는 것보다 물병 디자인이 가히 예술이라고 할 수 있는 에비앙을 들고 다니기를 원하고, 어떤 이는 에비앙의 애뉴얼 에디션$^{Annual\ Edition}$병을 모으기까지 한다. 에비앙의 그 귀여우면서도 럭셔리한 몸통을 들고 있으면 물에 이 비싼 돈을 지불할만한 능력이 있는 부티나는 사람처럼 스스로가 느껴지기 때문이다. 에비앙을 들고 있으면, 삼다수를 들고 있을 때는 느낄 수 없는 과시욕이 마구 생긴다. 그래서 에비앙을 사 먹은 날은 물을 조금 남긴 채 병을 하루 종일 들고 다니게 된다.

CHAPTER 2

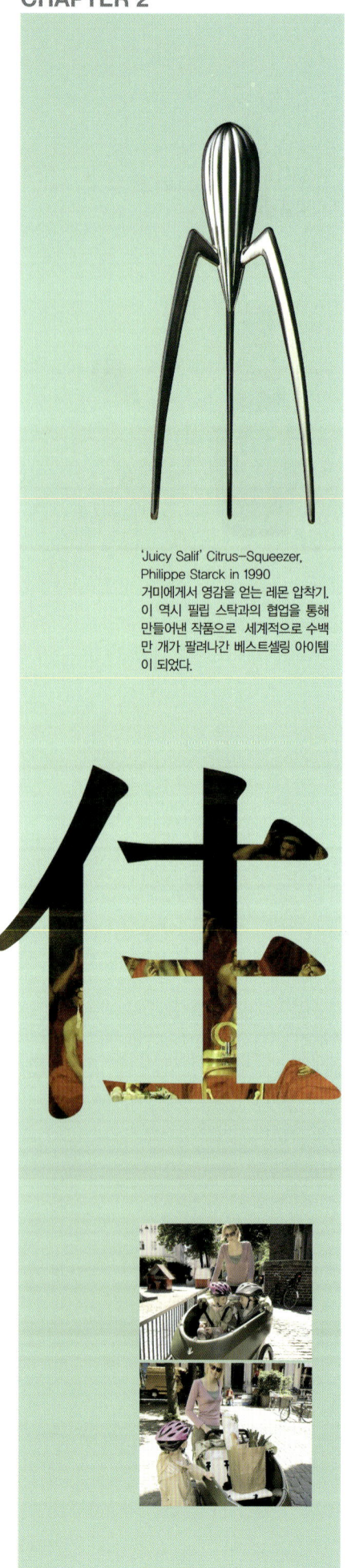

'Juicy Salif' Citrus-Squeezer,
Philippe Starck in 1990
거미에게서 영감을 얻은 레몬 압착기.
이 역시 필립 스탁과의 협업을 통해
만들어낸 작품으로 세계적으로 수백
만 개가 팔려나간 베스트셀링 아이템
이 되었다.

알레시Alessi

푸르지오 아파트 광고에서 김남주가 거미같이 생긴 모던한 디자인의 레몬 압착기를 사용하는 장면이 나온다. 그 레몬 압착기가 바로 이탈리아의 고급 홈웨어homeware 제조업체인 알레시Alessi의 제품이다. 알레시의 제품들이 타사 제품과 비교해서 기능성이 절대 뛰어난 것은 아니다. 그러나 '예쁘니까'라는 단 하나의 조건 때문에 사람들은 비싼 가격을 기꺼이 지불하고, 기능이 떨어진다는 이유로 회사에 보상이나 환불을 요청하지 않는다.

김남주가 사용한 거미모양의 레몬 압착기는 필립 스탁Philip Starck이 알레시를 위해 디자인한 것으로, 얼마나 잘 짜내는지와 관계없이 수백만 개가 팔린 월드 베스트셀러가 되었고 아직도 끊임없는 사랑을 받고 있다. 얼마나 많은 파리를 잡을지는 모르겠지만, 사람들은 $100라는 가격에도 개의치 않고 알레시의 파리채를 산다. '세상에서 가장 아름다운 파리채'라는 사실 하나만으로도 충분하기 때문이다. 그리고 핫베르타Hot Bertaa는 손잡이와 주둥이를 겸한 자루만 달려 있어 뜨거운 수증기에 손이 데일 수도 있는 치명적인 결함을 가지고 있어도 사람들로부터 열광적인 지지를 얻었다. 이에 대해 알레시의 관리이사인 알베르토 알레시Alberto Alessi는 "나는 알레시가 최소한 1년에 한번은 큰 실수를 저지를 수밖에 없다고 생각한다"고 말하기까지 했다. 보통 사람들에게는 어이없음일 수도 있겠지만, 알레시를 구매하는 사람들에게 있어서는 풍부한 레몬즙을 잘 짜주지 못하는 알레시는 용서가 되도, 못생긴 알레시는 절대로 용서가 되지 않는다. 알레시는 이를 누구보다 잘 알고 있기에 그들의 제품에 끊임없이 탐미주의를 불어넣었고, 이를 통해 연간 1억 달러가 넘는 매출과 80년대 이래 5년마다 매출신장률이 두 배가 되는 쾌거를 얻은 것이다.

'Hot Bertaa' Kettle, by Philippe Starck in 1989
유명 산업디자이너 필립 스탁이 디자인한 주전자. 치명적인 기능적 결함을 가지고 있었으나, 대중에게는 열광적인 지지를 얻었다.

트리오바이크trioBike

핸들이 뻑뻑해서 조작이 힘들고, 거기다 승차감마저 나쁜 자전거라면 사람들이 과연 얼마나 지불하고 구매하려고 할까? 위급한 상황에서 핸들이 뻑뻑해서 조작하기 힘들다면 큰 사고로 이어질 가능성마저 있는데 말이다. 과연 돈을 지불하고 사려고나 할까? 핸들이 뻑뻑하고 승차감도 좋지 못하다는 평을 받은 이 자전거가 바로 트리오바이크trioBike다. 가격은? 놀라지 마시라. 우리 나라 돈으로 무려 325만 원이나 한다. 물론 이름에서도 알 수 있듯 자전거, 유모차 그리고 자전거+유모차, 이렇게 세가지 형태로 변형이 가능하다는 장점이 있지만, 자전거가 갖추어야 할 핵심 기능이 나쁘고 가격마저 이렇게 비싼데도 예쁜 외모 하나만으로 서유럽을 중심으로 마니아층을 형성하고 있고, 우리나라에서도 블로거들을 통해 서서히 알려지기 시작했다.

자전거 앞에 아이를 태우고 운전하다가 마주 오던 운전자와 갑자기 부딪쳐 사고가 날 때는 사랑하는 내 아이가 에어백이 되고 마는 위험까지 감수해야 하는 자전거를 만드는 트리오바이크사는 현재 성공적인 벤처기업으로 종종 언급되며 상종가를 기록하고 있다. 어떻게 이럴 수가 있냐고? 예쁘면 그럴 수 있다.

Nissan CUBE

닛산 큐브 Nissan CUBE

깜찍한 박스형 차체 디자인과 다른 차에서는 쉽게 찾아 볼 수 없는 다양하고 예쁜 컬러 때문에 첫눈에 반할 수밖에 없는 닛산Nissan자동차의 큐브CUBE는 국내에서 원래 이름보다 애칭으로 먼저 알려졌다. 이효리가 외국에서 타 보고 완전 반해서 귀국하자마자 질러버렸다고 해서 이효리 차로 알려지기도 했으며, 〈커피프린스〉의 이선균이 극 중에서 몰았기 때문에 이선균 차로도 불리기도 했다. 이효리 차, 이선균 차라는 별명 때문에 닛산 큐브는 자동차가 아닌 패션 아이템으로 여겨지고 있으며, 큐브를 모는 운전자에게는 당연히 '범상치않은 센스를 가진 패셔니스타fashionista'라는 멋진 꼬리표가 붙여진다. 그러나 앞뒤 헤드라이트가 코너까지 커버를 하지 못하기 때문에 국내 안전검사를 통과하지 못했고, 그래서 안개가 끼거나 어두운 밤에는 바짝 긴장하고 운전을 해야 한다. 그리고 국내용으로 제작된 것이 아니라 일본 내수용으로만 나온 것이라 운전석이 오른쪽에 위치해 있다. 오른쪽에서 운전한다는 것은 결코 쉽게 적응되는 일이 아니라 엄청난 노력과 수고가 필요하며, 운전 초기에는 사고를 일으킬 수도 있다. 게다가 국내 정식 수입이 아니기 때문에 문제가 발생하면 거금이 들어가는 A/S까지 각오해야 한다. 닛산 큐브의 귀여움 앞에 이쯤은 문제가 안될지도 모른다. 그러니 네이버 지식iN에 닛산 큐브를 일본에서 직접 사서 들고 오는 방법에 대해 물어보는 사람들이 많은 것이 아닐까? 이들 앞에 국경과 관세 그리고 힘든 수고는 용서할 수 밖에 없는 문제일 뿐이다.

Vespa Classic

베스파 클래식 Vespa Classic

스쿠터의 지존 중 지존이라고 할 수 있는 것이 바로 베스파 클래식Vespa Classic. 베스파 클래식은 스쿠터의 원조 격으로 스쿠터의 역사는 곧 베스파의 역사라고 할 수 있다. 〈로마의 휴일〉에서 그레고리 팩과 오드리 햅번이 탔으며, 마를린 먼로와 춤의 제왕 진 켈리도 베스파를 사랑했다. 그리고 헐리우드 섹시가이 주드 로는 아들과의 베스파 라이딩을 즐기며, 니콜 키드먼, 맷 데이먼, 에디 토마스 등은 자신이 출연한 영화에서 베스파를 타기도 했다. 데이비드 베컴과 크리스티나 아길레라, F1황제 슈마허 등 수많은 스타들이 실제 열렬한 베스파 마니아로 알려져 있다. 특히, 국내에서 주목 받는 클래식 빈티지 모델은 대부분 단종되었기 때문에 국내에서 구하기가 하늘에 별 따기이다. 구한다고 하더라도 모두 중고이기 때문에 꾸준히 관리를 해주어야 하며, 잘못 구매 시 전체를 완전 분해하여 몽땅 다 고쳐야 한다. 그리고 대부분 몇 십 년 된 오래된 모델들이라 문제가 생기기라도 하면 부품을 구하기 위해 그야말로 '피를 토할 수준'의 수고를 해야 한다. 현실이 이러니 상태가 좋은 매물의 가격은 850만 원을 호가하는 경우도 있으며, 부르는 게 값이라는 현실을 받아들여야 한다. 처음 타는 이들은 기어 조작을 손으로 직접 해야 하고, 브레이크가 발판 쪽에 있기 때문에 스스로를 베스파에 적응시키기 위해 부단한 연습과 노력이 필요하다. 그러나 이 깜찍하고 스포티한 외모는 '라이더의 영원한 로망'이라는 영광스러운 칭호를 달기에 충분하다. 이 예쁜 스쿠터는 단순한 오토바이가 아니라, 스타일과 패션, 역사 그리고 문화이기 때문이다.

CHAPTER 2

성형수술 Plastic Surgery

40세가 넘은 데미 무어는 〈미녀삼총사〉에 출연하기 위해, 자신의 몸에다 총 5억 원이라는 돈을 들였다. 스크린에서 보여진 그녀의 몸매는 40세의 것이라고 느낄 수 없을 만큼 팽팽하고 섹시했으며, 15살 연하의 헐리우드 섹시가이 에쉬튼 커처를 애인으로 둘만한 자격이 있음을 증명하고 있었다. 핑클의 리드보컬로 활동한 옥주현은 뛰어난 가창력으로 노래의 주요 부분은 거의 혼자 다 불렀음에도, 눌린 코와 통통한 얼굴 때문에 인형같이 생긴 다른 팀원들과 늘 비교당했고, 팬들로부터 더 작은 사랑을 받는 것을 감내해야 했다. 그러나 몇 차례의 성형과 다이어트 성공 후 상황이 180° 변했다. 핑클 때만큼 대히트를 친 노래가 없음에도 불구하고 각종 CF를 찍고, 자신의 이름을 단 TV 프로그램에서 MC를 맡고, 여러 패션 매거진에서 섹시하고 패셔너블한 스타로 다루어지고 있다. 이렇듯 성형수술은 사람의 인생을 바꿔놓기도 하고, 콤플렉스를 극복하게 해주면서 자신감을 안겨주기도 하며, 새로운 이미지로의 변신도 가능하게 해준다. 이쯤 되면 성형수술이 인생의 만병통치약처럼 느껴질 것이다.

그러나 성형수술을 통해 '예뻐지기' 위해서는 이루 말할 수 없는 고통과 위험이 따른다. 5인조 여성 그룹 베이비복스 리브 멤버 중 한 명은 연기자로의 변신을 위해 성형을 했지만, 수술 이후 과다 출혈로 인해 응급실과 중환자실 신세를 져야만 했고, 의료소송으로 법정까지 가야 했다. 매년 성형수술로 인한 의료 사고와 소송, 부작용, 거기다 사망 소식까지 들려오지만 성형수술 시장은 줄어들 줄 모르고 3~4조원의 규모에 이르고 있다(김경훈, 《대한민국 욕망의 지도》). 성형수술로 인해서 예뻐질 수 있다면 수술 이후 집에서만 지내야 한다는 고통과 부작용에 대한 두려움도 모두 용서가 되는 것이다.

Extreme Beauty

 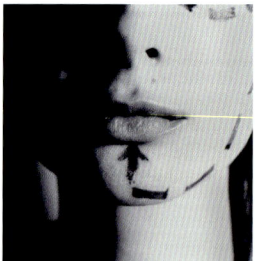 

얼짱강도

2004년, 카풀 승강장에서 애인과 함께 피해자를 차에 태워주는 것처럼 속인 다음 칼로 위협하여 금품과 카드를 빼앗은 특수 강도 수배자로 인해, 우리나라에는 '얼짱강도'라는 신조어가 생겼다. 경찰이 유포한 수배자 전단지에 실린 그녀의 사진을, 한 네티즌이 인터넷에 올리면서 화제가 된 것이다.

그러나 그녀의 미모 때문에 죄를 감해 주어야 한다는 둥, 그렇게 예쁜 사람이 그런 죄를 지었을 리 없다는 둥 보통의 강도 사건과는 너무나 다른 반응들이 나타났다. 급기야는 이 얼짱강도를 옹호하는 인터넷 팬클럽까지 생겼으며 '착한 이씨가 애인을 잘못 만나 불행한 삶을 살고 있다', '애인의 협박에 의해 강도행각을 벌였다', '남자친구에 의해 5번의 낙태수술을 받았다' 등의 진실과는 무관한 댓글들이 올라오기까지 했다고 한다. 심지어는 그녀를 미화한 소설까지 등장하여 그녀가 선량하고 죄가 없는 사람으로 묘사되었다. 단순히 '예쁜' 그녀의 외모 때문에 네티즌들은 상식과는 거리가 먼 반응을 보였으며, '유전무죄, 무전유죄'가 아닌 '추녀유죄, 미녀무죄'의 신드롬이 일어났다. 어쩌면 그녀가 바로 우리시대의 프리네가 아니었나 한다.

미녀들의 수다 Global talk Show

사실 우리 사회는 다른 나라에 비해 외국인에게 개방적이지 못한 사회다. 이러한 사실은 세계적인 경영대학원 스위스 IMD가 매년 발표하는 국가경쟁력 지수를 통해서도 간접적으로 확인해 볼 수 있다. 07년 발간자료에 따르면 우리 사회의 문화 개방도는 전체 55개 조사국 중 43위, 성/인종 등 사회적 차별 정도는
51위, 이민법이 외국인 노동자를 허용하는 정도에서 49위를 기록하는 등 전반적인 개방 정도가 매우 낮음을 알 수 있다. 특히 중국, 베트남, 말레이시아 등과 같은 아시아 국가에 대한 우리의 인식은 더욱 심각해서, 이들 국가들에 대해 우리가 떠올리는 것은 '베트남 처녀와 결혼하세요', '블랑카' 등이 고작이다. 그러나 '미녀'라는 툴tool을 이용해 어떠한 다큐멘터리나 사회적 캠페인보다도 우리의 사고 방식에 유쾌한 영향을 끼친 것이 있었으니, 그것이 바로 KBS2의 〈미녀들의 수다〉이다. 원래 일요일 오전에 방영되던 〈미녀들의 수다〉는 외국의 미녀들을 골고루 볼 수 있다는 재미 때문인지 큰 인기를 끌어 프라임 타임인 월요일 심야로 시간대를 옮겨 방송되고 있다. TNS 미디어 코리아에 의하면(08년 1월 14일 기준) 시청률 8.6%, 5.8%인 〈지피지기〉와 〈야심만만〉을 제치고 15.5%의 시청률로 동시간 대 시청률 1위를 차지하기도 했다.

〈미녀들의 수다〉에서는 한국 사람 뺨치게 우리말을 잘하는 이들도 있지만, 그렇지 못한 이

Global Talk Show

들이 대다수이다. 보통의 경우라면 짜증이 날 법도 한, 앞뒤 안 맞고 엉뚱하고 심지어 심한 사투리가 섞인 우리말임에도, 그녀들의 입에서만 나오면 깜찍하고 발랄하고 유쾌하게 느껴진다. 오히려 그녀들의 이상한 말투가 유행이 되었고, 게시판에는 그녀들의 4차원 국어 실력이 너무 귀엽다는 말들이 올라온다. 이들 중 몇 명은 연예계로 진출했으며, 그 중 엉뚱한 말투로 사랑받고 있는 남아프리카 공화국 출신의 미녀 브로닌은 톱스타 장동건과 CF까지 찍었다. 거기다 한 때 절정의 인기를 누렸다가 잠시 주춤했던 남희석은 〈미녀들의 수다〉를 통해 성공적으로 재기했고, KBS 연예대상에서 최우수 MC상까지 거머쥐었다.

그녀들이 한국의 단점을 이야기할 때면 설사 그것이 극히 일부의 문제일지라도, 우리는 귀 기울여 경청하고, 반성하며, 그녀들에게 미안하다고 말한다. 그리고 평소 중국인, 동남아시아인을 무시하는 나쁜 습관도 예쁜 그녀들이 말해주면 더욱 부끄럽게 느끼게 되고, 별 생각 없이 지내던 사실들도 정말 반성하고, 새삼 그녀들의 관찰력에 감탄하게 된다. 미녀가 말을 할 때면 더욱 고분고분해지고, 그녀들의 말이 이상하다고 짜증내지 않고, 이해하기 위해 우리 스스로가 능동적으로 귀를 기울인다. 만일 〈미녀들의 수다〉가 아니라 〈남성 외국인 노동자들의 수다〉였더라면 어떤 결과가 나왔을까? 새삼 말할 필요가 있을까 싶다.

CHAPTER 2

Lindsay Lohan

린지 로한 Lindsay Lohan

최근 미국 연예사이트 헐리우드 닷컴(www.hollywood.com)에서 실시한 '세계에서 가장 머리 나쁜 연예인' 조사에서 섹스 비디오 사건에다 최근 감옥까지 다녀 온 패리스 힐튼을 제치고 린지 로한이 1위를 했다고 한다. 형편없는 그녀의 작품 선정 안목과 음주 운전 등의 범법 행위, 문란한 애정행각 등과 같은 이유 때문이라고 한다. 이 뿐만 아니라 린지는 마약 소지와 투여 등의 혐의로 재활원과 교도소를 오가기까지 했다.

그러나 그녀가 아무리 헐리우드 스캔들 메이커지만, 그녀가 입고 있는 것, 쓰고 있는 것, 들고 있는 것들은 너무 센스있고 감각적이고 예쁘기만 하다. 파파라치들이 찍은 사진 속에 린지가 끼고 있던 선글라스와 핸드백이 트렌드가 되고, 인터넷에서는 사진 속 그녀가 들고 있는 것이 어느 브랜드이며 어디서 구매할 수 있는지를 묻고 린지의 패션 스타일에 대한 정보를 공유하는 수많은 블로거들과 카페 멤버들이 생겨나고 있다. G마켓에 들어가 린지 로한으로 검색을 하면 린지 로한 스타일이라는 이름으로 수많은 판매업자들이 그녀의 사진을 올려 놓고, 그녀 스타일의 패션 아이템을 팔고 있다. 왜냐하면 린지의 미소와 얼굴은 어쨌거나 너무 예쁘고 사랑스럽고, 그녀가 걸치고 있는 것들은 너무나 패셔너블해서 당장 가지고 싶어지는 충동을 억제할 수 없기 때문이다.

이와 같이 시장에서 일어나는 탐미주의적 선택들을 직접 목격하면서도 여전히 '예쁘면 다 용서된다'는 이 극단적 명제에 대해서 부정할 사람도 분명 존재할 것이다. 그러나 수많은 연구 결과와 사회적 현상들은 인간의 논리적인 뇌가 '아름다움' 앞에서는 제대로 작동하지 않기도 한다는 사실을 보여준다.

인간은 심미적 가치를 추구한다. 이것은 이성이라기보다는 본능에 가까운 것이다. 그러고 보면 작년 미국에서 아이폰iPhone이 발매되었을 때 생겼던 이상현상이 이해가 된다. 다른 제품에 비해 딱히 뛰어나다고 할 만한 기능도 없고, 오히려 불편한 부분들도 많지만 우리는 아이팟iPod과 아이폰iPhone의 그 예쁘고 미니멀한 몸체에 빠져 미치

> "미美의 정령精靈이여, 그대는 스스로의 색조로 인간의 사상과 형식을 빛나게 하는 모든 것을 신성하게 하나니." – P.B. 셸리

다양한 종류와 수많은 범죄에 익숙한 전문 법률 전문가들조차도 '예쁜 외모'를 가진 피의자를 만나게 되면 그녀가 죄를 범했으리라고는 생각하지 않는 실수를 스스로 저지른다고 말했으며, 예쁜 여성 피의자는 유죄 판결을 받지 않을 확률이 높다고 밝혀지기까지 했다(로버트 치아디니, 《설득의 심리학》).

펜실베니아 주의 한 연구에서 실시한 테스트의 결과(Stewart, 1980)는 이를 더욱 극명하게 말해준다. 74명의 남성 피의자들의 신체적 매력을 재판 초기에 측정해 놓고, 나중에 이들이 받은 판결에 대해 조사를 했는데, 놀랍게도 신체적으로 매력적인 피의자들에 대한 무죄 선고율은 그렇지 않은 피의자들보다 2배나 높게 나타났다고 한다. 또 1978년 Kulka와 Kessler가 실시한 연구에 의하면 모의 손해배상청구 소송에서, 피고자가 피해자보다 매력적일 경우 손해배상 청구액은 평균 5,624달러, 그 반대로 피해자가 피고보다 매력적일 경우는 평균 10만 51달러가 청구된다는 실험결과도 있었다. 사회과학자들이 '후광효과Halo Effect'라고 부르기도 하는 이러한 탐미주의적 논리는 어떠한 도덕적 가치와 규율도 무시한다고 하여 종종 악마주의라고 불리기도 한다.

또한 몇몇 사람들은 이러한 탐미주의적 경향이 외모지상주의를 부추기고 있는 미디어의 폐해라고 단정짓기도 한다. 그러나 사실 미에 대한 인간의 욕구는 선천적이라고 볼 수 있다. 한 연구에서는 신생아들도 미남, 미녀를 구분할 수 있다고 밝혀냄으로써 미에 대한 인간의 지각이 사회적으로 교육되는 것이 아니라 선천적인 것임을 증명한 바 있다.

이러한 탐미주의적 구매패턴은 일정 정도의 생활수준이 갖춰진 사회에서는 공통적으로 나타나는 현상이다. 굳이 매슬로우의 욕구 5단계 이론을 꺼내놓지 않더라도 쉽게 이해 될 수 있다. 최소한의 생존의 욕구가 충족되었을 때

고 열광한다. 세상에서 가장 아름다운 향수를 만들기 위해 살인까지 저지르는 장 그루누이만큼은 아니더라도, 현대의 소비자들은 아이폰을 구매하기 위해 미친 듯이 달려가 줄을 서고, 구매한 이후에는 'Thanks god!'을 외친다. 또 온 세상은 아이폰 소식으로 떠들썩해지고, 추종자들은 너도나도 아이팟의 몸체를 베끼느라 정신이 없으며, 디자인에 대한 중요성을 잘 몰랐던 엔지니어들마저도 스티브 잡스의 행보에 손을 들어주고 있다.

그런 면에서 프리네 소비 이론의 집대성자가 바로 스티브 잡스가 아닌가 한다. 마이크로소프트의 빌게이츠가 엔지니어와 CEO 정신을 바탕으로 기술과 경영에 집중했다면, 스티브 잡스는 미에 대한 인간의 근원적인 욕구를 꿰뚫어 보고, 이러한 욕구를 애플의 제품에 녹여내어 시장의 판도를 뒤집어 놓았기 때문이다.

이렇듯 프리네 소비 이론에 따른 소비생활은 인간이 선천적으로 가지고 태어난 미에 대한 욕구와 합쳐져 최근 몇 년간 시장을 지배해 왔다. 또한 특정제품에 대한 팬덤 현상을 불러 일으키기도 했다. 인간의 본능적 욕구가 사라지지 않는 한 현대사회의 탐미주의적 소비는 앞으로도 오랜 시간 동안 소비시장을 지배할 메가 트렌드가 될 것이며 그 흐름은 더욱 강력해질 것이다. 지금 이 순간 자신의 제품에 어떠한 가치를 집어 넣어야 할지 고민 중인 마케터나 개발자들은 이 글을 통해 다시 한 번 공감했으리라 생각한다. 핵심은 인간의 이성으로 분간되는 것이 아님을, 그 이상의 영역이라는 사실을 말이다. UB

> "아름다움은 자연의 화폐, 몰래 쌓아둘 것이 아니다. 오직 유통시켜야 할지니, 그러므로 그것이 좋다함은 서로가 나누어 가지는 축복 속에 있으리라." – 존 밀턴

CHAPTER 2

'스티커 메시지를 만드는 방법'으로 스탠퍼드 대학의 최고 명사가 된
≪스틱 Made to Stick≫의 저자, 칩 히스 Chip Heath 와의 인터뷰

강력한 메시지의 스틱!
그 비밀의 접착제를 발견하다

The Interveiw with Chip Heath

Stick

'뉴욕타임즈, 비즈니스 위크, 월 스트리트 저널이 선정한 베스트셀러'. 이처럼 화려한 수식어를 가진 ≪스틱 Made to Stick≫은 칩 히스 Chip Heath 와 댄 히스 Dan Heath 가 공동으로 집필하였다. 칩 히스는 A&M대학에서 산업공학을 전공하고 스탠퍼드 대학에서 심리학 박사학위를 받았다. 현재 스탠퍼드 경영 대학원 Stanford Graduate School of Business 조직 행동론 교수로 재직하고 있다. 칩 히스는 무엇이 아이디어를 성공적으로 만드는지, 사람들의 뇌리에 각인되어 절대 잊혀지지 않는 메시지를 어떻게 고안하는지 그리고 개인, 그룹, 조직들이 어떻게 중요한 결정을 내리며, 무엇이 때로는 그들을 실수하게 하는지 등에 대한 것들이 주요 관심사다. 수많은 정보 속에 둘러 쌓여있는 현실에서 전달하는 정보가 절대 잊혀지지 않을 만큼 강력할 수 있다면, 그것만큼 많은 분야에서 활동하는 사람들에게 도움이 되는 것이 있을까? 학습의 목적은 단기기억을 장기기억으로 전환하는 데 있다. 하지만 해마가 자극되면 정보는 단기기억장치를 거치지 않고서도 바로 장기기억장치로 넘어갈 수 있다. ≪스틱≫에서 주장하는, 해마를 자극하여 잊혀지지 않을 메시지를 전달할 수 있는 6가지 원칙과 좀 더 자세한 그의 이야기을 들어본다.

《스틱》이라는 책을 쓰게 된 스토리가 있으면 말씀해 주십시오.
'가장 조잡한 생각들(도시의 화제거리, 전설, 장난)이 더 고귀하고 가치있는 생각들(역사적 교훈, 공중보건 제안 등)보다 더 쉽게 퍼질까? 왜 비슷한 속담이 거의 모든 문화권에서 발견되는 것일까? 어째서 특정 선생님의 수업만이 다른 수업보다 더 오래 남을까?'라는 의문이 생기면서 어떤 것이 사람들의 뇌리에 착 달라붙는 즉, 스틱!이 되는 메시지인지 알고 싶었습니다. 그래서 어떠한 고착성의 성분이 그러한 메시지를 만들 수 있을까를 연구하면서 《스틱》을 출간하게 되었습니다.

저서에 보면, * '지식의 저주'라는 개념이 있습니다. 스티커 메시지와 어떤 관련이 있습니까?
지식의 저주는 제 1의 골칫덩어리입니다. 지식의 저주는 사람들이 '자신이 아는 것을 상대방은 모를 수 있다는 생각을 하기'가 어렵기 때문에 생기는 현상입니다. 결과적으로, 우리는 불유쾌한 의사소통을 하게 되는 것이죠. 쉬운 예를 들어볼까요? 당신이 컴퓨터에 관한 질문을 했을 때 명쾌한 대답을 주지 못했던 IT업계 종사자를 생각해 보세요. 그는 자신이 알고 있는 컴퓨터에 대한 많은 지식과 경험들 때문에 당신이 얼마나 컴퓨터에 관한 사전지식이 없는지를 생각할 수가 없습니다. 그래서 그는 컴퓨터에 대해서 설명할 때, 당신이 이해할 수 없는 전문용어와 이론적 개념들로 이야기한 것입니다. 이처럼 우리는 자신이 잘 알고 있는 전문영역에서는 이 IT업계 종사자와 비슷합니다. 만약 당신이 중요한 통찰력을 생각할 수 있을 만큼 당신의 전문분야에 대해서 충분한 지식이 있다면, 당신 또한 다른 사람들과 쉽게 의사소통하기에는 너무 많은 것을 안다는 겁니다. 그래서 바로 그것이 지식의 저주입니다. 하지만 《스틱》에서 말하는 원칙들이 그 저주를 뒤바꾸어 놓을 수 있습니다.

* 지식의 저주
《스틱》에서 말하는 지식의 저주는 1990년 엘리자베스 뉴턴의 연구결과에서 얻어진 것이다. 그녀는 실험에서 '두드리는 사람'과 '듣는 사람'의 역할을 나누었다. '두드리는 사람'의 임무는 '듣는 사람'에게 생일 축하노래나 미국국가 같은 누구나 알고 있는 25개 곡 중에 하나를 선택해 리듬에 맞춰 테이블을 두드리는 것이다. 그러면 '듣는 사람'은 그 박자만을 듣고 무슨 노래인지 알아 맞추는 실험이었다. 엘리자베스 뉴턴의 실험과정에서 선택된 노래는 120개였는데 그 중 정답을 맞춘 사람들은 겨우 2.5%였다는 사실이다.
그러나 이 실험에서 주목해야 할 것은 '두드리는 사람'은 '듣는 사람'이 정답을 맞출 확률이 50%정도 될 것이라고 생각했다는 것이다. 그 이유는 무엇일까? 일단 정보(노래 제목)를 알게 되면 '두드리는 사람'은 더 이상 '알지 못한다'는 느낌을 절대 이해할 수 없게 된다. 즉, '두드리는 사람'은 '듣는 사람'이 단순하고 단절된 몇 개의 타격음 밖에 듣지 못한다는 사실을 이해하지 못하는 것이다. 이것이 바로 《스틱》에서 말하는 '지식의 저주'이다.

그렇다면, 어떻게 지식의 저주를 피할 수 있나요?
《스틱》에서 말하는 원칙을 상기해야 합니다. 책에서 가장 좋은 이야기 중 하나는 보통 영화관에서 먹는 중간 사이즈의 팝콘이 37g의 포화성 지방을 가지고 있다는 것을 발견한 영양학자 그룹에 대한 것입니다. 그들은 전문가이고 그 양이 한 번에 먹어서는 안 될 만큼의 엄청난 양이란 것을 알고 있죠. 그러나 그들은 다른 사람들에게 자신이 알고 있는 정보를 전달할 수 있는 구체적

인 방법을 생각해내야 했습니다. 그래서 다음과 같이 정보를 전달했습니다. "중간 사이즈 팝콘은 베이컨과 달걀의 아침식사, 빅맥과 감자튀김의 점심식사, 스테이크와 그에 곁들인 음식의 저녁식사보다 더 많은 지방을 포함한다." 이 메시지는 이 책에서 언급한 최소 세 가지 원칙을 사용한 완벽한 예입니다. 그것은 매우 구체적이면서도, 감성적이고 또한 의외성을 가지고 있습니다. 이러한 정보 전달은 효과가 있습니다. 이러한 정보 전달 후 영화 관람자들은 영화관이 코코넛 오일(대부분의 포화지방의 주요인)로 팝콘을 만드는 것을 중단할 때까지 팝콘을 사먹지 않았습니다. 이처럼 책에서 언급한 원칙으로 돌아가는 것이 중요합니다.

'단순성' 혹은 '감성' 등과 같이, 《스틱》에서 주장하고 있는 많은 원칙들은 상식처럼 느껴집니다. 그 누구도 골치 아프도록 복잡하거나 감성이 없는 생각을 하려고 노력하지는 않습니다. 독자들에게 상식 수준의 교훈을 재상기시키려는 건가요?
그렇기도 하면서도 동시에 아니기도 합니다. 여기서의 주된 장벽은 지식의 저주입니다. 훌륭한 커뮤니케이션은 간단하지만, 전문가들은 복잡성과 함축성을 좋아합니다. 원활한 커뮤니케이션은 구체적이지만 전문가들은 추상적으로 생각합니다. 좋은 커뮤니케이션은 스토리가 포함되어 있지만, 전문가들은 정의와 막대 그래프를 그리는 것에 열중합니다. 그래서 말씀하신 것처럼 이 관점은 쉽지만 자연스러운 것은 아닙니다.

그럼, 《스틱》에서 소개된 '뇌리에 착 달라붙는 아이디어에 대한 6가지 공식'이 극단적으로 단순화시킨 것 같다는 의견에 대해서 어떻게 생각하시나요?
잘 기억되는 아이디어에 대한 '공식'은 불가능합니다. 그러나 디저트를 생각해 보세요. 이 세상에는 수백만 가지의 디저트가 있는데, 이 모든 것을 만들 수 있는 요리법이 단 한 가지라고 생각하는 것은 어리석은 일입니다. 그러나, 만약 당신이 이 모든 디저트의 구성요소들을 살펴 본다면, 그것들이 많은 부분에서 밀가루, 설탕, 버터, 초콜렛, 크림 등

CHAPTER 2

> 주된 장벽은 지식의 저주입니다. 훌륭한 커뮤니케이션은 간단하지만, 전문가들은 복잡성과 함축성을 좋아합니다. 원활한 커뮤니케이션은 구체적이지만 전문가들은 추상적으로 생각합니다. 좋은 커뮤니케이션은 스토리가 포함되어 있지만, 전문가들은 정의와 막대 그래프에 그리는 것에 열중합니다.

과 같은 공통요소를 가지고 있음을 알게 됩니다. 이런 생각, 즉 모든 종류의 뇌리에 남는 아이디어들은 공통의 특징들을 공유하고 있다는 것이 바로 우리의 관점입니다.

뇌리에 착 달라붙는 아이디어의 성공 혹은 그렇지 않은 생각의 실패에 대한 개인적인 경험이 있으십니까?

성공으로 뒤바뀐 실패에 대한 이야기를 해 볼까 합니다. 저는 3살 반인, 에모리^{Emory}라는 딸이 있습니다. 저희 가족은 최근에 캐롤라이나 북부의 은퇴자 커뮤니티에 살고 계시는 제 아내의 부모님을 찾아 뵈었습니다. 그곳에는 손자들을 그리워하는 7, 80대 노인들이 대부분이었습니다. 그들은 제 딸과 대화하기를 원했지만 부끄러움을 잘 타는 제 딸은 그들을 계속 피했습니다. 그래서 저와 아내는 아이에게 '공손하게' 혹은 '따뜻하게' 행동하라고 말했습니다. 그 때 저는 제가 쓴 책의 기본적인 원칙 중의 하나를 어기고 있다는 것을 깨달았습니다. '공손함'은 3살짜리 아이에게 추상적인 개념이고, 기억에 잘 남는 메시지는 구체적이어야 한다는 사실이죠. 그래서 저는 에모리에게 따라할 수 있는 구체적인 대본을 만들어 주었습니다. 악수를 하려면 어떻게 손을 잡는지를 보여주면서, "안녕하세요, 저는 에모리에요. 저는 말^{馬}을 좋아해요. 말을 좋아하세요?"라고 말하는 시범을 보였습니다. 딸이 이 말을 여러 번 연습한 이후에 완전히 변화되었습니다. 그 아이는 80세인 할머니들과 긴 대화를 나누기 시작했습니다. 말을 좋아하는 사람들이나 혹은 최소한 3살짜리 아이를 5분간 즐겁게 해주기로 마음먹은 어른들과 말이지요. 그래서 저는 에모리에게 악수를 청할 때에 "저는 말을 좋아해요, 당신은요?"라고 말하라고 하는 것 대신에 "어른들께 공손해라."라고 아이에게 말한 사실에 대해서 스스로 어리석다고 느꼈습니다.

제 동생 댄의 예를 하나 더 들어도 될까요? 댄도 실패의 스토리가 있습니다. 댄은 창업을 위해 벤처 자금을 모으려고 시도했죠. 공동창업자들과 그는 벤처 캐피탈리스트와 미팅을 했고, 그 사실에 너무 흥분해서 투자자들에게 그들의 제품과 산업, 그리고 그들이 본 거대한 기회에 대한 모든 것을 이야기하기 시작했다고 하더군요. 투자자들의 눈이 여러 번 반짝거리고 있었음을 알아챘고, 그래서 댄과 그의 공동창업자들은 점점 더 크게 말하기 시작했습니다. 하지만 댄을 포함한 공동창업자들은 여러 번 거절 당했습니다. 그러던 중, 한 친절한 벤처 투자자가 댄을 어디론가 데리고 가서, "이봐요, 저희는 당신이 비즈니스에서 얼마나 많은 것을 하는지에 대해서 관심이 없어요. 그것이 멋진 제품인지 아닌지가 아니라, 훌륭한 투자인지 아닌지에 대해서 관심이 있습니다. 당신은 처음부터 다시 시작할 필요가 있어요." 라고 말했다고 하더군요. 댄은 굉장히 큰 실패를 경험했습니다. 물론 그는 그 당시 지식의 저주에 대해 알지 못했지만, 돌이켜 보면 큰 희생자였지요. 댄이 설명하는 이야기는 너무 복잡했었던 겁니다.

저서에서 설명하고 있는 기억의 벨크로 이론(찍찍이 이론)은 무엇인가요?

기억의 벨크로 이론은 기억의 중대한 현상을 기술하는 방법입니다. 여기 미니 실험이 있습니다: '헤이 쥬드$^{Hey Jude}$의 첫 번째 소절이 뭐죠?', '정의의 뜻은 무엇이죠?', '수박의 향기는 어떻죠?' 이러한 것들을 기억할 때, 당신의 머리에는 각기 다른 기능들이 진행되고 있습니다. 그래서 메모리는 여러가지 방식으로 작동되고, 이러한 방식들을 사용하면 사용할수록, 당신의 생각들은 뇌에서 절대 잊혀지지 않을 것입니다. 만약 당신이 벨크로의 두 가지 측면을 본다면, 한쪽 면은 실처럼 엉긴 수많은 작은 고리처럼 생긴 것이 덮여 있고, 또 다른 한쪽은 그것과 붙을 수 있는 부드러운 면으로 덮여 있음을 보게 될 것입니다. 이처럼 기억의 안에 있는 여러 개의 면사들이 안으로 들어가기 위해서 더 많은 '고리'를 당신의 생각에 집어넣게 되면, 그것은 더 잘 붙게 될 것입니다. 이것이 바로 기억의 벨크로 이론입니다.

뇌에서 절대 잊혀지지 않는 아이디어가 세계적으로 어떠한 영향을 미치는지에 대해 많은 사람들이 쉽게 느낄 수 있는 예는 무엇이 있을까요?

최근 우리에게 영향을 주었던 좋은 예는 지구 온난화에 대한 앨

고어^(Al Gore)의 〈불편한 진실〉이라는 영화였습니다. 그 영화는 존경할 만큼 뇌리에 각인되는 내용입니다. 앨 고어가 만든 케이스에 감명받아서 그의 팬이 될 필요는 없습니다. 그가 영화를 만들면서 생각했을 구체적인 상상들을 짐작해 보세요. 킬리만자로 산정의 눈이 사라지기 전과 후의 사진들을요. 해수면 상승으로 인해 침수된 맨해튼의 위성사진 이미지를요. 이렇게 절대 잊혀지지 않는 메시지는 중요한 정보를 많은 사람들에게 각인시키는 힘이 있습니다.

마지막으로《스틱》이 독자들에게 더 잘 기억되도록 하기 위해 어떤 노력을 기울이셨는지 말씀해 주십시오.
《스틱》이 잘 기억될 만한 예들로 풍부해야만 한다는 사실을 너무나 잘 알고 있었습니다. 만약 당신의 농구코치가 자유투를 할 수 없다면, 이것은 그의 신용도에 해를 미치게 됩니다. 많은 경우, 우리는 문자적으로 '성공' 체크 리스트를 이끌어 내어, 우리가 써 온 것을 평가하기 위해 그것들을 사용했습니다. 그렇지만 대부분의 경우, 그다지 성공적이지 못했습니다. 그래서 우리는 다시 돌아가 텍스트의 작은 부분을 수정하고 더 많은 스토리를 포함시키려고 노력하였으며, 좀 더 구체적이 되기 위해 노력하고, 우리의 메시지가 상식적인 것이 되지 않기 위해 노력했습니다. 책을 쓰면서 직접적으로 얻는 교훈이 있습니다. 뇌리에서 잘 잊혀지지 않는 아이디어를 만드는 것은 어렵지 않지만, 그것은 확실히 본능적인 행동은 아니라는 것입니다. 그것은 노력과 계획을 통해 얻어진다는 사실입니다. UB

STICK 《스틱》에서 제안하는 스티커 메시지를 만드는 6가지 원칙

1 단순성 Simplicity
메시지는 간단하고 깊이가 있으면서, 동시에 심오해야 한다. 메시지의 핵심을 발견하려면 무자비할 정도로 곁가지를 쳐내고 중요한 것만을 남겨야 한다. '남에게 대접받고 싶은 대로 남을 대접하라'는 속담은 사람들의 행동 지침을 마련하는데 충분히 심오한 정보다.

2 의외성 Unexpectedness
일반상식과 같은 말들은 잘 기억되지 않고 흘려버린다. 하지만 만약 메시지 속에서 의외성을 발견한다면, 그것은 뇌리에 착 달라붙는 메시지가 될 것이다. 왜냐하면 비상식적인 부분을 담은 메시지는 관심과 호기심을 자극하기 때문이다. 영화의 전환점은 관객으로 하여금 호기심을 자극하여 어떻게 될지를 상상하며 보게 만드는 효과를 준다. 이와 같은 이치이다.

3 구체성 Concreteness
추상적인 언어와 생각은 감각적인 인상을 주지 못한다. 그러나 구체적인 이미지는 감각적인 인상을 준다. 만약 당신이 요리책에서 '반죽의 농도가 적당해질 때까지 잘 젓는다'라는 설명과 '5분 동안 반죽을 저으면 가장 알맞은 농도가 된다'라는 두 가지 설명의 차이를 느낀다면, 구체성의 중요성을 알게 될 것이다.

4 신뢰성 Credibility
어떠한 메시지를 사람들은 받아들일까? 신뢰성은 스티커 메시지를 만들게 하는 중요한 요소이다. 메시지를 전달하려는 사람들은 그들의 말에 힘을 싣기 위해 종종 전문가들의 말이나 통계자료를 인용한다. 하지만 외적증거와 통계가 늘 최상의 방법은 아니다. 어떤 사람의 믿을 만한 이야기보다 자신이 직접 경험한 이야기가 더 강력한 메시지의 힘을 갖는다.

5 감성 Emotion
만약 '어린이 보호 단체'에서 기부를 위한 두 가지 종류의 편지가 날라왔다고 가정하자. 하나는 아프리카 아동들이 절박한 처지에 놓여있다는 것을 보여주는 통계자료가 가득한 내용과 아프리카 말라위에 사는 일곱살짜리 소녀의 절절한 사연 중에 당신은 어느 쪽에 더 감정이 일어날 것인가? 칩 히스는 분석은 생각을 하게 하지만, 감성적인 메시지는 사람들이 더 잘 기억하고, 행동하게끔 한다고 말한다.

6 스토리 Story
우리는 매일 스토리를 말한다. 왜일까? 연구결과에 따르면, 우리가 어떠한 상황에 직면해 있을 때, 정신적으로 상황을 자세히 말하는 것은 우리가 더 나은 수행을 하도록 돕는다고 한다. 그래서 삶을 재현하는 형태로 보여주는 스토리는 일종의 정신 비행 시뮬레이터라고 말한다. 그 가상의 스토리 안에서 바로 행동할 수 있도록 준비한다는 것이다.

CHAPTER 2

세스 고딘이 추천하고, 톰 피터스가 일독을 권한
《고객이 최고의 마케터다》의 저자

Grapevine Interview with Dave Balter

The Interveiw with **Dave Balter**

미국에서는 여전히 얼리어답터^{early adopter}의 역할에 대한 논쟁이 끊이지 않습니다. 이러한 논쟁이 계속되지만 한 가지 분명한 것은 소비자의 손 안에 가장 먼저 새로운 제품이 도착할수록, 소비자들은 그 제품에 대해서 더 많이 이야기할 것이란 것입니다. 왜냐하면, 소비자들은 그들이 다른 사람들보다 먼저 제품을 접하는 것에 대해 매우 긍정적으로 받아들이기 때문입니다.

심리학과를 졸업하고 10년 이상의 마케팅 경력을 가지고 있는 데이브 볼터(Dave Balter)는 《Grapevine(고객이 최고의 마케터다)》의 저자로 입소문 BzzAgent의 설립자이자 CEO이다. 또한 Word-of-Mouth Marketing Association(WOMMA)의 설립 멤버이자, 윤리 위원회(Ethics council)의 공동 위원장으로서 최초로 입소문 윤리코드(Word-of-Mouth Ethics Code)를 발전시키는데도 기여했다. 이러한 경력과 무관하지 않게 책과 인터뷰에서도 일관되게 입소문 마케팅에 대한 그의 철학은 '정직'이라고 강조한다.

BzzAgent(www.bzzagent.com)라는 이름과 어울리게 그의 회사 아이콘은 벌이다. 하지만 벌이 내는 소리인 Buzz를 연상시키는 회사명과 달리, 입소문 마케팅은 흥미를 유발하기 위해 제품과 무관한 엉뚱한 아이디어를 바탕으로 하는 버즈 마케팅과 엄연히 구분되어야 한다고 말한다. 또한, 교묘한 방법으로 사람들을 현혹시켜 바이러스를 퍼트리는 바이럴 마케팅과도 다르게 그 이상의 것이 있어야 한다고 주장한다. BzzAgent의 커뮤니티 멤버의 솔직하고 진실된 의견이 오늘날, 그의 BzzAgent에 대한 사람들의 믿음을 쌓은 밑거름이라고 믿는 데이브 볼터. 그가 생각하는 포도덩굴의 비밀과 브랜딩에 대한 의견을 들어보았다.

CHAPTER 2

최근 BzzAgent에서는 성공적인 입소문 마케팅을 위해 어떤 노력을 기울였습니까?

데이브 볼터 한 가지 명백한 것은 《Grapevine》이 출간되면서 디지털 입소문을 다루는 능력이 많이 발전해 왔다는 것입니다. BzzAgent의 입소문 프로그램은 눈에 보이고 만질 수 있는 제품에는 아주 효과적인 반면, 온라인 자산(웹사이트)에서는 입소문을 퍼트리기가 매우 어려웠습니다. 그래서 온라인 미디어를 통해 입소문을 퍼트리는 효과적인 방법을 알아내려고 노력했습니다. 노력을 게을리하지 않은 덕분에 2007년도 초 *'Frogpond'라는 프로그램을 런칭했습니다. 이 프로그램은 에이전트(Agent: BzzAgent캠페인에 참여하고 있는 커뮤니티 멤버)들이 웹사이트에 그들의 의견을 쓰고, 나눌 수 있도록 만들어진 온라인 공간입니다. 이를 통해 얻는 것은 오프라인 입소문 마케팅 방법과 온라인 입소문 마케팅 방법입니다. 두 가지 입소문 마케팅 모두 '사람들이 얼마나 자주 그들의 의견을 나누는가?'와 같은 사회적 행동 측면에서는 유사점을 가지지만, 사람들을 참여하도록 유도하는 방식에 있어서는 다르게 나타납니다.

파이낸셜 타임즈Financial Times에 따르면, *아이폰iPhone은 출시되기도 전에 블로거들의 입소문 마케팅으로 큰 효과를 보았다고 합니다. 입소문 마케팅 회사의 CEO입장에서 이 현상에 대해서 어떻게 생각하십니까?

데이브 볼터 블로거들은 마케터들이 고려해야 할 가장 중요한 사람들임에는 의심할 여지가 없습니다. 블로거들은 실제로 시장에 영향력을 행사할 수 있다는 측면에서 솔직하고 편견없는 의견을 나누는 미디어의 핵심 멤버입니다.

그렇다면, 아이폰은 입소문 마케팅의 관점에서 좋은 사례라고 생각하십니까? 그 의견에 대한 이유도 말씀해 주십시오.

데이브 볼터 어느 측면에서 아이폰은 확실히 입소문이 있었습니다. 하지만 실세로 아이폰은 모든 측면에서 입소문 마케팅, 그 이상의 것들이 있었습니다. 애플사의 천재적인 면모는 아이폰을 자기표현의 수단. 즉, 아이덴티티identity를 표현할 수 있는 제품으로 만들었다는 것입니다. 아이폰을 시장에 내놓으면서 애플은 수많은 전통적인 미디어를 사용했고, 소비자들은 아이폰에 대해서 이야기함으로써 그 제품의 가치, 디자인, 심플함에 대해서 반응했습니다. 즉, 아이폰의 경우, 입소문 마케팅은 계획된 것이 아니라 훌륭한 제품력에 의해 자연스럽게 발생한 결과입니다. 따라서 애플은 아이폰이라는 이야깃거리가 될 만한 가치가 있는 세계적인 제품을 만들었고, 이는 사람들이 평범한 것에 대해서 이야기하도록 하는 것과는 다른 것입니다. 모든 브랜드가 세계적으로 놀랄 만한 제품을 만드는 것이 아니기 때문에 이런 경우에는 입소문 마케팅을 고려하는 것이 좋다고 생각합니다.

입소문 마케팅을 실행할 때, 고려해야 할 중요한 팁을 말씀해 주십시오.

데이브 볼터
1. 제품의 진실된 이점에 대해서 소비자들에게 정직하라.
2. 여러 미디어 채널들을 위한 다양한 마케팅 메시지를 만들어라.
3. 소비자들에게 입소문을 위한 대가로 돈을 지불하지 마라.
4. 놀라운 경험을 제공해라. 그러면 사람들이 열정적으로 이야기할 것이다.
5. 입소문을 내는 사람들이 프로그램에 참여하고 있다는 것을 다른 사람들이 아는 것에 대해서 확실히 해라.
6. 소비자들이 제품에 대해서 무엇을 말할지에 대해 지시하지 마라.

입소문 마케팅을 실행할 때, 지금까지 변하지 않는 BzzAgent의 철학이 있다면 말씀해 주시겠습니까?

데이브 볼터 '진실'의 양은 직접적으로 '보상'과 서로 맞닿아 있다는 것이 제 철학입니다. 즉, 정직이 마케팅 성과를 높일 수 있다고 믿습니다.

* Frogpond
BzzAgent의 웹 사이트(www.bzzagent.com) 내에 새롭게 추가되는 공간으로 2007년 7월 23일에 런칭되었다. 이곳은 유저들이 웹 사이트를 발견하고, 체험하고, 리뷰할 수 있는 공간이다. 2007년 11월 2일 현재, 82개의 웹 사이트에 대한 정보와 리뷰가 있으며, 웹 사이트에 대한 객관적인 정보와 함께 유저들의 해당 사이트에 대한 5점 척도의 평가등급을 볼 수 있다. BzzAgent의 말에 따르면, TripAdvisor의 부회장 Christine Petersen은 TripAdvisor가 매월 2천만 명 이상이 방문하는 세계에서 가장 큰 여행 커뮤니티로 부상될 수 있던 이유가 입소문 때문이라고 말하고 있으며, 오늘날의 입소문은 결과를 예측할 수 있는 계획된 프로그램이라고 전하면서 Frogpond와 같은 새로운 방식으로 방문자를 이끌 수 있게 된 것에 기쁜 마음을 전했다고 한다.

* iPhone의 블로그 마케팅
미국 블로그 사이트 1위인 engadget은 iPhone 런칭 날보다 다섯 달 먼저인 2007년 1월 9일에 iPhone을 미리 소개했다. 갤러리에 사진을 올려놓고 스티브 잡스의 iPhone 신제품 발표의 생생한 장면을 사진으로 보여주었는데, 이에 대한 리뷰가 1199개 달렸다. 실제로 iPhone이 런칭된 6월 29에는 'Giveaways: Have an iPhone on us!'이라는 제목으로 iPhone에게 어떤 기대가 있는지에 대한 코멘트에 통해 iPhone을 무료로 얻을 수 있는 경품행사 내용을 블로그에 올려 25465개의 코멘트가 달렸다.
http://www.engadget.com/2007/01/09/the-apple-iphone/#comments - The Apple iPhone
http://www.engadget.com/2007/06/29/have-an-iphone-on-us-Have an iPhone on us!!

현재, 미국 기업들이 얼리어답터들의 의견에 대해 어떤 반응을 보입니까?

데이브 볼터 미국에서는 여전히 얼리어답터의 역할에 대한 논쟁이 끊이지 않습니다. 이러한 논쟁이 계속되고는 있지만 한가지 분명한 것은, 소비자의 손 안에 가장 먼저 새로운 제품이 도착할수록, 소비자들은 그 제품에 대해서 더 많이 이야기할 것이란 것입니다. 왜냐하면, 소비자들은 그들이 다른 사람들보다 제품을 먼저 접하는 것에 대해 매우 긍정적으로 받아들이기 때문입니다. 마치 1등이 된 기분인데, 이것은 그들이 다른 사람들과 제품에 대해서 이야기할 수 있는 동기를 제공합니다. 왜냐하면 그들이 입소문 마케팅 캠페인에 참여하도록 선택된 것에 대해 매우 특별하게 느끼기 때문입니다. 얼리어답터들이 가장 먼저 출시된 제품을 찾기는 하지만, 사실 사람들 모두가 그런 행동에 관심이 많습니다.

'얼리어답터'를 포함한 '프로슈머'의 영향력에 대해서 어떻게 생각하십니까? 앞으로 '프로슈머'의 영향력이 커질 것이라고 생각하십니까?

데이브 볼터 '프로슈머'와 같이 어떤 집단에 소속된 사람들에 대한 수많은 정의들이 있습니다. 사실, 미국에서는 '프로슈머'라는 용어가 일반적이지는 않는데 저는 프로슈머를 '영향력 있는 사람'이라고 생각합니다. 개인적으로 모든 소비자들은 그들이 좋아하는 제품에 대해서 영향력이 있다고 생각합니다. 그래서 어떤 소비자 위에 특정 소비자를 우선순위에 놓지 않습니다. 오히려 프로슈머와 같이 영향력 있는 사람보다는 제품을 즐겨 사용할 것 같은 일반인들과 제품을 연결하려고 하고 있습니다.

'소비자가 브랜드를 만든다'라는 시각에 대해서는 어떻게 생각하십니까?

데이브 볼터 브랜드는 언제나 소비자들에 의해서 정의되어 왔습니다. 브랜드는 소비자가 가지고 있는 회사와 제품에 대한 종합적인 의견이라고 할 수 있습니다. 지금까지 그래 왔습니다. 하지만 변하고 있는 것이 있다면 마케터들이 이러한 생각을 일깨우고 있고 소비자를 마케팅을 위한 타깃의 관점이 아니라 프로세스의 과정으로써 대하고 있다는 것입니다.

요즘 기업들이 기업 블로그에 관심을 기울이고 있습니다. 입소문 마케팅의 관점에서, 기업 블로그가 기업의 신뢰성을 쌓는데 도움이 된다고 생각하십니까? 도움이 된다면, 어떠한 노력을 기울여야 한다고 생각하십니까?

데이브 볼터 기업 블로그는 좋은 아이디어입니다. 단, 그것이 진짜라는 가정하에서 말이죠. 기업 블로그는 PR 그룹이 아닌, 그 비즈니스에서 실제로 종사하는 사람들에 의해 만들어져야 합니다. 그리고 그 기업 블로그는 기업 전시용으로 존재하기보다는 실제 이슈들이나 컨셉들을 전달해야 합니다. 그리고 무엇보다도 기업 블로그에서는 진실을 말해야 합니다. 그것이 좋은 내용이든 나쁜 내용이든지 상관없이 기업 블로그에서는 진실을 말하는 것이 현명합니다.

요즘 미국의 입소문 마케팅 트렌드 무엇이며, 그 트렌드가 시장에 어떠한 영향력을 주었습니까?

데이브 볼터 미국에서 가장 성공적인 입소문 마케팅은 어떤 특정 캠페인이 아닙니다. 오히려 클라이언트들에게 통합 입소문 프로그램을 제시하기 시작한 광고, 미디어, 홍보 회사들의 트렌드를 눈여겨봐야 합니다. 미국은 특별한 회사에 의해서 진행된 작은 서비스에서부터 큰 광고회사에서 제공해 널리 사용된 서비스까지, 입소문 마케팅의 진화를 지켜보았습니다. 이런 트렌드는 시장에 두 가지 큰 효과를 가져왔는데, 하나는 입소문 프로그램의 수용이 드라마틱하게 증가했다는 것입니다. 이렇게 증가할 수 있었던 이유는 브랜드를 가장 가까이에서 접하고 브랜드에 의해서 가장 신뢰할 만한 회사들이 입소문 프로그램을 사용했기 때문입니다. 두 번째 영향은 텔레비전 네트워크나 출판 인쇄소와 같은 미디어로 발전한 BzzAgent 등과 같은 입소문 마케팅 회사에 대한 니즈^{needs}를 창출했다는 것입니다. UB

> '진실'의 양은 직접적으로 '보상'과 서로 맞닿아 있다는 것이 제 철학입니다. 즉, 정직이 마케팅 성과를 높일 수 있다고 믿습니다.

CHAPTER 2

Something New, Something Different and Something Special
The Interveiw with 컨버스코리아 **대표 민복기**

초신성 브랜드

"브랜드는 만드는 것이 아닙니다. 찾고 가꾸는 것이라고 생각합니다. 많은 사람들이 상품을 만들어서 그것이 대박을 터뜨려 성공하기를 원합니다. 소비자는 대박의 대상이 아닙니다. 그들이 원하는 것은 상품이 아니라 가치입니다."

민복기 대표는 나이키NIKE, 필라FILA에서 영업기획 및 본부장으로 근무하였으며 이엑스알EXR 런칭과 컨버스CONVERSE를 리뉴얼 한 패션계의 대표적인 브랜드 런칭 전략가이다. 브랜드 리뉴얼 사례 중에서 컨버스의 리뉴얼은 패션계에서는 전무후무한 성공사례로 알려졌다. 우리가 컨버스에 대해서 관심을 가졌던 것은 민복기 대표가 단지 컨버스의 성공만을 가지고 있는 것이 아니라 이엑스알(2002년 110억, 2003년 750억, 2004~2007년 모두 1,400억 이상)과 컨버스(2005년 30억, 2006년 650억, 2007년 1,400억)가 싱귤러리티singulality(특이점)성장을 이루었기 때문이다. 특히 컨버스의 싱귤러리티 성장을 살펴보면 브랜드 회원이 가히 기하급수적으로 늘어났다. 2005년 8만 명, 2006년 68만 명, 2007년 132만 명이고 연도별 매장 수는 2005년 33개, 2006년 111개, 2007년 154개이다. 무엇이 이토록 충격 성장을 이루게 했을까? 4시간의 긴 인터뷰 끝에 그 해답을 찾았다. 민복기 대표는 브랜드 드라큘라였다.

CHAPTER 2

CHAPTER 2

사전에 자료를 드렸듯이 저희의 이번 호 특집은 〈소비자가 브랜드를 만든다〉라는 마케팅 컨셉입니다. 독특한 브랜드와 트렌드 생산 소비자에 관해서 취재하고 있는 중입니다. 드린 자료는 보셨는지요?
민복기 예, 모두 읽어 보았습니다. 주신 자료가 저희 쪽을 많이 연구한 것이라 많은 공감을 하고 있습니다.

사장님께서는 실제로 브랜드를 런칭할 때 소비자의 비중과 역할을 어떻게 결정하십니까?
민복기 브랜드를 런칭할 때는 두 가지 방법이 있습니다. 하나는 그들이 원하는 것을 만들어 주거나 또 하나는 원하지 않았던 것을 만들어 주는 것입니다. 따라서 소비자의 비중과 역할을 구분하여 말하기 어렵습니다. 브랜드 성공 설계의 기준은 '소비자에게, 소비자로부터, 소비자를 위한 것'이 되어야 합니다.

원하지 않는 것을 만드는 것은 실패한 브랜드 사례인가요?
민복기 아닙니다. 그들이 뭘 원하는지 몰랐지만 브랜드를 통해서 알게 되는 사항을 말씀드린 것입니다.

그렇다면 현재 성공하신 두 개의 브랜드는 어떤 것에 해당합니까?
민복기 컨버스는 그들이 원하는 브랜드였고, 이엑스알은 그들이 무엇을 원하는지 모르는 경우였습니다.

그렇다면 '소비자가 브랜드를 만든다'라는 개념에는 컨버스 사례가 좋을 것 같습니다. 그들이 원하는 것을 어떻게 알았고, 그것을 브랜딩과 마케팅 전략에 어떻게 적용시켰는지가 궁금합니다.

비관적 정찰 보고서

컨버스는 2005년 리뉴얼을 단행하기 전에 이미 10년 동안 한국에서 영업을 하고 있었다. 하지만 포지셔닝은 중 고등 학생용 신발이었다. 1차 조사를 통해서 나온 결과는 심각했다. 암담했던 것은 컨버스 신발을 컨버스 브랜드로 알고 있지 않고 그저 여러 브랜드에서 만드는 캔버스화 중에 하나라고 생각을 하고 있다는 사실이었다. 더욱 암담한 것은 동대문 짝퉁 시장부터 시작해서 많은 브랜드에서 컨버스 브랜드의 캔버스화를 대량 생산 하고 있었다. 더더욱 암담한 것은 기존에 팔고 있었던 컨버스의 재고가 무려 100만 족이 넘는다는 소문과 함께 가을에 만 원대에서 신발이 풀릴 것이라는 소문과 징조들이 보였다는 것이다. 같은 제품을 매장에서는 3만 원대 이상으로 팔고 길거리와 인터넷에서 만 원대로 판다면 과연 브랜드가 존재할 수 있을까? 1차 조사때 나온 결론에서 발견하지 못한 강점을 찾기 위해서 다시 2차 조사를 진행했다. 하지만 1차와 2차 소비자 조사에 의한 명백한 결론은 '컨버스 브랜드는 리뉴얼할 수 없다' 였다. 그 이유는 분명했다.

1) 컨버스 신발은 봄 여름 주력 제품이다. 가을·겨울은 비수기인데 리뉴얼 시점이 바로 가을 겨울이다. 이 말은 6개월 동안 약 100억 이상의 돈이 잠기거나 잠식된다는 이야기였다.
2) 컨버스 신발을 구매하는 소비자층은 가격에 매우 민감한 고객들이었다. 천 원도 아까워하는 고객들이 시장과 매장에서 무려 2만 원이 넘는 가격 차이를 발견한다면 그들은 거들떠 보지도 않을 것이라는 것라는 예측이었다.
3) 컨버스는 브랜드가 아니었다. 캔버스화였고 브랜드로 인식하는 사람들은 불과 20%정도를 약간 넘을 뿐이었다. 물론 충성도가 높은 브랜드도 아니었다.
4) 컨버스 브랜드가 다른 회사로 넘어가기 때문에 그 틈을 타 동대문의 짝퉁 업체에서 약 300만 족을 만들고 있다는 정보, 타 브랜드에서 만든 캔버스화를 합친 것이 약 50만 족. 그리고 기존 컨버스 수입업체의 재고 100만 족이 컨버스 리뉴얼 시점에서 한꺼번에 풀린다는 정보가 있었다. 또한, 시장의 경기도 안 좋았고 무엇보다도 푸마PUMA가 시장을 주도하는 시기였기에 상황은 리뉴얼하면 안 되는 시기였다. 또한 컨버스 컨셉트의 의류는 스포티즘 캐쥬얼과 스포츠 그리고 캐포츠 컨셉트에 의해 차별화 자체가 어려웠다. 그야말로 이런 시장의 흐름에서 브랜드가 '여러 신발 중에 하나로 흡수될 것인가? 아니면 브랜드도 구축하지 못하고 해체될 것인가?'라는 문제에 직면했다.

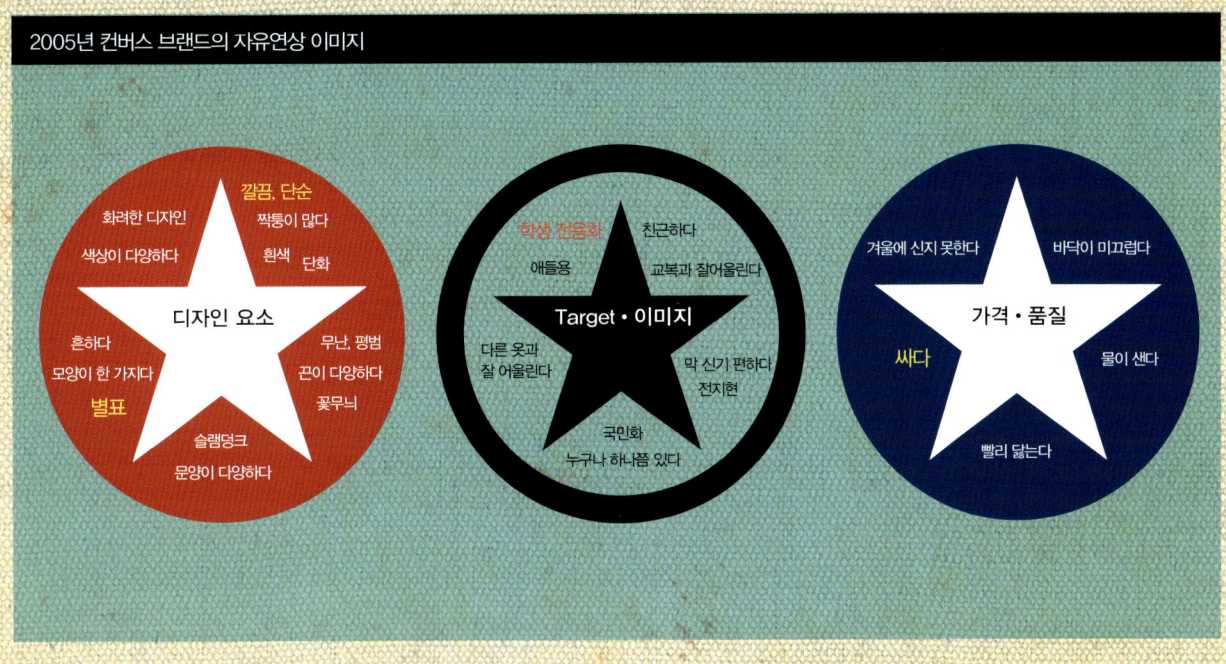

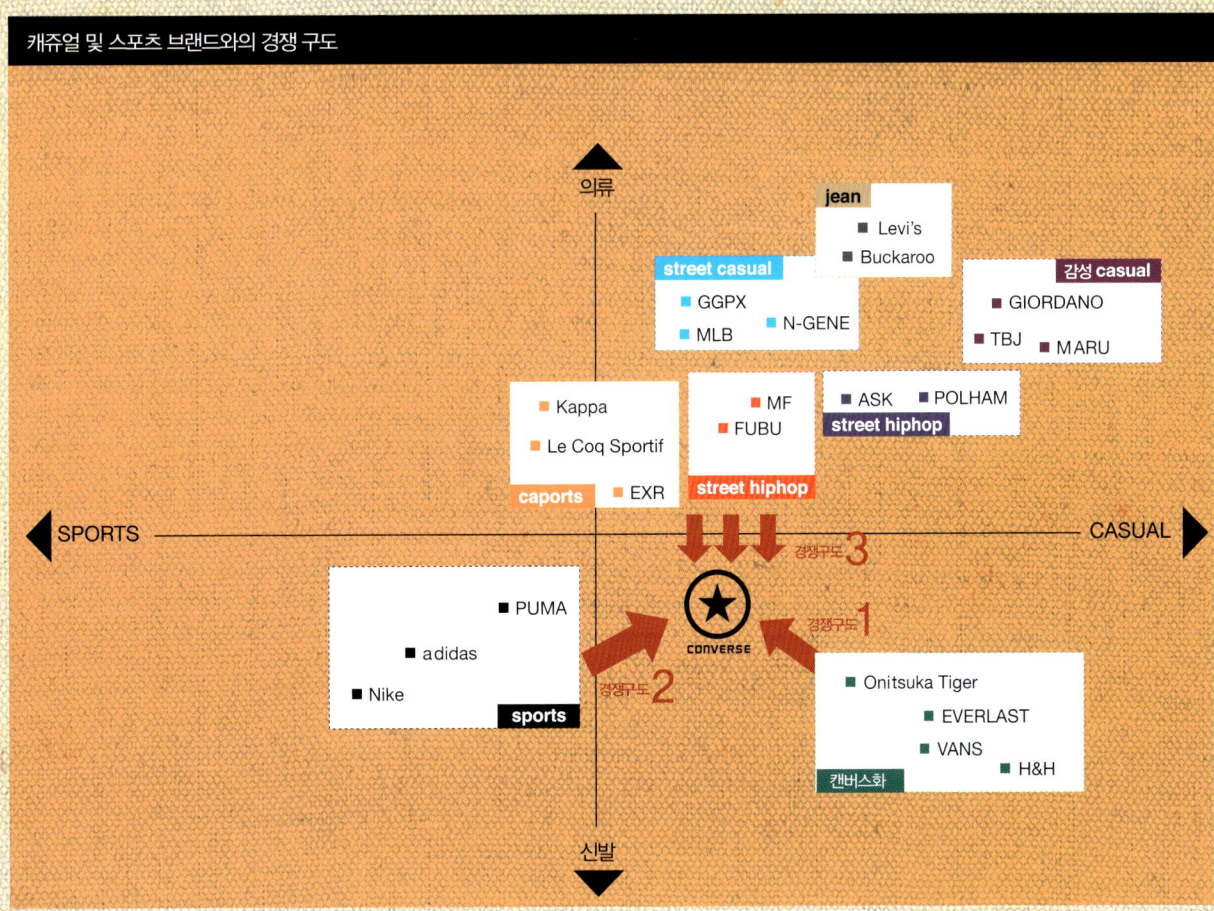

CHAPTER 2

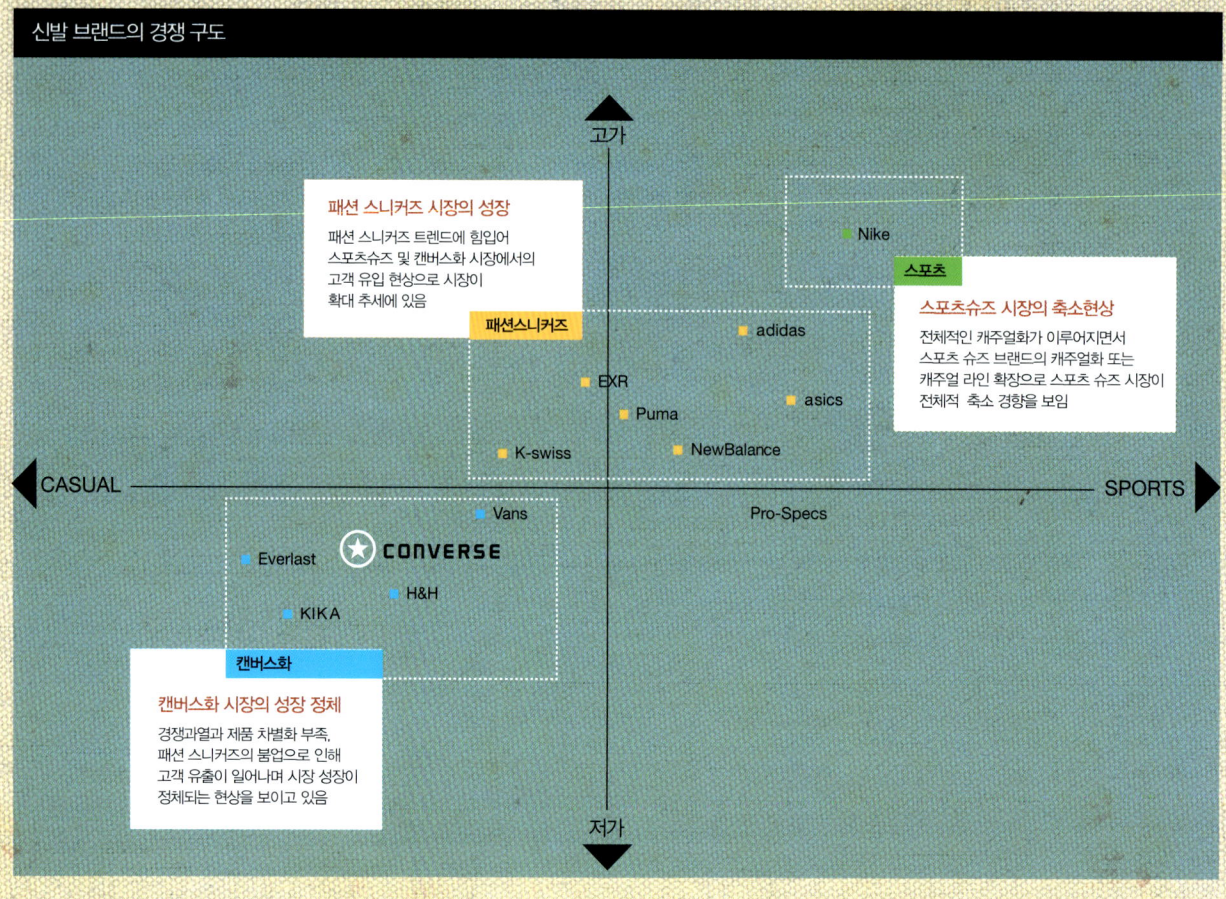

이 정도의 상황에서 컨버스를 택했다면 특별한 이유가 있지 않았을까요?
민복기 주변에 있는 모든 사람들이 말렸습니다. 컨설팅을 하고 있는 회사에서도 말렸습니다. 솔직히 처음에는 저도 일을 진행하면서 두렵기도 했습니다. 하지만 포기하지 않았던 것은 컨버스는 제가 수십 년 동안 지켜 보았던 브랜드였습니다. 브랜드의 전통성과 캔버스화의 정통성 측면에서 컨버스는 오리지널리티 originality 가 있었죠.

모두 캔버스화를 만들고 있던 시기에서 컨버스가 차별화를 만들 수 있었습니까? 컨버스 스타일을 법적으로 보호받을 수 있는 안정장치도 없는 것으로 알고 있는데….
민복기 바로 그 점입니다. 모두가 컨버스 브랜드에서 팔고 있는 캔버스화를 똑같은 스타일로 팔고 있기 때문에 방법은 가장 컨버스다운 컨버스를 만드는 것입니다. 상품으로는 차별화시킬 수 없었죠. 하지만 가치와 정보로는 차별화시킬 수 있었습니다. 바로 오리지널이라는 브랜딩이었죠. 모방은 최고의 아첨이라는 말이 있죠. 컨버스와 비슷한 캔버스 신발들은 오히려 컨버스의 브랜드력을 올렸습니다.

전쟁터를 바꾸다

컨버스 브랜드는 현재 놓여져 있는 가격과 유통의 전쟁터인 '캔버스화 시장'에서 싸울 것인가, 아니면 가치와 트렌드의 전쟁터인 '브랜드 시장'에서 싸울 것인가를 선택해야만 했다. 당연히 이론과 경력이 있는 마케터라면 가장 마케터다운 사고 방식으로 후자를 선택할 것이다. 그러나 노련한 현장의 싸움꾼이라면 그것은 브랜드 자멸까지 몰고 가는 대단히 위험한 선택임을 안다. 일단 엄청난 돈(당시 투자액은 150억)이 들어간다. 타깃을 바꾸고(학생에서 트렌드 리더), 유통을 바꾸고(편집샵에서 단독 로드샵과 백화점으로), 가격을 바꾸고(저가에서 고가로) 무엇보다도 소비자의 인식(컨버스는 중고등학생용 신발)을 바꾸는 것은 글로 쓰고 말로 할 수 있는 일이지만, 현실적으로 불가능한 일이기 때문이다.

민복기 미국과 계약을 일주일 앞둔 상황에서 우리는 심각한 딜레마에 빠져 있었습니다. 6월에 계약을 하고 8월에 매장을 오픈해야 하는데 컨버스 신발은 가을과 겨울은 비수기입니다. 사람도 뽑고, 매장도 선택 하고, 물류센터도 알아봐야 하고…. 가장 큰 걱정은 컨버스 브랜드가 가지는 시장의 위치였습니다.

앞서 들었지만 그런 위협과 위험에도 불구하고 컨버스를 진행하려 했던 이유는 무엇인가요?

민복기 지금은 성공을 했지만 그 당시에는 포기도 전략의 일종이었죠. 하지만 필라와 나이키 그리고 이엑스알을 하면서 배운 전략이 하나 있었습니다.

배운 전략이요?

민복기 와해성 포지셔닝이라는 것입니다.

와해성 포지셔닝이요?

민복기 기존 시장 질서의 룰을 완전히 바꾸는 것입니다. 쉬운 예를 든다면 원래 껌은 자기 전에 씹지 않지만 오히려 잠을 자기 전에 씹으라고 말하면서 자신의 강점을 증폭시킨 자일리톨 껌의 예처럼 기존 상식을 완전히 바꾸는 것이죠. 소비자의 상식이 바뀌면 소비자의 구매도 바뀌게 됩니다. 제가 배운 것은 캐포츠라는 스타일을 통해서 스포츠와 캐쥬얼의 시장에 새로운 욕구를 만들었죠. 컨버스에는 세 가지의 와해성 요소가 있었습니다. 하나는 원조와 모방자였고, 또 다른 하나는 청바지 코디 신발과 예쁜 신발이었죠. 마지막은 마니아와 소비자입니다. 우리의 전략은 '원조=청바지 코디신발(유행)=마니아' 이렇게 3개의 브랜드 알고리즘$^{brand\ algorithm}$을 만드는 것이었습니다. 먼저 우리가 한 것은 신발 시장에서 컨버스를 리뉴얼하는 것이 아니라 사람들의 마음에서 어떻게 리뉴얼할 것인가를 고민했습니다. 대상을 나누어서 그들과 이야기를 했습니다.

민복기 대표의 컨버스 리뉴얼 전략은 역발상이었다. 기존의 캔버스 신발을 사는 타깃이라고 할 수 있는 중고등학생에게 맞춘 것이 아니라 패션 리더에게 컨버스 브랜드의 리뉴얼 메시지를 전달했다. 시장 조사와 소비자 조사, 무엇보다도 인터넷 카페 동호회 인터뷰를 통해서 컨버스 브랜드의 위치가 시장과는 다른 기류가 흐르고 있는 것을 알게 된 것이다. 바로 컨버스 마니아와 트렌드 리더 그리고 패션 리더가 하나의 타깃군에 들어 왔다는 것을 알았다. 그의 전략적 선택은 캔버스화를 신는 기존 구매 계층을 향한 마케팅이 아니라 브랜드 가치를 생각하는 비구매 계층을 새로운 타깃으로 잡은 것이었다. 바로 컨버스의 마니아 동력 계층을 선택한 것이다.

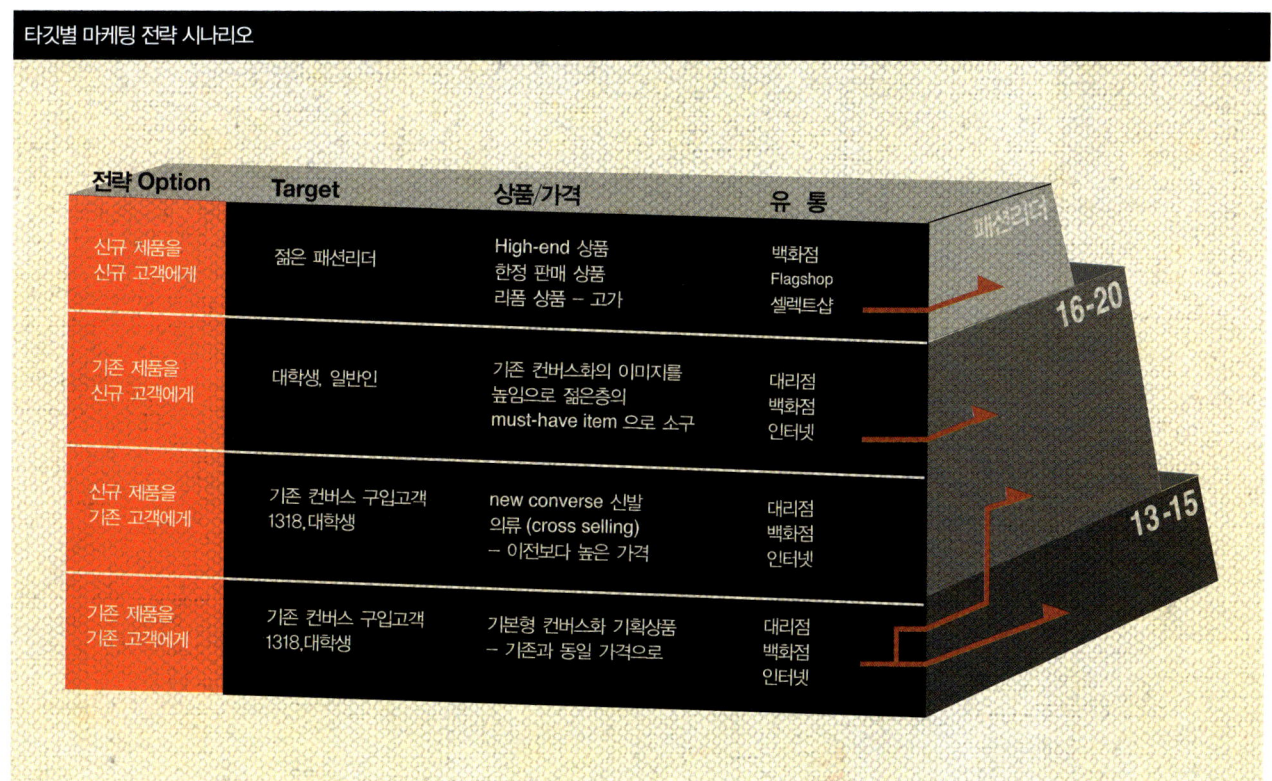

타깃별 마케팅 전략 시나리오

전략 Option	Target	상품/가격	유통
신규 제품을 신규 고객에게	젊은 패션리더	High-end 상품 한정 판매 상품 리폼 상품 – 고가	백화점 Flagshop 셀렉트샵
기존 제품을 신규 고객에게	대학생, 일반인	기존 컨버스화의 이미지를 높임으로 젊은층의 must-have item 으로 소구	대리점 백화점 인터넷
신규 제품을 기존 고객에게	기존 컨버스 구입고객 1318,대학생	new converse 신발 의류 (cross selling) – 이전보다 높은 가격	대리점 백화점 인터넷
기존 제품을 기존 고객에게	기존 컨버스 구입고객 1318,대학생	기본형 컨버스화 기획상품 – 기존과 동일 가격으로	대리점 백화점 인터넷

CHAPTER 2

컨버스 브랜드 계약 직전까지 민복기 대표는 누구와 이야기할 것인가를 가지고 고민했다. 타깃이 결정되자 민복기 대표는 '브랜드 리뉴얼 대응전략'에서 '컨버스 브랜드 런칭 전략'으로 바꾸어 시장 전략을 다시 짰다. 그것이 바로 와해성, 곧 시장 전체를 붕괴시키는 전략이었다.

앞서 말했듯이 컨버스 브랜드의 캔버스화는 30,000원대 값싼 중고등학생 교복용 신발이었다. 민복기 대표는 와해성 포지셔닝을 위해서 이 신발을 값싸게 파는 것이 아니라 가치있게 팔기 위한 전략을 구상했다. 왜냐하면, 시장에서는 값싸고 정통성이 있고, 트렌드가 강한 브랜드가 없었기 때문이다.

패션리더를 선두로 기존의 타깃까지 모두 흡수한다는 전략의 핵심은 언뜻 보기에 무모하게 보일 정도로 커 보였다. 왜냐하면 그 전략은 신발 시장 전체를 바꾸는 것이기 때문이었다. 전략이기보다는 전쟁이었다. 민복기 대표의 예상은 동대문 짝퉁 컨버스, 기존 컨버스 브랜드의 재고 상품, 경쟁 브랜드의 컨버스 유사 신발 생산을 통해서 캔버스 스타일의 신발 시장은 확대될 수밖에 없다고 판단했다. 여기저기서 캔버스화가 보이면 사람들은 선택하기 위해서 정보를 모을 것이고 그 정보를 모으는 과정에서 브랜드 비교와 제품의 히스토리는 자연적으로 드러날 것이라고 판단했던 것이다. 민복기 대표는 이미 이엑스알을 통해서 성공 경험을 가졌기에 컨버스 전략팀에게 보다 충격적인 마케팅 실행안을 지시했다.

1) 브랜드의 가치와 역사성을 보여줄 수 있는 40평 이상의 대형 매장을 확보
2) 시장의 확대 속도보다 매장의 전개 속도를 높여서 소비자의 구매 동선을 확보
3) 신발 뿐만 아니라 의류와 잡화 아이템의 확장을 통해서 2차 구매 확보
4) 대규모 그리고 전방위적 인지도 마케팅을 위한 웹 전략과 UCC 전략안 구축
5)컨버스의 오리지널리티 정보 전달을 하기 위한 홍보 시나리오 구축

예상대로 2005년 9월 가을·겨울 시즌부터 짝퉁과 재고 그리고 유사 캔버스화가 쏟아져 나오기 시작했다. 8월부터 매장 전개를 시작했지만 초

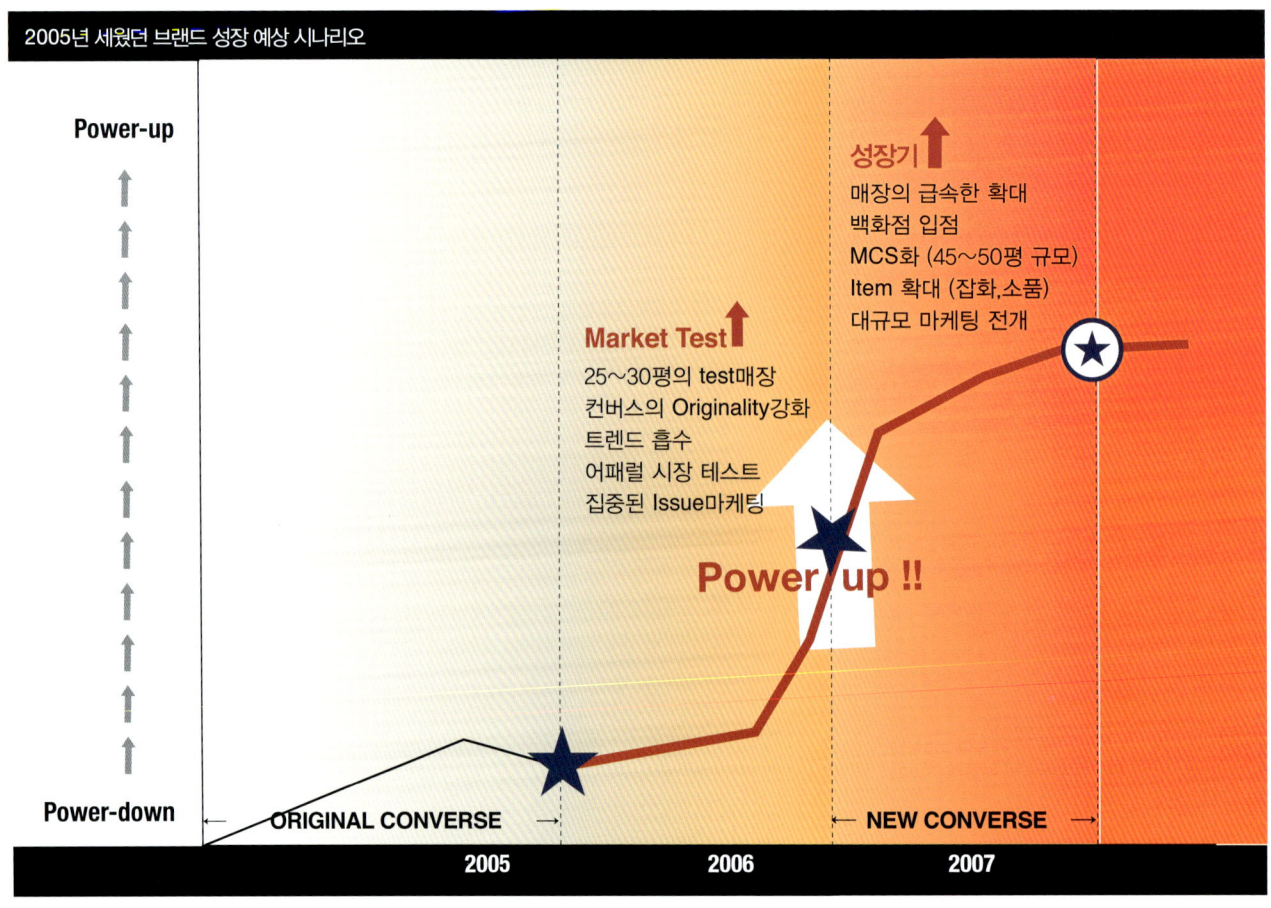

2005년 세웠던 브랜드 성장 예상 시나리오

컨버스 브랜드 계약 직전까지 민복기 대표는 누구와 이야기할 것인가를 가지고 고민했다. 타깃이 결정되자 민복기 대표는 '브랜드 리뉴얼 대응전략'에서 '컨버스 브랜드 런칭 전략'으로 바꾸어 시장 전략을 다시 짰다. 그것이 바로 와해성, 곧 시장 전체를 붕괴시키는 전략이었다.

CHAPTER 2

반에는 시장의 상품들이 컨버스 브랜드를 질식하게 만들었다. 어떤 매장에서는 하루 평균 매출이 10만 원도 되지 않았다. 컨버스 매장 바로 30m 건너편에서 재고·특판 매장이 세워졌고, 그곳에서 같은 종류의 컨버스를 만 오천 원이라는, 반 값에 팔고 있었다.

리뉴얼의 런칭 전략은 예상대로 성공적이었나요?
민복기 성공의 정의를 매출로 본다면 초반에는 어려웠습니다. 정말로 어려웠습니다. 하지만 매장으로 들어오는 타깃이 누구인가로 정의한다면 성공했습니다. 고객이 바뀌었죠.

컨버스의 리뉴얼 핵심은 3가지였다. 정통성, 유행성 그리고 상징성이었다. 이 3가지의 코드를 매장에서 그리고 브랜드에 심어 놓았고 사람들은 이 3가지의 기준을 통해서 가격에 의한 캔버스화를 사지 않고 브랜드인 컨버스를 샀다.

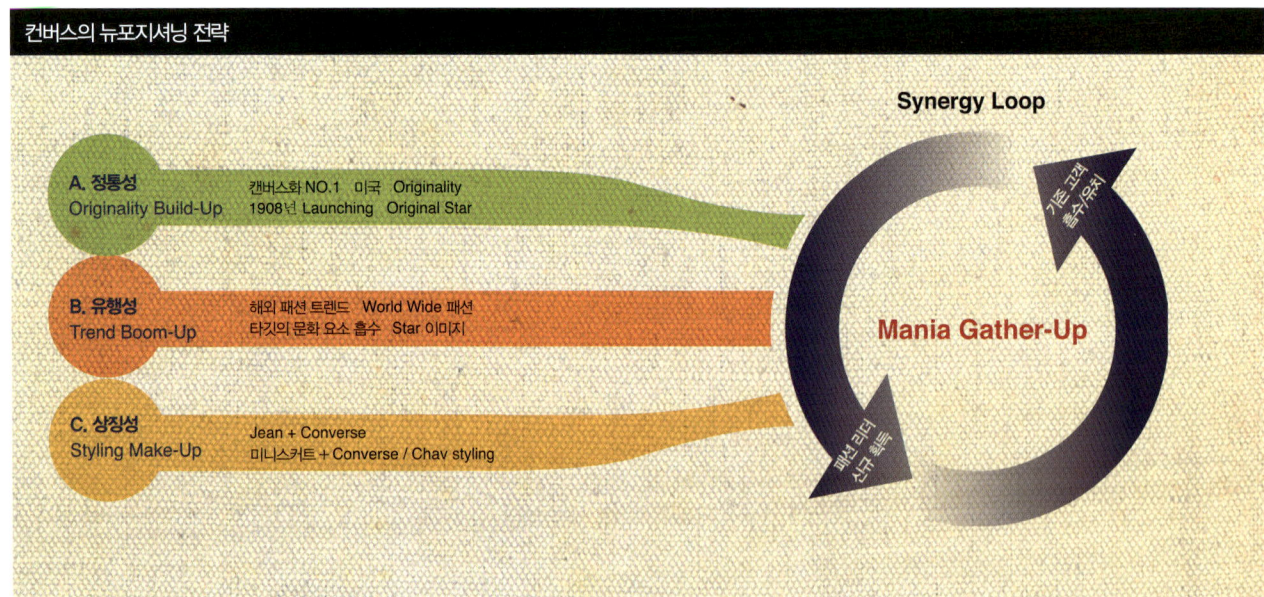

컨버스 신발은
1) 다양한 용도로 사용될 수 있다.
2) 시대를 초월해(100년) 영원히 사랑받고 있다.
3) 다양한 기법으로 나만의 개성을 표현할 수 있다.
4) 모든 트렌드에 적합하게 진화할 수 있다.

이 4가지의 소비자 이익을 정확하게 보여주었다.

컨버스는 아무나 신는(For Anyone) 신발이라는 이미지와 중고등학생을 위한 학생화라는 이미지가 굳어져 있었다. 이것을 깨는 유일한 방법은 바로 새로운 고객들에 의한 새로운 인식을 만드는 것이다. 태도의 변화를 위해서는 유행성의 법칙을 따라야 했다.

컨버스는

1) 영국 및 일본의 최신 트렌드다.
2) 세계적인 트렌드인 '챠브Chav'의 선도적 브랜드이다.
3) 스타들과 패션 리더들이 많이 신는다.

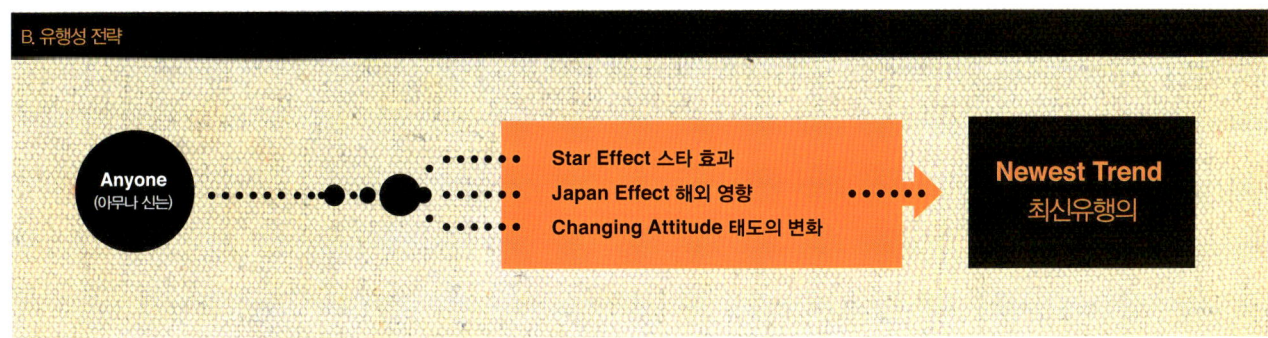

당시 컨버스는 모범적이고, 평범하고, 특별한 캐릭터가 없는 브랜드였다. 스스로의 정체성을 스포츠로도 캐주얼로도 규정하기 힘든 상황이었다. 명확한 스타일링과 토탈 코디로, 명확한 조닝zoning에서 독보적 위치를 차지해야 하는 상황에서 컨버스 브랜드가 찾은 것은 '청바지와 가장 잘 어울리는 신발', '가장 스타일리쉬하게 보여지는 신발'이었다.

당시에 이런 전략을 짜는 것은 상상력에 기초한 것이 아닌가요?

민복기 상상력이라고 할 수 있죠. 하지만 저는 일본과 영국에 가서 새로운 시장을 보았습니다. 일본의 경우 구제 상품을 파는 샵에 가면 가장 많이 보이는 상품은 2가지입니다. 리바이스Levi's와 컨버스이죠. 리바이스와 컨버스는 오래될수록 헤질수록 그리고 더러울수록 가치가 올라가는 상품들입니다. 우리가 보기에는 걸레라고 할 수 있지만 그 걸레들은 새것보다 2배 혹은 10배 이상의 값을 받고 팝니다. 일반 소비자들은 그런 행동을 하지 않죠. 바로 마니아들이 있다는 것입니다. 제가 본 것은 패션 마니아와 브랜드 마니아가 동일했어요. 한국도 이런 계층들이 있다는 것을 알았죠. 제가 전략팀에 지시한 것은 '브랜드 마니아와 트렌드 리더를 합쳐라'였습니다. 우리는 그들을 위해서 브랜드를 재설계했죠. 그 당시에는 상상력보다는 오히려 관찰력이 더 필요했죠. 구찌가 1920년도에 오픈하면서 매장에다가 이런 글을 썼다고 합니다. '크게 되기 위해서 작게 남아있자.' 큰 시장을 생각하고 브랜드를 설계하는 것은 소비재 상품입니다. 하지만 작은 시장을 생각하면서 큰 브랜드를 설계하면 수집품 시장입니다. 소비자에게 수집이 될 때 바로 브랜딩이 된다고 믿습니다.

컨버스의 줄기세포

컨버스의 리뉴얼 설계는 철저히 '신는 사람'에서 '보여주고 싶은 사람'으로 바꾸었다. 여기서 신는 사람이란 3만 원대 신발을 자신의 필요에 의해서 사는 사람이고, 보여주고 싶은 사람이란 명품으로 옷을 치장한 다음에 컨버스로 자신의 스타일을 완성시키려는 사람이었다. 그러나 앞서 말했듯이 컨버스 브랜드가 가장 어려웠던 것은 자신의 신발장에 처박혀 있는 빨지 않은 3만 원짜리 컨버스화가 유행과 정통 그리고 혁신성이 있는 상품이라는 것을 알려 주는 것이었다. 브랜딩을 위한 소수의 마케팅은 특정 계층과 하위 트렌드로 끝날 수 있기에 뉴스만 되고 사라지는 경우가 허다하다. 문제는 다수를 위한 소수 마케팅을 통해서 브랜드의 가치를 올리는 브랜딩이 시장의 파이와 리더십을 장악하게 만드는 마케팅으로 바뀌어져야 한다는 것이다.

민복기 '네가 지금 교복에 아무렇게나 신고 있는 신발이 100년의 역사를 가진 해외 트렌드이다.'라 말하는 것은, TV 예능 프로그램인 〈진품명품〉에서 감정사가 자신의 아파트로 이사 와서 처치 곤란한 항아리와 같이 있는 푸른 도자기가 고려청자라고 알려주는 충격과 같은 것입니다. 문제는 이것을 누가 어떻게 말하는가 하는 것이었습니다.

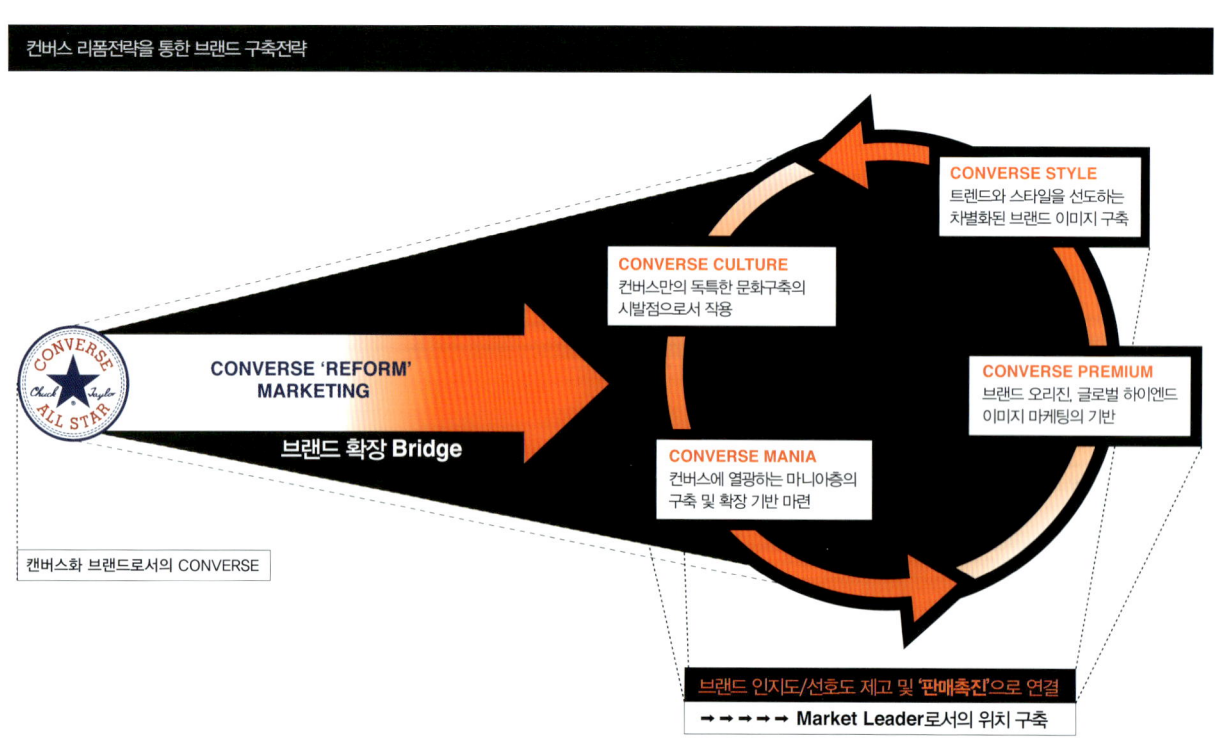

컨버스 브랜드는 병목 마케팅을 서둘러 구축했다. 핵심은 매우 간단하다. 컨버스의 가치를 아는 소비자에게 먼저 보여주어서 그들이 새로운 가치를 만들어 컨버스를 브랜딩한다는 것이다.

마니아와 트렌드 리더의 기호 브랜드로 끝날 수 있는 컨버스를 1,400억 매출의 스마트 럭셔리Smart Luxury(싸지만 소비의 가치를 주는 중저가 사치 브랜드)로 만드는 것은 '문화'라는 코드였다. 일찍이 마케터들의 최고 마케팅이라고 할 수 있는 문화 마케팅은 가장 고전적이며 가장 강력한 힘을 가진 브랜드 테마이다. 문화 브랜드는 라이프 스타일을 제안하는 브랜드로서 대표적인 브랜드는 할리 데이비슨Harley-Davidson를 비롯하여 크롬하트Chrome Hearts와 같은 브랜드다. 문화 브랜드는 소비자의 주관적 소비형태보다는 브랜드가 제안하는 규칙과 원칙을 강요한다. '이렇게 먹는 거야, 이렇게 입는 거야, 이렇게 느끼는 거야, 그리고 이렇게 타는 거야.' 혼다를 타는 사람들의 복장은 다양하지만 할리 데이비슨을 타는 사람의 스타일은 거의 비슷하다. 그들이 좋아하는 음료, 그들이 듣는 음악, 그들이 좋아하는 남자와 여자 스타일까지 브랜드가 이 모든 것을 규정한다. 바로 이것이 문화 브랜드의 최고점이라고 할 수 있다. 민복기 대표가 고민하는 것은 컨버스 브랜드가 문화 브랜드가 될 수 있는가에 대한 고민이었다. 이런 고민을 하게 된 것은 컨버스 안에 컨버스 마니아가 있었기 때문이다. 그들은 컨버스를 20개 이상을 가진 사람들로서 해외를 돌아다니면서 특이하고 새로운 컨버스를 모으는 사람이었다. 또한 이런 사람들은 옷을 살 때, 누구나 다 아는 브랜드를 사서 입는 것이 아니라, 아무도 모르는 곳에서 특이한 옷을 사고, 독특한 스타일을 만들어 내는 인물들이 많았다. 그러나 그들이 만들어 내는 것은 그들만의 것이었고 대중화되기란 힘들었다. 컨버스 브랜드만이 가지고 있는 독특한 열정과 창의성을 어떻게 대중화시킬 것인가? 문화 브랜드가 되기 위해서는 브랜드 문화에 참여 가능해야 하고, 전파가 되어야 하고, 자부심이 되어야 하고…. 무엇보다도 독특해야 한다.

민복기 브랜드 문화는 창조와 모방이 동시에 일어나는 것이어야만 합니다. 이 두 개가 연속성을 가지면 계속적인 브랜드 문화가 될 수 있죠. 컨버스만의 독특한 문화가 있었습니다. 실상은 매우 심플하죠. 바로 신발 컨버스converse를 미술의 캔버스canvas로 바꾸는 것이었습니다. 컨버스 신발의 최대 장점이자 단점은 대중성입니다. 길거리에 나가면 대부분 비슷한 컨버스를 신고 있죠. 그 컨버스가 다르게 보이는 방법은 착장 스타일을 다르게 보여주거나 아니면 신발을 다르게 만들어야 합니다. 바로 자신만의 신발로 만드는 것이죠.

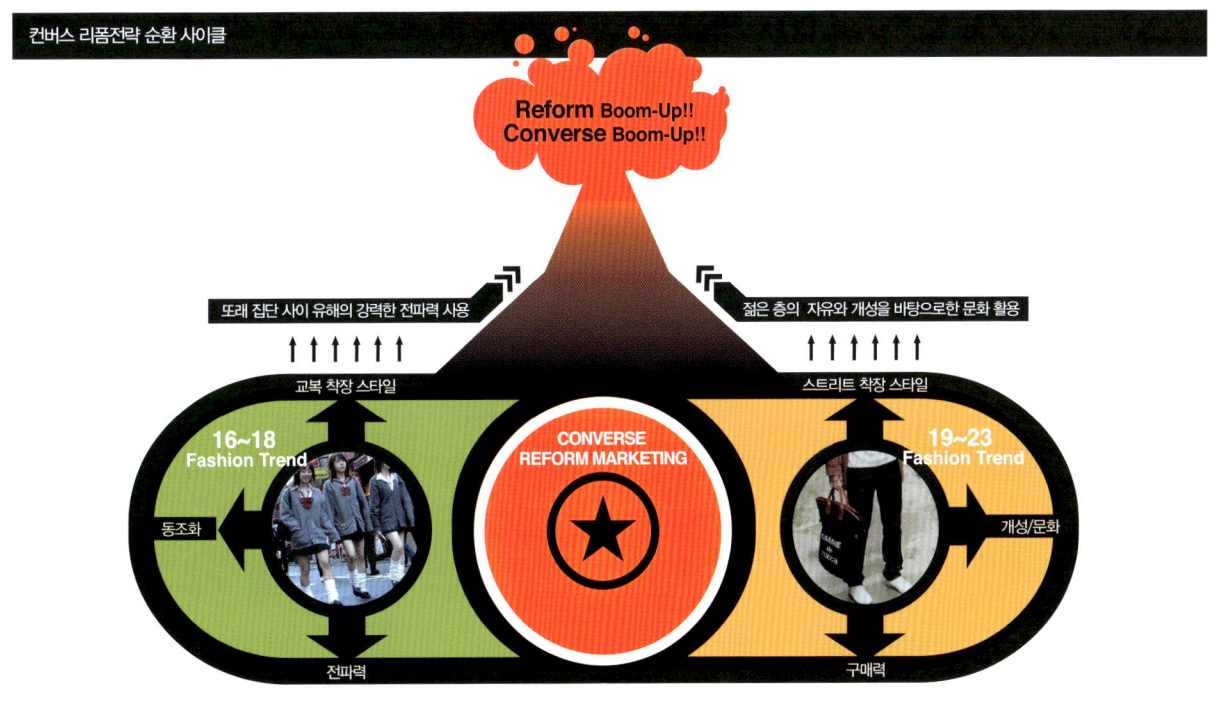

CHAPTER 2

컨버스 신발의 전이 과정은 다음과 같다.
값싼 교복 신발 → 컨버스 브랜드 신발 → 스타일리쉬한 신발 → 트렌드 신발 → 문화의 아이콘 → 나만의 신발
교복신발에서 나만의 신발까지 여러 가지 변이를 거치면서 컨버스는 대중 문화와 대중 트렌드 신발에서 하나밖에 없는 신발로서 브랜딩이 된 것이다.

결국 컨버스 브랜드는 소비자에 의해서 완성이 되었다는 이야기이군요.

민복기 정확히 말하자면 소비자가 아니라 수집가입니다. 소유가 명예가 되는 브랜드들을 우리는 최고의 명품이라고 합니다. 이런 소비는 천문학적인 돈이 지출됩니다. 솔직히 이런 것은 제품이라기보다는 수집품이죠. 그들만의 부의 과시라고 할까요? 하지만 대부분의 사람들에는 이런 비슷한 욕구가 있습니다. 자신이 구매한 상품에 대해서 자부심과 만족감을 가지려고 합니다. 브랜드는 소모품이 아니라 수집품이 되어야 합니다. 또한 브랜드는 수집에서 끝나지 않고 사용품이 되어야 합니다. 이런 모순적인 욕구가 최고의 가치를 만들 수 있는 배합의 조건이라고 할 수 있습니다.

배합의 조건이라뇨?

민복기 명품을 사는 사람들은 다른 사람들에게 명품을 가지고 있다는 것을 알려주고 싶어합니다. 루이비통이나 버버리 같은 브랜드는 자신의 캐릭터를 분명히 보여주고 있습니다. 그러나 아주 조용하고 품위있게 보여 주길 원하죠. 드러내고 싶지만 조용히 드러내고 싶은 것은 인간들만이 사용하는 독특한 유혹과 과시이죠. 브랜드가 이 두 가지의 요소를 가지고 있다면 최고의 브랜드가 될 수 있다는 이야기입니다.

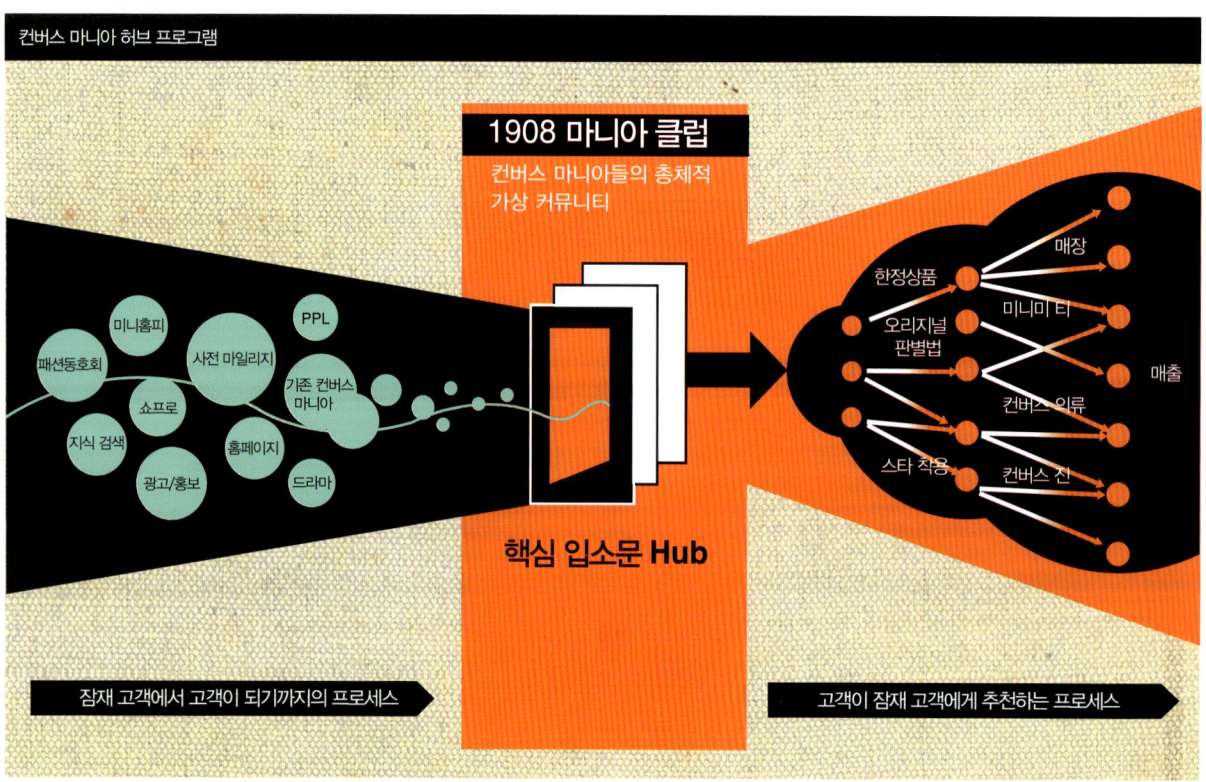

CHAPTER 2

컨버스 브랜드의 문화 융합

향후 컨버스의 브랜드 전략에 대해서 소개할 수 있을까요? 보통 이런 것은 브랜드 보안이기 때문에 잘 말씀해주시지 않는데…. 가능하시겠습니까?

민복기 글쎄요…. 솔직히 큰 부담은 되지 않습니다. 왜냐하면 상품은 카피할 수 있지만 브랜드의 철학은 카피가 불가능합니다. 컨버스는 그 이름 자체에 브랜드의 철학이 있습니다.

Converse의 사전적 의미는 다음과 같다.

converse1

1 (남과) (…에 대해) 이야기하다, 담화하다, 담화를 나누다(talk) 《with;on, about》
2 【컴퓨터】 (기기(機器)와) 대화하다
3 《고어》 (친하게) 사귀다 《with》
1 《미·영·고어》 담화, 환담
2 《고어·문어》 (영적인) 교제

converse2

1 [the converse] 반대, 역(逆);거꾸로 말하기
2 【논리】 전환 명제
3 〈수학〉 역

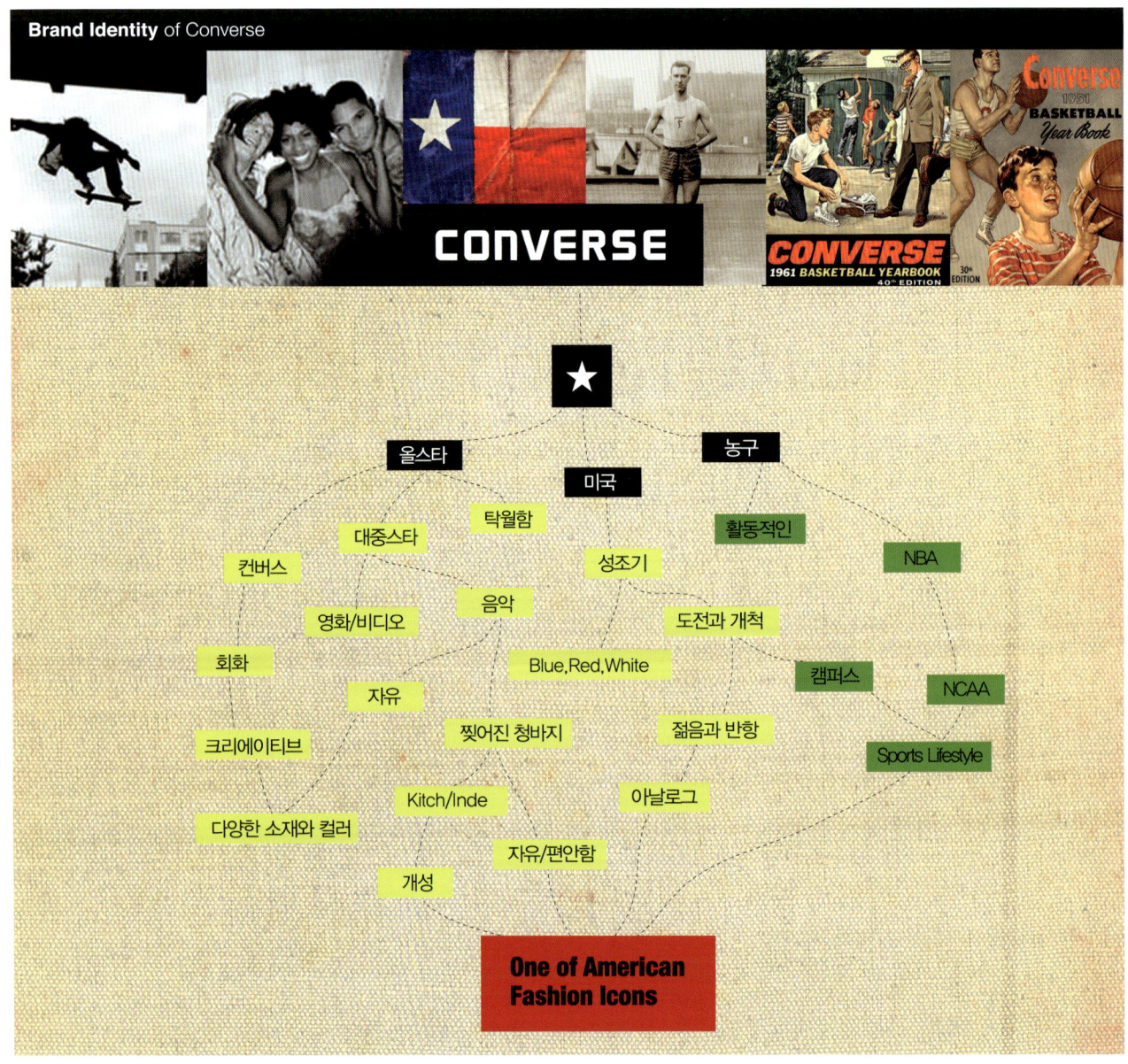

컨버스…커뮤니케이션이 이 브랜드의 철학인가요?

민복기 브랜드에서 가장 어려운 일 중에 하나가 이름값 하는 것입니다. 왜냐하면, 그 이름에는 약속과 기대가 있기 때문이죠. 컨버스가 브랜드 컨버스가 되기 위해서 사용했던 전략 중에 근간을 이루고 있는 것이 '이름에 걸맞은 행위'를 하는 것이었습니다. 컨버스는 자신의 아이덴티티를 말하기 위해서 대중에게 외치지 않았고 소수에게 속삭였다고 할 수 있습니다. 우리가 진행한 브랜드 캠페인을 살펴보면 'Be Your Own' 말 그대로 '너 자신이 되라'는 캠페인이었죠. 컨버스 신발에 자신의 컬러와 그림을 집어 넣어 자신만의 컨버스가 되도록 만들었죠. 물론 이런 마케팅은 예전에도 있었고 지금도 있는 것입니다. 하지만 그것은 프로모션에 불과하죠. 우리가 한 것은 컨버스가 가지고 있는 독특하고 창의적 문화 안에서 이런 캠페인을 이끌었다는 것입니다.

컨버스만의 문화라는 것은 구체적으로 어떤 것인가요?

민복기 브랜드의 속성이 선호도와 세계관이 되는 것이죠.

컨버스는 오리지널리티 구축과 청바지와 가장 잘 어울리는 스타일리쉬한 아이템으로서는 리뉴얼 6개월 만에 어느 정도 브랜드 진지를 구축했다. 이제 마지막 남은 작업은 '컨버스만의 독특한 문화를 어떻게 만들 것인가'가 핵심이었다. 컨버스는 자신이 가지고 있는 브랜드 아이덴티티의 속성을 파악했다.

컨버스는 자신의 잠재 속성을 융합시키고 시너지Synergy를 올릴 만한 세대를 찾기 시작했다. 그리고 그들과 대화하기 시작했다. 그들은 챠브Chav라는 소수이지만 강한 아이덴티티를 구현하는 새로운 트렌드 리더 계층이었다. '챠브'는 1960년대의 히피, 70년대의 펑크, 80년대의 힙합 등과 같이 지배적 주류문화에 저항하는 하위 청년 문화의 한 형태다. 영국에서는 2004년 최대의 유행어가 되어 옥스퍼드 대학사전에 오를 정도였다. 옥스퍼드 대학사전 편집자인 수지 덴트Susie Dent는 2004년 최대 유행어는 '챠브'라고 말했었다. 그녀는 이 신조어가 1949년의 신조어 '빅 브라더big brother', 58년의 '비트닉Beatnik', 65년의 '미니스커트mini-skirt', 그리고 2002년의 '악의 축Axis of Devil'과 마찬가지로 중요한 위상을 갖고 세계의 트렌드를 주도해 나갈 것

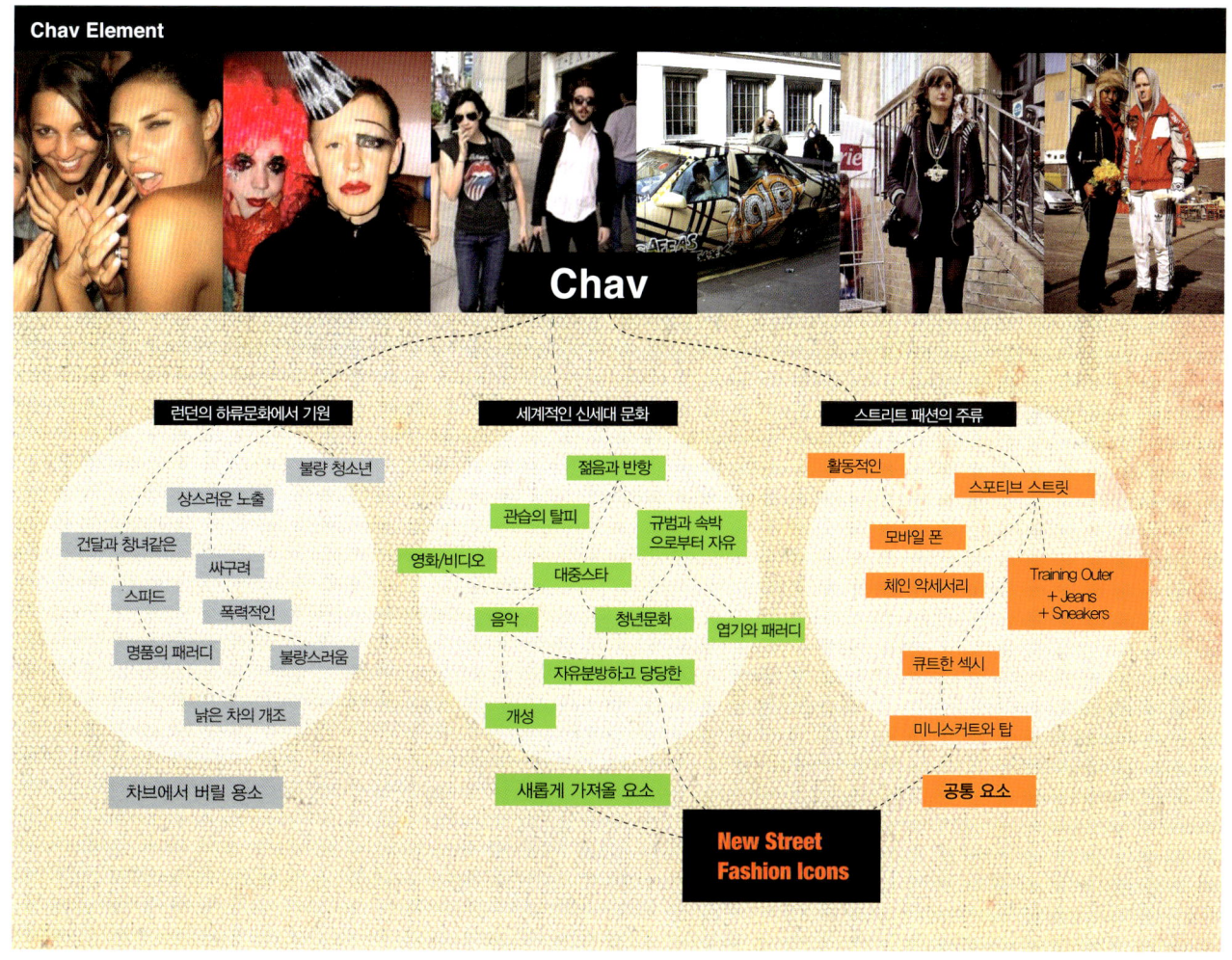

CHAPTER 2

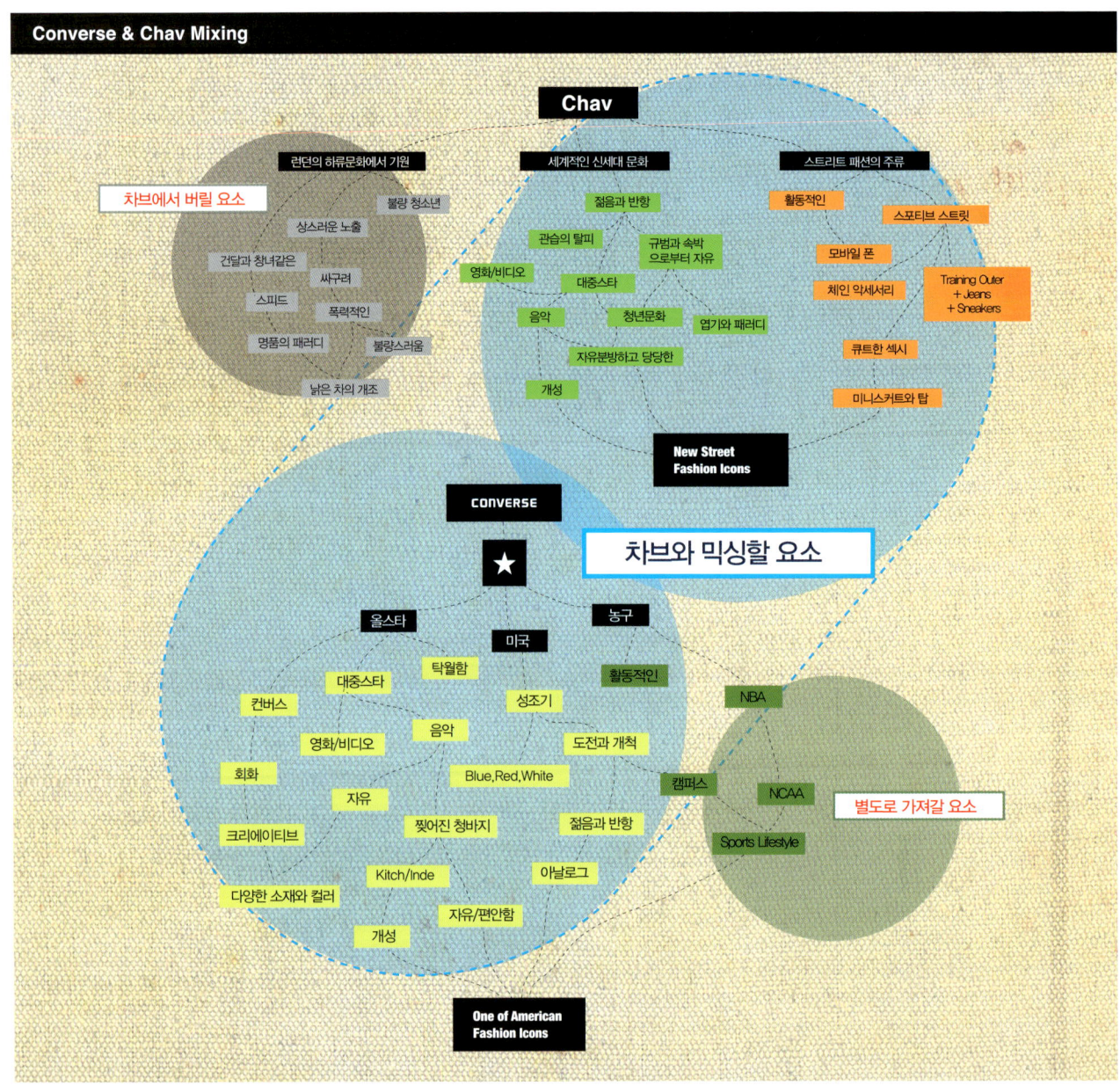

이라고 주장했던 개념이었다.

이런 챠브들을 컨버스가 주목했던 것은 그들이 명품과 브랜드를 무분별하게 구매하지 않고 스스로 스타일을 만들어 내기 때문이다. 그것은 컨버스의 정신인 'Be your own'과 정확히 일치했다.
컨버스는 챠브의 3가지 속성 중에 자신과 같은 공통 요소를 웹과 스트리트 캠페인을 통해서 흡수하였고 새롭게 가져올 요소는 광고와 홍보로 융합시켰다.

긴 시간 감사합니다. 마지막으로 브랜드와 마케팅을 공부하려는 후배들에게 조언을 부탁드립니다.
민복기 브랜드는 만드는 것이 아닙니다. 찾고 가꾸는 것이라고 생각합니다. 많은 사람들이 상품을 만들고 그것이 대박을 터뜨려 성공하기를 원합니다. 소비자는 대박의 대상이 아닙니다. 그들이 원하는 것은 상품이 아니라 가치입니다. 그 가치는 우리가 준다고 해서 받는 것이 아니라 고객이 스스로 결정해야 되는 것입니다. 우리가 더 가치에 집중할 때 고객은 우리를 더 주목합니다. 경영 신조어와 전문 마케팅 전략을 공부하기 전에 사람에 대한 깊이 있는 통찰력을 배워야 합니다. 왜냐하면, 우리는 상품을 만들고 고객이 브랜드를 만들기 때문입니다.

컨버스는 문화를 만들어 가기 시작했다. UB

CHAPTER 2

innovation

관심은 열정으로, 그 열정은 차별화를 만든다
SKY72

"잡화점에서 드라이버를 사는 고객의 진정한 욕구는 단순히 '구멍을 뚫는 것'이 아니라 '집을 아름답게 꾸미고자 하는 것'이죠. 이케아IKEA가 정의한 고객의 욕구입니다. 우리 골프장의 고객들은 단순히 '골프를 즐기는 것'이 아니라 '사교를 통해 네트워크를 만드는 것'이 이곳을 찾는 사람들의 욕구입니다."

유니타스클래스 대표 김우형

처음 스카이72를 인터뷰하면서 느낀 것은 그들이 제공하는 서비스가 소비자 행동론이나 마케팅에서 늘 강조하는 소비자의 시각과 입장에서 출발하는 전략의 전형이라는 것이었다. 하지만 인터뷰가 끝나갈수록 스카이72의 서비스는 고객의 입장에서 생각하는 서비스 그 이상의 차원임을 깨닫게 되었다. 고객의 차원을 뛰어넘어서, 어머니가 아이를 생각하는 마음으로 고객을 대하고 있었고, 아이가 밖에 나가서 놀 때 항상 안전을 걱정하는 어머니의 마음으로 고객을 바라보고 있었다. 스카이72의 김영재 대표와의 인터뷰를 수 차례 요청했지만, 그는 회사의 서비스를 자신의 입을 통해 이야기한다는 것이 쑥스럽다면서 직원들의 입으로 말하고 싶다며 정중히 거절의사를 밝혔다. 직원을 통해서 그의 스카이72의 철학과 나눔의 문화에 대해서 들을 수 있었다. 그래서 이 인터뷰는 대표가 아닌 직원들의 눈으로 바라본 스카이72의 이야기이다.

CHAPTER 2

스카이72가 획기적인 서비스를 제공하는 골프장으로 회자되고 있는데, 그런 서비스를 기획하신 동기는 무엇입니까?

처음 골프장이 등장했을 때는 좀 엄숙하고 격이 있고 그런 서비스가 대세였던 시기였던 것 같아요. 그리고 대표로 계신 김영재 사장님께서 골퍼로서의 생활을 15~20년 정도 하셨기 때문에 골퍼의 입장에서 골프와 골프장을 새롭게 해석하셨던 것 같습니다. 일반 회원제 골프장의 CEO들은 그룹의 사장이거나 전문 경영자인데 비해서, 저희 대표님은 소비자 골퍼로서 국내와 세계 유수의 업체를 돌아보고 그곳에서 느꼈던 부족한 부분을 채워나가려고 했습니다. 예를 들어, 자신의 클럽 정책 때문이라며 엄숙하고 세련된 분위기에 오히려 고객을 끼워 맞춰서 고객의 편의를 도외시하는 골프장이 많이 있는데, 저희는 오히려 순수하게 고객의 입장에서 골프장을 이용하면서 스스로가 불편했던 부분들을 개선해 나갔던 거죠. 예를 들면 전통적으로 남자들은 반바지를 입고 라운드를 할 수가 없어요. 만약 반바지를 허용한다면, 정통 스코틀랜드식으로 무릎까지 오는 스타킹을 신어야 했습니다. 허용하면서도 정말 보기 어색했죠. 그래서 국내 거의 모든 골프장이 반바지 라운드가 안됩니다. 저희는 그냥 허용했어요. 라운드 해보시면 아시겠지만 사실 시원하잖아요. 편하고, 간편하고. 그런데 왜 안되냐 이거죠. 그러니까 대표님 스스로가 가장 하이 퀄리티 프라이빗 high quality private 골프장에서부터 가장 대중적인 퍼블릭 public 골프장에 이르기까지 이용해 보면서 느꼈던 부분들을 꼼꼼히 찾아내고, 역지사지의 입장에서 개선하도록 노력한 것입니다. 그래서 어떻게 생각하면 너무 쉬운 것 같아요. 이러한 배경들이 다양하고 생동감 있는 서비스를 만들지 않았을까라고 생각합니다.

[마켓 정밀 정찰 보고]

스카이72가 오픈한 2004~2005년 무렵은 한국의 골프장 마켓은 중요한 변곡점을 맞게 되는 시기였다. 연간 매출액이나 객단가가 여전히 증가하고 있었지만 그 성장세가 감소되고 있었고 연간 골프장 수 증가율이 연간 내장객수 증가율을 초과하며 골프장 마켓의 공급 과잉이 예고되고 있었다. 공급 과잉 상황이 지속되면 결국 경쟁이 심화되고 업체들의 수익성이 악화되는 것은 자명한 일이었다. 한 마디로 골프장 마켓이 레드 오션 red ocean 으로 진입하고 있음을 알리는 중요한 지표들이 계기판 여기저기에서 경계 경보를 발령하고 있었다.

물론 긍정적인 시그널도 있었다. 주 5일 근무제와 국민 소득의 점진적인 증가에 따른 레저 산업의 성장, 젊은 인구와 여성 인구의 골프 취미 생활 증가, 골프의 대상 인구인 30~40대가 중심 인구층이 되고 있다는 점은 어느 정도의 골프 대중화 즉, 수요 증가를 예측하게 만드는 요소들이었다. 하지만 문제는 골프장의 신축이 지나치게 큰 폭으로 증가하고 있었다는 것이다. 정부의 골프 및 관광 산업 활성화 정책 그리고 지방자치단체의 세수 확보 정책에 따라 골프장의 건설 규제가 점차적으로 완화되고 있었고 이런 현상이 저금리 기조와 맞물리면서 골프장 건설을 증폭시키고 있었다. 해외 원정 골프 트렌드까지 결합된다면 공급 과잉 현상은 충분히 예상이 가능한 상황이었다. 골프장 업계가 상당한 위기 의식을 가졌을 법하다. [Figure 1]에서 볼 수 있듯이 스카이72 또한 마이클 포터 Michael Porter 의 경쟁전략모델 Five Forces Model 을 이용하여 시장을 면밀하게 분석하고 있었다.

기존 골프장들은 예측 가능한 위기에 대해서 어떤 전략을 구사했을까? 그들은 지극히 '존속적인 혁신' 전략을 선택했다. 어떻게 기존 시장의 룰 rule 을 파괴시키면서 새로운 시장의 룰을 만들어 시장을 주도해 나갈 것인가를 고민하기 보다는 기존 테두리 안에서 약간의 개선을 통해 생존을 지속해 가다 보면 언젠가는 상황이 개선되리라는 막연한 환상에 사로잡혀 있었던 것으로 보인다. 과거의 호황 속에서 체득한 성공 DNA가 그들의 발목을 잡고 있었기 때문에 개선 이상의 아이디어는 나오지 않고 있었다. 몇 가지 예를 들어 보면 인력 감축, 아웃소싱 확대, 인력의 다기능화 등 경영 측면의 효율화와 이용 가격의 인하 그리고 몇 가지 서비스를 개선하는 정도였다. 당시 시장은 '파괴적 혁신자'에게 그 기회를 열어주고 있었다.

[Figure 1] 스카이72가 분석한 2004년 당시의 골프업계현황

[Figure 2] 국내 골프 산업의 규모 및 성장 추이 (출처: 서천범, 레저백서, 2007)

	연도별 산업현황 개요					[2006년 6월 말 기준]
구분	2001년	2002년	2003년	2004년	2005년	2006년
골프장[개소]	158	165	181	194	224	251
		4.4%	9.7%	7.2%	15.5%	12.1%
내장객[명]	12,849,790	14,416,296	15,453,443	16,678,539	17,839,883	19,690,670
		12.2%	7.2%	7.9%	7.0%	10.4%
매출액[조]	1.26	1.53	1.71	1.97	2.14	2.4
		21.4%	11.8%	15.2%	8.6%	12.1%
객단가[원]	98,056	106,130	110,655	118,116	119,956	121,885
		8.2%	4.3%	6.7%	1.6%	1.6%

[백분율(%)은 전년대비 성장률임]

[Figure 3] 국내 골프장의 부문별 시장 규모 (출처: 서천범, 레저백서, 2007)

	골프장 부문별 시장규모					[단위: 백만 원]
구분	2001년	2002년	2003년	2004년	2005년	2006년
회원제 골프장	1,120,609	1,347,648	1,494,834	1,709,676	1,814,039	1,962,513
	88.6%	88.0%	87.3%	86.7%	85.0%	82.2%
퍼블릭 골프장	90,402	125,531	157,643	197,823	256,355	356,574
	7.2%	8.2%	9.2%	10.0%	12.0%	14.9%
군軍 골프장	53,259	58,633	60,334	63,350	63,800	67,208
	4.2%	3.8%	3.5%	3.2%	3.0%	2.9%
골프산업규모	1,264,270	1,531,312	1,712,811	1,970,849	2,134,194	2,386,295
전년대비 성장률		21.1%	11.9%	15.1%	8.3%	11.8%

주: 1. 퍼블릭 병설 골프장의 매출액은 회원제 골프장의 매출액에 포함
2. 군軍 골프장의 매출액은 추정치임

[Figure 4] 기존 골프장의 전략 리뷰 (출처: 스카이72 2007 KMAC 서비스 품질인증)

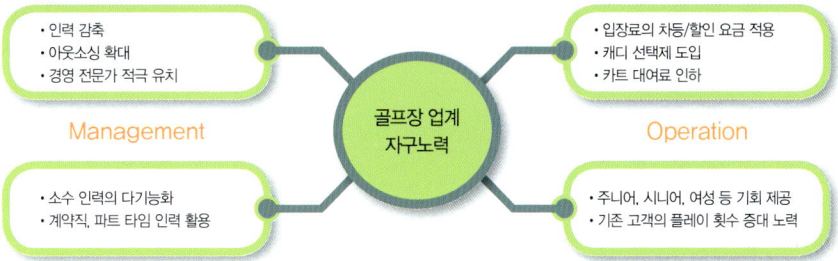

CHAPTER 2

[가상 전략 회의]

아래의 내용은 독자들의 전략적 상상력을 자극하기 위한 가상 전략 회의 장면임을 밝혀둔다. 벤치마킹 기업이나 브랜드가 어떻게 했느냐를 아는 것도 중요하지만, 경영자와 전략가들에게 더 중요한 것은 똑같은 상황에 처해 있었다면 '나는 어떤 의사결정을 했을까'하는 것이다. 가상 전략 회의 장면을 따라가며 스스로 질문을 제기해보고 자신만의 대안을 생각해보자.

2004년 서울 시내 A호텔 회의실에서는 신규 골프장 런칭을 위한 긴급 전략 회의가 한창 진행 중이었다. 김유성 사장과 신규사업 본부장 이광대 이사, 그리고 마케팅 팀장 임채일 부장이 참석하고 있었다.

"사장님, 한국에서 골프장 사업이 점점 어려워질 것이라는 징후가 여러 곳에서 발견되고 있습니다. 이제는 그냥 건설하는 대로 성공하는 시대가 아니라 확실한 차별화 전략이 있어야 성공하는 시대입니다."

신규사업 본부장을 맡고 있는 이광대 이사가 운을 띄웠다.

"차별화 전략이라… 물론이지. 그래, 자네는 어떤 전략이 있다고 생각하는가?"

"최고의 명품 골프장이 유일한 대안이라고 생각합니다."

"그 이유는?"

"이유를 말씀드리기 전에 사장님과 임 부장에게 우리 골프장의 경쟁자가 누구인지를 먼저 묻고 싶습니다."

"우리 골프장 건설 후보지가 수도권 서부 지역이니 아무래도 수도권 지역의 골프장, 그리고 동남아나 중국에 있는 골프장이 아닐까요?"

임채일 부장이 대답했다.

"우리의 경쟁자는 고급 룸싸롱이나 음식점, 그리고 오페라를 비롯한 고급 문화 행사들입니다."

"무슨 말씀이신지?"

"한국의 골프장은 부유 계층과 비즈니스 맨들의 사교 장소로 쓰이고 있다는 말입니다. 지난번 서베이^{survey} 결과에서도 확인된 사실입니다. 그렇다면 우리가 고급 접대 장소와는 차별화된 확실한 명품 가치를 제공해야만 성공할 수 있다는 결론에 도달할 수 있겠죠."

"지금도 훌륭한 골프장들은 꽤 있는 편이지."

"하지만 기존 골프장들은 골프장의 핵심인 코스 관리, 그리고 부수적인 약간의 서비스를 품위있게 제공하는 것에만 초점을 맞추고 있습니다. 사교 서비스를 제공한다기 보다는 골프 서비스를 제공한다고 볼 수 있겠죠. 우리는 부유 고객과 비즈니스맨들에게 사교 토탈 솔루션$^{total\ solution}$ 을 제공하며 사교 토탈 솔루션 공급자로 브랜딩해야 합니다."

"음, 좀 더 자세히 말해 보게."

"잡화점에서 드라이버를 사는 고객의 진정한 욕구는 단순히 '구멍을 뚫는 것'이 아니라 '집을 아름답게 꾸미고자 하는 것'이죠. 이케아^{IKEA}가 정의한 고객의 욕구입니다. 우리 골프장의 고객들은 단순히 '골프를 즐기는 것'이 아니라 '사교를 통해 네트워크를 만드는 것'이 이곳을 찾는 사람들의 욕구입니다."

"그래요?"

"우리는 '골프장 사업'을 하는 것이 아니라 '명품 사교 클럽' 사업을 하는 겁니다. 새로운 포지셔닝 관점에서 생각해 보면 무엇을 제공할지에 대한 아이디어는 무궁무진할 거라고 생각합니다."

"재미있는 아이디어인데요. 다음 회의 시간에는 가능한 아이템을 구체적으로 찾아서 이야기해 보도록 합시다. 그리고 또 다른 대안은 없을까요? 이번에는 임 부장이 한 번 이야기해 보시죠?"

"저는 세계적으로 센세이션을 일으키고 있는 저원가 저가격 비즈니스 모델을 생각했습니다. 월마트^{Walmart} 모델이죠. 시장에는 항상 품질 대비 가격에 민감한 고객들이 존재하고 골퍼들도 마찬가지일거라고 생각합니다. 한국에 형성된 가격 거품을 빼고 가격을 현재의 1/2수준으로 함으로써 비고객들$^{non-customers}$ 을 유입시키는 겁니다. 기존에 골프를 치지 않던 대중들까지 끌어들일 수 있다는 겁니다."

"하지만, 골프장 부지 구입 비용에 코스 건설 비용, 게다가 유지 보수 비용까지 생각한다면 가격을 낮출 수가 있을까요? 그러다보면 서비스 품질도 자연적으로 낮아질텐데요."

"옳은 지적이십니다. 가격을 낮추려면 프로세스 혁신을 통한 효율화가 필요합니다. 미국의 K마트가 프로세스 혁신은 제대로 하지 않으면서 가격만 낮추다가 결국은 자멸하고 월마트를 따라잡지 못한 것이 좋은 사례죠."

"과연 골프장에서 원가를 획기적으로 낮출 수 있는 프로세스 혁신이 가능할까요?"

"저도 고민 중입니다. 하지만 방법만 찾아낸다면 이것이야말로 골프장 업계의 핵폭탄이 될 겁니다. 월마트가 미국의 중소도시들을 모두 장악해서 유통 지도를 바꾼 것처럼 저희도 전국의 골프장 지도를 일거에 바꿔 놓을 수 있을 겁니다. 운영의 어려움을 겪고 있는 기존 골프장들을 인수하는 방법을 통해서죠."

마침 벨 소리가 울렸다. 저녁 식사가 호텔 레스토랑에서 배달되어 그들의 토론은 잠시 중단되었다.

대부분의 골프장은 눈에 띄는 차별화 전략이 없어 보입니다. 스카이72가 차별화 될 수 있었던 것은 다른 골프장과는 다른 전략이 있었을 것 같은데, 공개하실 수 있는 정도만 말씀해 주십시오.

글쎄요, 전략이라고 해야 할지…. 제 명함을 보시면 'Discover Fun in Golf'라는 모토가 적혀있습니다. 한국에서 골프라는 것은 사교 수단이고 비즈니스 목적이 주였지, 그 자체를 즐기고 나누는 과정은 아니었다라는 거죠. 그런데 스카이72라는 골프장은 애초에 출발할 때부터 펀fun이라는 것을 모토로 내걸고, 펀 경영 등으로 펀을 끊임없이 추구했다는 것이죠. 플레이하는 사람들이 즐거움을 느끼게 해주겠다는 것을 목적으로 모든 서비스가 설계되어 있고, 또 내부의 직원들도 스스로가 펀을 찾을 수 있는 문화가 바탕에 깔려있습니다. 그러니까 고객에게 펀을 제공하는 것뿐만 아니라, 직원 스스로도 그러한 펀을 찾아 다닙니다. 저희 골프장은 성수기에 무척 바빴다가 동계가 되면 세계 유수의 골프장 벤치마킹을 하러 갑니다. 사장님과 함께 말이죠. 20~30명 정도의 규모가 해외로 모두 나가서 미국, 호주 등 세계를 다 돌아 다니고…. 그런 작은 부분이 엄청난 차이를 가지고 있다고 봅니다. 다른 골프장을 보면 직원들까지 해외에 나가서 경험하는 것을 이해하지 못합니다. 저희는 일선에 있는 코스 관리 직원이든지, F&B를 모두 포함해서 가는 것입니다. 마인드 자체가 틀린 거죠. 그런 기본적인 모토 자체가 대부분의 서비스나 실제로 회사의 인재를 찾고, 그 인재를 트레이닝training하는 모든 과정 속에 녹아있다고 봅니다.

그러니까 그 '펀'이 꼭 소비자뿐만 아니라 직원들에게도 녹아있다는 말씀이시죠?

그렇죠. 그래서 VOC voice of customer, 기업이 고객의 소리를 듣는 시스템라는 것이 있지 않습니까? 저희 대표님은 하루라도 VOC를 안 보시면 잠을 못 주무신다고 합니다. 제가 하늘 코스의 매니저로 있을 때인데 새벽 2시에 문자가 왔습니다. 그날 날씨가 갑자기 많이 추워졌어요. 그래서 '날씨가 좀 춥다. 몽골 텐트 안에 있는 시원한 음료를 이제 따뜻한 음료로 바꾸는 게 좋겠다' 라는 VOC를 캐디가 올린 거예요. 캐디들은 고객을 하루 종일 만나니까, 라운드 하면서 들은 모든 말들을 시스템적으로 올리게 되어있어요. 캐디가 300명이 넘으니까, 한 건씩만 해도 300건이고, 2라운드 하면 600건이 될 수도 있는데 그 내용을 모두 보세요. 직원들은 다 퇴근할지라도 대표님 혼자 새벽 1~2시까지 일하시는 거죠. 그런데 그날 새벽에 그것을 보고 필요하다고 생각하니까, 전체 문자를 보내신 것입니다. '현업 지배인과 매니저들에게 – 고객들이 이런 부분을 요구하니까, 당장 내일 모레부터 준비해라' 너무나 철저하게 고객지향적인 자세가 되어 있고, 그 부분에 대해서는 절대 양보를 안 하십니다.

VOC를 보면서 나온 서비스 중 하나가 여름에 아이스크림을 무료로 드리는 것입니다. 사실 무료로 드리는 것은 파격적인 일입니다. 그러한 것도 큰 장사가 될 수 있거든요. 밖에서는 500원짜리가 안에 들어가면 5,000~10,000원 정도 받으니까요. 그런데 코스에서 무료로 아이스크림, 오미자차를 주고, 겨울이면 붕어빵도 구워 주죠. 이런 것은 골프업계에서 상식적으로 말이 안 되는 거죠.

[전략 Memorandum]

스카이72에서 VOC voice of customer는 핵심 시스템이다. 특히 김영재 대표가 VOC의 미가공 데이터 raw data 마니아라는 것은 이 시스템이 단순한 고객 정보를 수집하는 마켓 리서치 시스템의 차원을 넘어서는 중요한 경영 도구라는 것을 말해준다. 소니의 창업자 모리타 아키오盛田昭夫 회장은 시장과 고객의 반응에서 획득한 감각적이고 직관적인 기회를 매우 중요하게 생각했고, 이 시장의 소리를 이용해서 워크맨을 비롯한 수많은 신화를 만들어냈다. 하지만 그가 물러나고 전략 스텝들이 작성한 마켓 보고서에 따라 의사 결정을 하게 되자 소니는 점점 어려움에 빠져 들었다. 많은 회사들이 VOC 시스템을 운영하고 있다. 하지만 많은 경영자들은 잘 정리되고 가공된 VOC 보고서를 보고 의사결정을 내리기 때문에 결국 고객의 욕구를 정확하게 발견하지 못하고 있다. 김영재 대표는 가공된 VOC 보고서의 허구성을 누구보다 잘 알고 있는 듯하다.

그래서 VOC voice of customer, 기업이 고객의 소리를 듣는 시스템 라는 것이 있지 않습니까? 저희 대표님은 하루라도 VOC를 안 보시면 잠을 못 주무십니다.

CHAPTER 2

'펀 경영'을 통해서 배우신 점이 많으실 것 같습니다.

그렇죠. 한번 생각해 보세요. 예를 들어, 여기 오시는 분들이 40~60대 로 어느 정도 연세와 사회적 지위가 있는데, 그 분들이 어디 밖에 나가서 500원, 700원짜리 아이스크림을 드시겠어요? 없죠. 애들이나 먹는 거죠. 그런데 여기서는 심지어 쮸쮸바도 드십니다. 그것도 아주 환하게 웃으면서 드십니다. 고객들 스스로 '스카이72는 굉장히 비싼 골프장이다. 그런데 당신들은 1,000원도 안 되는 아이스크림이나 오미자차를 주면서 사람 기분을 너무 좋게 만든다'라고 말씀하십니다. 고객이 접하는 아이스크림이나 붕어빵은 더이상 아이스크림이나 붕어빵이 아니라, 그 분들이 가진 '과거에 대한 향수'라는 것이죠. 이것이 가장 중요한 것 같아요. 이 부분이 요즘 흔히 거론되는 감성 마케팅이라는 것인데, 저희 대표님은 너무나 자연스럽게 체득하셨고, 현장에서 실행하고 계신 거죠. '아이스크림이 반응이 좋으니까, 겨울에 붕어빵이나 오뎅 국물은 어때? 한번 해봐!'라는 말이 나오는 거죠.

그런 아이디어가 모두 소비자로부터 나온 건가요?

아니죠. 내부 아이디어와 VOC의 결합입니다. 내부 아이디어로 아이스크림이 나왔다고 하면 그것이 강화가 되면서 VOC가 올라 오는거죠. '아이스크림 아이디어 너무 좋다. 어떻게 이렇게 잘할 수가 있지? 정말 죽인다' 이런 말이 계속 끊임없이 올라오는 거죠. 하루에 수백 건씩 되는 VOC 중에 이렇게 칭찬하는 말들이 올라오니까 탄력을 받는 거죠. '어 그래? 그럼 시즌별로 차별화해야겠지? 그럼 겨울에는? 호떡 해볼까?' 이런식으로 해서 히트를 쳤던 중국 호떡이 있었고, 겨울에 추워지면 처음에는 붕어빵을 내놓다가, '붕어빵만으로는 너무 부족하지 않나? 오뎅 국물도 같이 할래? 오뎅도 주면 어떨까?' 이렇게 된 거죠. 기존의 골프장에서는 매출에 초점을 두기 때문에 그런 생각이 나올 수가 없습니다. 제 살 깎아 먹기인데 사실 그렇지 않습니다. 원가를 따져보면 인당 1,000원 정도 되는 야쿠르트나 오미자차 같은 작은 부분을 통해서 고객들이 감동을 받고 감동받은 것을 주위에 전한다는 것입니다. 골프라는 것은 최소 3~4인이 하는 거잖아요. 그럼 네 분이 오셔서 '스카이72 가 봤어? 거기 가면 여름에 아이스크림 줘! 죽여~!' 이렇게 되면 입소문의 파워는 엄청납니다. 한 분이 네 분이 되고 네 분이 열 여섯 분이 되고 기하급수적으로 늘겠죠. 의도하지 않았던 파급효과가 일어납니다. 저희는 이런 서비스를 통해서 감성 마케팅의 중요성을 배웠습니다. 겨울에는 목토시나 핫팩도 드립니다. 팔면 5,000~10,000원 받을 수 있는 거죠. 그런데 그냥 드립니다. 추우신데 하시라고. 그리고 저희가 그걸 세탁합니다. 그러니까 그 안에 흐르는 정서는 '어? 목토시랑 핫팩 주네!' 정도의 수준이 아니라는 겁니다. '스카이72 가면, 내가 이 추운 겨울날 왔는데 기대하지 않았던 정이 흐르는 곳이구나', '나를 위해서 정이 넘치는 붕어빵과 따뜻한 오뎅 국물과 이런 목토시를 준비하는구나' 이런 정감 어린 서비스가 고객의 마음을 움직이는 것이라 생각합니다.

고객들은 그 많은 서비스 중 어떤 서비스를 가장 흡족해 하나요?

실제로 VOC를 보면, 너무나 사소하지만 작은 배려가 깃든 그런 부분을 가장 만족해합니다. 우선 코스 자체가 4종류로 차별화되어 있습니다. 그래서 '난 남성적인 뷰 view가 있고 긴 전장을 가진 코스가 좋아' 라고 하면 '오션 코스 Ocean Course'를 가면 되고, '난 섬세하고 아기자기한 코스가 좋아' 그러면 '하늘 코스'로 가고, '난 전통적인 링크스 스타일이 좋아' 라고 하면 '링크스 코스 Links Course' 가면 되고 '난 가든형 스타일이 좋아' 하면 '레이크 코스 Lake Course'를 가면 됩니다. 이런 큰 틀에서 보아도 어떻게 보면 재미죠. 한 코스에서 4가지의 코스 컨셉을 즐길 수 있다는 것 자체가 선택의 폭이 넓다는 의미니까 그것도 큰 장점인데, 오히려 사람들은 그런 큰 차원의 서비스보다 너무나 작고 사소한 부분들에 감동합니다. 그린피, 캐디비, 카트비, 식사비…. 이런 돈을 내면서도 '기억에 남는 것이 무엇이냐' 이거죠. 너무나 틀에 박혀있고, 너무나 우아하고 왠지 모르게 가면 갖춰입은 복장에 말도 조용조용하게 해야 할 것 같고. 이런 천편일률적인 분위기의 국내 골프장과는 색다른 생동감과 즐거움이 있다고 생각합니다. 그곳에 정감 어린 아이템들이 존재하니까요. 1,000원의 가치가 25만 원의 가치를 상쇄시키는 거죠. 더 중요한 것은 심지어 이런 얘기도 합니다. '여기는 명문이야. 나는 회원권 가진 코스 서비스보다 여기가 훨씬 좋다!' 그리고 실제로 VOC에서도 '여긴 대중 골프장 Public Golf Course이지만 명문인 것 같다'라고 올라와 있습니다. 이것이 가장 중요한 것 같습니다. 골퍼들이 가지고 있는 선입관들. 그러니까, 대중 골프장은 엉망이라는, 시끄럽고, 질서도 없고, 코스 나가면 잔디 엉망에 캐디가 뛰어다니게 만들고, 코스에서 고성방가 하고, 팁을 너무 많이 받아서 게임도 안되고…. 이런 것들이 국내 대중 골프장의 연상이미지입니다. 그런데 스카이72는 대중 골프장 Public Golf Course 이거든요. 사람들이 그러는 거죠. '여기는 대중 골프장인데 왜 명문 같지?' 그런데 거꾸로, 전 세계적으로 유명한 '페블 비치 Pebble Beach'라는 골프장은 대중 골프장이거든요. 그린피가 475불이에요. 6개월 전에 힘겹게 예약해야 라운딩할 수 있죠. 그런데 국내에서는 왜 안되냐는 겁니다. 어떻게 보면 대한민국에 새로운 골프문화를 스카이72가 시작하고 있다라고 볼 수 있죠. 규모 면이나 서비스 면에서 말입니다.

[전략 Memorandum]

스카이72의 전략을 두 가지 측면에서 생각해 볼 수 있다. 첫 번째는 기존 시장의 룰rule을 바꾸는 '파괴적 혁신 전략'이다. 기존 골프장 시장의 룰은 회원제 골프장에서 누가 고품질의 코스와 서비스를 더 럭셔리하게 제공하느냐의 싸움이었다. 퍼블릭 골프장은 정말 돈이 없는데 골프는 치고 싶어서 가는 곳으로 인식되고 있었고 진정한 골프장 업계의 하나의 기업으로는 인정되지 않았다. 스카이72는 새로운 서비스와 가치를 제공하는 럭셔리 퍼블릭 골프장이다. 퍼블릭 골프장을, 수익성을 유지하는 명품 골프장의 반열에 올려놓았다. 주류에서 무시당하던 퍼블릭 골프장이 기존 회원제 골프장에서도 주지 못했던 감동적인 가치를 제공하며 시장의 룰을 바꿔가고 있는 것이다. 두 번째 전략은 경쟁자의 강점에 숨겨진 약점을 찾아내 공격하는 기법인 '공격적 마케팅 전략'이다. 기존에 시장을 장악하던 회원제 골프장은 나름대로의 명품 코스와 서비스를 제공하고 있지만 권위적인 정책과 골프 전통에 매여 있었다. 골프를 치러갈 때는 준정장을 입는 것이 관례이며 반바지와 라운드티는 허용안되는 곳이 많고 라운딩 중에는 크게 이야기하는 것도 매우 조심스러웠다. 품위를 유지할 수 있지만 '펀'이 존재하지는 않았다. 스카이72는 바로 기존 회원제 골프장들이 품위를 유지하면서 생길 수밖에 없는 '편하지 않다'는 약점을 파고 든 것이다. 즉, 골프장에서 명품의 개념을 품위에서 펀으로 바꿔 놓았고, 바로 이점이 상당수의 고객층에게 어필하고 있는 것이다. 공격적 마케팅 전략의 또 하나의 묘미는 기존 경쟁자들이 방어하기가 힘들다는 것이다. 예를 들어, 기존 회원제 골프장들이 품위도 유지하면서 스카이72에서 하는 펀 요소도 도입한다면 정체성을 잃은 애매모호한 골프장이 되고 만다. 품위를 중시하는 골퍼층는 싫어할 것이고, 펀을 원하는 골퍼층은 흉내만 내는 수준이라고 평가할 것이다. 실제로 스카이72의 펀요소를 따라하는 몇몇 골프장들은 이러한 상황에 처해 있다.

스카이72는 전략의 실행 측면에서도 상당한 강점을 보이고 있다. 인터뷰를 하면서 느꼈던 점은 전략이 기업 전체의 목표에 맞게 잘 정렬되어 있다는 것과 CEO에서 현장의 캐디에 이르기까지 모두 전략 실행에 몰입해 있다는 것이었다. BSC Balanced Scorecard에서 언급하고 있듯이 전략이 구호로 끝나는 것이 아니라 실제화 되도록 시스템과 인재 개발로 잘 연결되어 있고 각 개인들의 헌신도도 매우 높은 상태이다.

[Figure 5] 스카이72의 전략적 포지셔닝

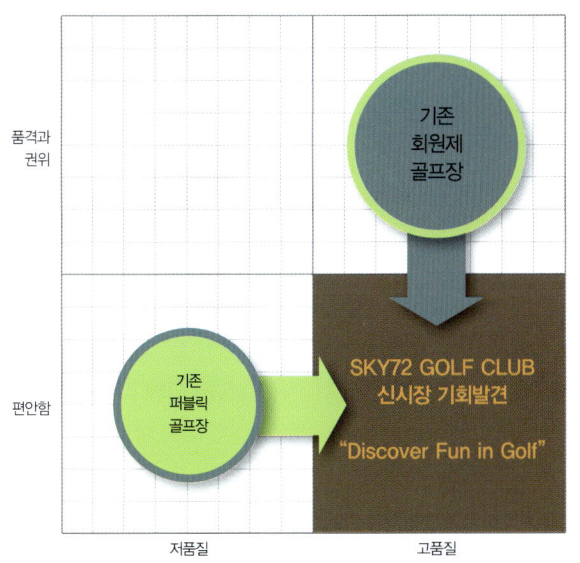

'고객들이 이런 부분을 요구하니까, 당장 내일 모레부터 준비해라' 너무나 철저하게 고객지향적인 자세가 되어 있으신 거고, 그 부분에 대해서는 절대 양보를 안 하시는 거죠.

[Figure 6] 스카이72의 CS 매력 경영 (출처: 스카이72 2007 KMAC 서비스 품질인증)

CHAPTER 2

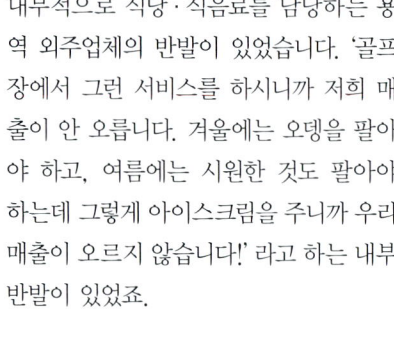

이런 서비스를 제공하면서 어려웠던 점은 없으셨나요?

내부적으로 식당·식음료를 담당하는 용역 외주업체의 반발이 있었습니다. '골프장에서 그런 서비스를 하시니까 저희 매출이 안 오릅니다. 겨울에는 오뎅을 팔아야 하고, 여름에는 시원한 것도 팔아야 하는데 그렇게 아이스크림을 주니까 우리 매출이 오르지 않습니다!' 라고 하는 내부 반발이 있었죠.

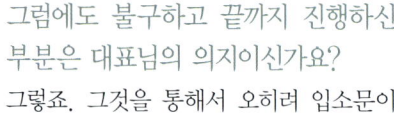

그럼에도 불구하고 끝까지 진행하신 부분은 대표님의 의지이신가요?

그렇죠. 그것을 통해서 오히려 입소문이 나고, 효과가 기하급수적으로 늘어난다면 과연 어떤 것이 더 큰 가치가 있느냐는 것이죠. 예를 들어, 72홀의 4개의 코스 중 비수기라던가 날씨가 안 좋을 때는 일부 코스가 빌 수밖에 없는데 그것을 커버할 수 있는 매개체는 무엇이냐는 거죠. 내부 입점 매장의 몇 만 원 수익을 위해서 그런 서비스를 그만둔다고 했을 때 고객들이 과연 스카이72를 다시 찾겠냐는 것입니다. 그런 큰 차원에서 설득을 합니다. 사실 그것이 맞는 거죠. 고객들이 끊임없이 방문해 주어야 계속적으로 기업을 유지할 수 있는데, 사소한 일 매출·월 매출에 신경 쓰는 패러다임으로는 안됩니다.

[Figure 7] 스카이72만의 매력있는 서비스 예시

그렇다면 스카이72 만이 가지고 있는 문화는 무엇입니까?

내부적으로 '나누는 편'이라는 것이 있습니다. 골프장 업계에서 저희처럼 많은 성금을 사회복지 기금으로 전달한 예가 없습니다. 항상 바쁘게 뛰어다니지만, 가끔은 그 걸음을 멈추고 주위를 돌아보고 나누는 것 자체도 사실은 고객과의 감성적인 교류라고 생각합니다. 매출액에서 한 분당 천 원을 떼어서 적립을 합니다. 그것을 연말에 모아서 성금으로 기탁을 합니다. 고객들은 골프를 즐기면서 사회환원에 동참한다는 감성적 어필이 있습니다. 그리고 연말에 러브오픈Love Open 이라는 큰 행사가 있습니다. 원래 퍼블릭 골프장은 회원모집을 못하게 되어 있습니다. 그런데 편법적으로 주주회원이란 명목으로 모집을 해서 문제가 되긴 하는데 저희는 연말에 사회복지 공동모금에 성금기탁을 유도하는 '하늘천사'라는 제도를 가지고 있습니다. 약 30% 정도를 제안하고 경매를 하는 겁니다. 보통 1,000만 원, 2,000만 원씩 냅니다. 그럼 그 전액을 다 기탁합니다. 그분에게는 기부금 영수증을 드리고, 1년 동안 원하실 때 저희가 부킹을 해드립니다. 언뜻 보기에 문제를 삼을 수도 있겠죠. 대중 골프장에서 특정인에게 우월적인 기회를 주면 안 되는 거니까. 하지만 목적 자체가 너무 선하기 때문에 거기에 대해 누가 감히 말하지 못하는 겁니다. 이분께서 사회에 좋은 일 하셔서 저희가 부킹해 드리겠다는데 누가 뭐라 하면 그건 좋은 일 하지 말란 말이지 않습니까? 이외에도 어린이 생명 살리기, 초중고생 골프대회 후원 같은 것도 하고 있습니다. 하지만, 가장 큰 부분은 사회복지 공동모금에 스카이72가 2020년까지 기부 계약을 했다는 것입니다. 끝날 때까지 이 초심을 잃지 말고 기부활동을 하고자 합니다. 이런 뜻을 확대해 나간다면, 국내의 골프업계가 저희를 쫓아오지 않을까 합니다. 이러한 나눔이 스카이72의 문화라고 생각합니다.

이러한 나눔의 기부를 하게 된 계기가 있습니까?

'나눔'이라는 것은 아주 기본적인 것이고, 당연한 것이라고 여겨왔습니다. 그것을 하게 된 계기를 물으신다면 마땅히 뭐라 답변해야 할지…. 하나의 기업이 움직이고, 긴 생명력을 갖기 위해서는 사회와 함께 호흡하는 것이 가장 중요합니다. 그것은 말 그대로 '生'을 위한 호흡인 것입니다.

저희는 매년 여름, 지역 어린이 100여명과 '어린이 MBA 캠프'를 엽니다. 어린이들에게 스스로 기업을 설립하고, 은행에서 돈을 대출받고, 기업을 홍보하고, 매출을 창출하는 전반적인 과정을 체험하게 하여 경제를 알도록 하는 것입니다. 그 과정에서 가장 중요한 하이라이트로 꼭 하는 것이 있습니다. 바로 이 지역 '장봉혜림원'이나 보육원 등을 초청해 아이들이 기업을 운영해 번 돈을 아이들의 이름으로 기부를 하고 실제 기부금 영수증을 받게 해주는 것입니다.

저희 스카이72는 말씀드린 것처럼 '세계적인 골프장'이 될 것입니다. 그렇게 되기 위해서는 저희 '나눔골프'가 지금의 모습보다 더 체계적이고 폭넓게 발전해야 할 것이라고 봅니다. 앞으로 '나눔골프' 또한 스카이72와 함께 세계적인 활동 무대로 나아갈 것입니다.

어린이를 위한 골프장도 운영하신다고 들었습니다.

여름철과 겨울철에 지역 초등 학생을 대상으로 캠프를 두 번 합니다. '어린이 MBA 캠프'와 '어린이 영어 캠프'를 운영하는데, 이 과정 안에 골프체험을 넣어서 기회를 제공하고 있습니다. 지역 환원과 유대 관계 형성에 도움이 됩니다. 아이들이 굉장히 좋아합니다. 3년 째인데, 클럽하우스에 외국인 선생님을 모셔서 100여 명의 학생들과 교육을 하며 선생님과 카트도 타고, 퍼팅도 하고, 잘하면 과자도 주곤 하는데 아이들이 굉장히 좋아합니다. 선착순으로 제공되는 서비스인데, 첫날 80%가 마감되곤 합니다. 가끔 청탁도 들어올 정도입니다. 여기에 넣어줄 수 없냐고요.

[전략 Memorandum]

스카이72는 피터 드러커나 필립 코틀러가 말하는 기업의 사회적 책임CSR: Corporate Social Responsibility을 잘 실천하고 있는 기업이다. 사회 참여 유형을 보자면 공익연계 마케팅Cause-related marketing에 속한다. 공익 연계 마케팅이란 특정 상품의 판매율에 비례한 금액을 특정 사회 문제 개선을 위해 기부하거나 회사의 전체 매출액 중 일정 비율을 기부하는 방식이다. 하지만 방식과 상관없이 스카이72는 경영자의 속성 속에 이미 '나눔'이라는 것이 내재되어 있고, 나눔을 마케팅 전략으로 사용한다기 보다는 기업의 존재 목적 중 하나로 보고 있다. 그렇기 때문에 스카이72의 나눔문화는 업계의 상식을 뛰어넘을 수 있고 강력할 수 있다.

CHAPTER 2

요즘 마케팅 분야에서는 '스토리텔링 storytelling' 컨셉이 유행처럼 번지고 있습니다. 스카이72는 어떤 스토리를 가지고 있습니까?

가장 고민하는 부분 중의 하나입니다. 스카이72를 대표하는 스토리가 무엇일지, 그것에 대해서 계속 찾고 있습니다. 저희의 스토리 컨셉은 편 입니다. '골프장에서 가질 수 있는 모든 재미를 제공할 수 있는 골프장' 이라는 것을 생각하고 있습니다. 사실 이 안에는 너무나 많은 것이 산재되어 있습니다. 예를 들어, '하늘 코스'하면 떠오르는 스토리는 '미셸 위 Michelle Wie가 처음으로 한국에서 남자대회 컷을 통과했던 곳이야' 혹은 '최경주가 16번 홀에서 더블보기를 했는데 그곳이 이 홀이야'라든지… 그리고 '오션 코스'하면 떠오르는 스토리는 '여기가 바로 2007년도에 아니카 소렌스탐 Annika Sorenstam과 박세리, 폴라 크리머 Paula Creamer 그리고 브리타니 린시컴 Brittany Lincicome이 와서 스킨스 게임을 했던 장소야. 저기서 사진 찍어볼래?'라는 식의 강력하고 사람들의 뇌리에 박히는 그런 스토리가 필요하다고 생각합니다. 사실 제가 고민하는 것은 스카이72라는 브랜드 안에 4개의 코스가 있고 각자의 색깔이 있는데, 각각의 코스에 대해서 스토리를 만들어야 하는 것인지, 아니면 스카이72라는 하나의 브랜드를 대표하는 스토리나, 전설을 만들어야 하는 것인가에 대해서 고민 중입니다.

《드림 소사이어티 Dream Society》의 저자가 했던 말 중의 하나는, '이야기를 만들 때 발명을 하지 말고 발견해라'는 것이었습니다. 즉, 사람들은 이야기의 진실성을 중요하게 생각하기 때문에 이야기를 거짓으로 만들어내면 사람들은 더이상 믿지 않게 됩니다. 어떤 기업이든 그 안에 이야기가 있으니까 찾아내고, 발견하라고 하시더군요.

사실, 다른 골프장에서는 상상조차 하지 않았던, 아니 상상조차 할 수 없었던 이야기들이 스카이72에서는 일어나고 있습니다. '우리 품격에는 맞지 않아. 어떻게 반바지를 입고, 어디 격 없이 프론트에서 산타복을 입고 있나?', '공짜라고? 너희는 프로의식이 없어'라고 비난받을 수 있는 것을 전개하고 있는데, 오히려 고객들의 열광적인 반응이 통제가 안 될 정도로 높아서 걱정입니다. 이 정도로 수많은 이야깃거리가 존재합니다. 그래서 저는 이러한 부분들을 어떻게 강력하게 묶어낼 수 있을까를 항상 고민하고 있고, 이것이 저희의 가장 큰 숙제인 것 같습니다.

들어보니 이미 많은 스토리를 가지고 계신 것 같습니다. 강력한 스토리는 경영자로부터 나오기도 하지만 고객으로부터 나오는 경우도 많이 있습니다. 기억에 남는 스토리가 있으신지요?

얼마 전에 100번째 라운드를 마치신 분이 글 쓰신 것을 봤습니다. 거의 시 수준이었습니다. 처음에는 그냥 골프장이 좋아서 왔는데, 그 속에서 자연이 좋아지고, 사람이 좋아지고, 그러다 보니 100번째 라운드를 눈 앞에 두고 있다는 이야기였습니다. 그런 부분이 무척 감동스럽습니다. 회원제도 아니고 대중 골프장인데…. 그런 부분들을 잘 활용하면, 너무 어렵게 짜내는 식이 아니고, 사실에 근거해 고객들의 진솔한 이야기를 이끌어낸다면 훈훈하면서도 정감 있고 기억에 남을만한 스토리가 될 것 같습니다.

[전략 Memorandum]

스카이72에서 고민하고 있는 이슈 중 하나가 '스토리텔링'을 통한 마케팅 커뮤니케이션이다. 인터뷰 중간 중간에 감동적인 스토리를 여러 가지 들었고, 그런 스토리를 고객과의 인터뷰를 통해 개발해 간다면 어렵지 않게 스토리텔링을 할 수 있을 것 같았다. 스토리텔링과 관련된 흥미로운 이슈가 있어 하나 소개할까 한다. 스토리텔링의 개념을 마케팅 차원을 넘어서 경영 전략의 차원으로까지 적용하고자 하는 시도가 미국에서 나타나고 있다는 것이다. 미 시카고대학교의 해리 데이비스 Harry L. Davis 교수는 '매출 1,000억, 고객감동경영, 전문가양성 10명' 식으로 제시되던 단어 나열식 경영 전략을 스토리텔링 형식으로 재개발해야 한다고 주장한다. 예를 들면, '고객이 우리 레스토랑에서 언제 감동받습니까? 그것은 바로 맛과 서비스이며 이를 제공하는 핵심 인력은 요리사입니다. 2010년까지 별 세 개로 인정되는 요리사 10명을 양성하여 고객이 감동하는 맛과 서비스를 창출할 것이며, 별 세개 요리사 인력 10명은 매장 한 개씩을 운영하게 될 것이고, 결국 우리 매장은 10개, 매출은 1,000억 원이 될 것입니다. 중요한 손님들을 모시고 온 한 중년의 고객이 우리 매장의 요리사 손을 잡으며 감사의 악수를 청하는 모습을 상상해 보십시오. 이것이 바로 우리가 꿈꾸는 보람과 행복입니다'라며 경영 전략서를 이런 식으로 기술하고 직원들과 커뮤니케이션해야 한다는 것이다. 기존의 단어 나열 방식이 좀더 전문적이고 권위있어 보일지는 모르겠지만, 사실 생명력이 없는 문구들이다. 누가 그 문구를 보고 일하고 싶은 의욕이 솟아오르겠는가? 기승전결과 마치 눈에 보이는 듯한 이야기의 묘사가 담긴 스토리텔링을 통해서만 직원들은 감동을 받는다. 스토리는 길어 보이기는 하지만 그 안에 논리가 담겨져 있고 왜 해야하는지 이유가 담겨있고 함께 해 보자는 호소가 담겨져 있고 상상력이 담겨져 있기 때문에 강력하다. 해리 데이비스 교수의 관점에서 보았을 때, 스카이72의 스토리텔링은 마케팅을 넘어선 경영전략 차원으로까지 확장시킨다면 그 효과는 강력할 것이다. 왜냐하면 이미 감동적인 스토리들이 흘러넘치고 있기 때문이다.

김우형

서울대학교 경영학과를 졸업한 그는 The University of Chicago에서 MBA를 마쳤다. 머서 컨설팅사와 모라비안바젤컨설팅에서 컨설턴트로 근무한 바 있으며 현재는 ㈜유니타스클래스 대표로 재직 중이다. 저서로는 《도시재탄생의 비밀, 도시브랜딩》이 있으며 공저로 《블랙홀 시장 창조전략》《스타워즈 엔터테인먼트 마케팅》《헬퍼십》《리더십 바이러스》《양손잡이 리더십》등이 있다.

마지막으로 스카이72의 철학을 정리하면서 인터뷰를 마무리 하고자 합니다.

유창한 철학은 없습니다. 다만 스카이72는 '세계 속에서 대한민국의 골프를 만나고, 대한민국에서 세계의 골프를 만날 수 있게 하는 글로벌한 골프장'이 되려고 합니다. 국내의 많은 골프 선수들이 세계 속에서 그 이름을 널리 알리고 있지만, 정작 골프를 즐기는 일반 골퍼들은 세계적인 골프 코스, 세계인들의 골프 문화에 대해 느끼고, 즐기고 소통하는 기회가 없었습니다. 저희는 더 넓은 세상의 새로운 것들에 대한 골퍼들의 욕구를 충족시켜주는 골프장이 될 것입니다.

'나눔'이라는 것은 아주 기본적인 것이고, 당연한 것이라고 여겨왔습니다. 그것을 하게 된 계기를 물으신다면 마땅히 뭐라 답변해야 할지…. 하나의 기업이 움직이고, 긴 생명력을 갖기 위해서는 사회와 함께 호흡하는 것이 가장 중요한 것입니다. 그것은 말 그대로 '生'을 위한 호흡인 것입니다.

Additional Case Exercise

아사히야마 동물원, 그 곳은 일본에서 가장 추운 홋카이도에 위치한 시립동물원으로 10여 년 전만 해도 아사 직전의 위기에 있었던 평범한 소규모 동물원이었습니다. 1967년 개원한 아사히야마 동물원은 지역 휴양 시설로 포지셔닝하고 동물원 본래의 기능보다는 유원지의 놀이시설 기능을 강화하여 한 때 인기를 끌었으나, 1980년대 대형 놀이공원이 일본 각지에 등장함에 따라 경쟁에서 뒤쳐지게 되고 점차 쇠락의 길을 걷게 되었습니다. 1996년 관람객 수 26만 명을 기록하며 최악의 수준까지 가게 되었고 폐원의 위기에 처했죠.

바로 그 때 동물원의 사육사들은 동물원의 존재 목적과 포지셔닝에 대해서 근본적인 질문을 던지게 됩니다. 늘 그래왔던 것처럼 아사히야마는 휴양 시설인가? 아니면 꿈의 동물원인가? 꿈의 동물원이라면 어떤 모습일까? 14장의 스케치를 만들면서 그들은 동물들이 스트레스 없이 편하고 행복하게 본래의 야성을 살리며 사는 동물원이 되어야 한다고 생각했고, 찾아오는 고객들에게는 각 동물의 야성과 독특한 행동을 보고 체험하게 해 주어야 한다고 생각했습니다. 바로 행동전시라는 개념을 만들어내고 실현시킨 것입니다.

수족관을 사람들 머리 위 쪽에 원형으로 배치하여 남극을 유영하는 듯한 펭귄을 관찰하도록 만든 펭귄관, 원형으로 된 소형관을 통해 바다표범의 움직임을 손에 잡힐 듯한 거리에서 볼 수 있도록 만든 바다표범관, 펭귄들 바로 옆에서 함께 산보를 할 수 있는 펭귄들과의 산책, 사자의 얼굴을 10cm 앞에서 볼 수 있는 맹수관, 지나가는 관람객을 먹이로 생각하고 물에 첨벙 뛰어들도록 만들어 북극곰의 역동성을 느낄 수 있도록 만든 북극곰관 등이 그 예입니다.

결과적으로 2007년 관람객 200만 명을 돌파하며 일본 제1의 동물원인 우에노 동물원의 관람객 수를 능가했으며 일본 제1의 동물원, 일본 10대 히트 상품, 우수제품 서비스 상의 영예를 안게 되었고, 고스케 마사오 동물원장은 닛케이 BP가 주는 일본을 빛낸 혁신가 대상을 수상하기에 이르렀습니다.

Q1 아사히야마 동물원은 혁신의 사례인 동시에 디자인 경영 즉 브랜드 진선미 중 미^美의 사례로 자주 언급되고 있습니다. 일반적으로 디자인은 제품에 적용될 수 있는 것이고 창의적인 디자이너를 통해서 이루어진다고 생각합니다. 이런 통념에 비추어 볼 때 아사히야마 동물원의 디자인 경영은 어떤 특징이 있습니까? 아사히야마 동물원이 디자인 경영의 사례로 적절하다고 생각하시나요?

Q2 2009년 아사히야마 동물원장은 동물원을 또 한 번 혁신적으로 탈바꿈시키기를 원하고 있습니다. 당신이 동물원장이라면 어떤 전략을 사용하여 동물원을 혁신시키겠습니까? 아사히야마 동물원의 사육사들처럼 미래의 모습을 그림으로 먼저 그려보는 것이 도움이 될 것입니다.

Group study guide 유니타스브랜드 Vol. 4 193페이지 그리고 도서 《펭귄을 날게 하라》, 《창조적 디자인 경영》 등을 참조하세요. 3~5명의 그룹을 지어 토론해 보십시오.

※ 문제출제 : Unitas CLASS

Closing Question

Q1 당신의 브랜드에 대해서 아이덴티티, 가치 그리고 디자인에 대해서 적은 다음에 다른 팀원들과 비교해 보십시오.

Q2 충동구매로 산 브랜드에 대해서 어떤 충동이 있었는지 말해 보세요.

Q3 타인의 추천에 의해서 구매한 브랜드에 대한 사용후기를 나누어 보십시오.

Q4 사례 브랜드인 컨버스에서 느낀 점과 적용 점이 있다면 무엇입니까?

Q5 사례 브랜드인 SKY72에서 느낀 점과 적용 점이 있다면 무엇입니까?

Q6 당신이 하는 일이 브랜드의 가치를 올리고자 구체적으로 실행되는 것은 무엇입니까?

Q7 당신의 회사는 브랜드의 혁신을 위해서 최근에 집행했던 사례는 무엇이고 효과는 어떻습니까?

Q8 당신은 브랜드의 가치를 올리기 위해서 개인적으로 어떤 노력과 성장을 하고 있습니까?

3

"소비자가 원하는 것은 '날것'이다."

물질을 쪼개고 쪼개면 분자, 원자, 양성자, 핵과 같은 것으로 나누어진다. 그것은 볼 수 없고, 만질 수 없다. 하지만 분명 존재한다. 브랜드를 쪼개고 쪼개면 무엇이 남을까? 예를 들어, 할리데이비슨이라는 모터사이클을 쪼개고 쪼개면 무엇이 남을까? 철, 아연, 구리, 텅스텐, 플라스틱으로 나누어질까? 아니면 자유, 충동, 폼, 낭만, 일탈로 나누어질까? 할리데이비슨을 가지고 있는 대부분의 사람들은 자동차가 있다. 따라서 할리데이비슨은 교통수단으로 사용하는 것이 아닐 것이다. 할리데이비슨은 자동차가 주지 못하는 그 무엇인가를 가진 것이다.

Opening Question

Q1 당신이 할리데이비슨을 탔다고 눈을 감고 상상해보세요.
(반드시 눈을 감아야 합니다).

어떤 도로를 달리고 있었습니까?
기분은 어떻습니까?
뒤에는 누가 타고 있었나요?
어떤 복장으로 타고 있었나요?
무슨 음악을 듣고 있었나요?
그리고 어디로 가고 있습니까?

Q2 당신의 브랜드에 대해서도 같은 상상을 해보세요.
어떤 상상을 할 수 있나요?

CHAPTER 3

RAW를 해체하기 위한 6자회담

RAW는 브랜드의 속살인가? 가죽인가?

RAW는 영혼이다

RAW가 '상태'가 아니라 '흐름'이라는 사회 문화적인 해석으로 말하기 전에 '문화'에 대한 사전적, 기본적 정의를 반드시 살펴 보아야 한다. 문화에 관한 가장 일반적인 사전적 정의는 '지식, 신앙, 예술, 도덕, 법률, 관습 등 인간이 사회의 구성원으로서 획득한 능력 또는 습관의 총체'이다. 좀 더 세부적인 정의는 '자연상태에서 벗어나 일정한 목적 또는 생활 이상을 실현하고자 사회 구성원에 의하여 습득, 공유, 전달되는 행동양식이나 생활양식의 과정 및 그 과정에서 이룩해 낸 물질적 정신적 소득을 통틀어 이르는 말. 의식주를 비롯하여 언어, 풍습, 종교, 학문, 예술, 제도 따위를 모두 포함'한다. 그러니까 인간이 살아가는 모든 것에 '문화'라는 단어를 붙일 수 있다는 이야기다. 이처럼 문화라는 단어는 일단 붙이면 '그렇게 말할 수도 있군'이라는 개념어로 사용된다. 마치 '조폭문화'라는 단어에서 그 문화가 무엇이라고 정확히 설명할 수 없지만 대충 머릿속에 그림이 그려지는 단어이다. 그렇다면 왜 RAW를 문화라고 말하는 것일까?

RAW라는 단어를 들었을 때 바로 머릿속에 떠오르는 문장을 그대로 이야기 해주세요.
이 시대의 RAW는 어떤 상징과 의미를 가지고 있습니까? 어떻게 해석할 수 있을까요?

"현대 사회는 먹는 것, 입는 것, 생활하는 것, 배우는 것까지 모두 가공이 되고 포장이 되어 있죠. 과거에는 나를 포장하는 것이 재미있었는데, 그 포장이 너무 극한 상황으로 가다 보니 이제 삶이 나를 포장하는 쪽으로 변해버렸죠. 그래서 나만의 특징, 나만의 개성을 추구하게 되었는데 사실 그것 조차도 포장이죠. 그러다 보니까 '아, 이렇게 되는 것은 아니다. 나를 찾자!'라고 해서, 원래의 나, 그러니까 입지 않고, 이미테이션 되지 않고, 포장되어 있지 않은 나의 삶을 동경하게 되면서 삶 자체가 RAW하게 가게 되는 것 같아요."

색채마음연구소 대표 장성철

"전 세계의 논쟁 이슈가, 혹은 흐름이 궁극적으로 어떤 지향점을 가져야 할 것인가에 대한 고민을 하다 보면, 아주 근저에 기본적인 개념을 찾아 가게 됩니다. 그러다보면 생명성을 배제하고는 논의를 할 수 없다라는 것을 누구나 공감하고 있죠. 다시 말해, 양적인 것이 충족되지 않았던 시대에 중요시 했던 것과는 다르게 질적인 것이 중요하게 생각되는 시점이라고 할 수 있죠. 그 질적인 것도 얼마나 존중 받고 건강하게 오래 살 수 있을 것인가, 우리의 생명이 얼마나 지속될 수 있는가를 고민 해야 하는 시대입니다. 사회가 어디로 흘러가야 하는지는 이미 정해져 있습니다. 결국 궁극적으로 '이렇게 되지 않으면 살아남을 수 없다'라는 절박함이 바로 RAW라는 트렌드를 주목하게 된 이유라고 생각합니다."

이화여자대학교 색채디자인연구소 소장 최경실

"문학과 문화계의 오늘날 RAW는 호러라고 생각해요. 사람이 공포를 느끼는 순간은 두 가지가 있습니다. 완전히 모르는 것이 자신에게 다가올 때, 그리고 자신이 딛고 있는 현실이 얼마나 취약한지를 지각하게 되면서 언제라도 몰락할 수 있다는 생각이 들 때입니다. 이 두 가지를 건드릴 때 가장 공포감을 느끼는데, 이 공포의 심리상태를 어떻게 그리느냐에 따라 호러 장르의 성패가 달려 있습니다.
예를 들어 미야베 미유키의 《화차》라는 소설에서는 어떤 여자가 실종이 되는데 그 여자를 찾다보니 실제로 그 여자는 존재하지 않았고, 왜 그런지 추적해 보니 신용불량의 상태에 깊이 빠져 있어서 자신의 신분을 없앨 수밖에 없는 상황이었습니다. 즉, 읽는 이를 이야기에 동조하게 하면서도 사회문제도 건드리는 경우가 있지요. 보통 때에는 남의 이야기이겠거니 생각하는데, 이 소설을 읽다 보면 나도 이 사회의 모순에서 예외는 아니었구나 하는 생각을 하게 되죠. 이러한 소설에서 오늘날 디지털과 자본주의 RAW한 문화를 느낄 수 있습니다."

월간 〈판타스틱〉 편집장 조민준

"건축에서의 RAW개념은 트렌드보다는 문화의 대표적 컨텐츠인 시대와 지역성을 잘 표현하는 개념인것 같아요. 오랜 세월을 지내오면서 형성된 그 지역의 느낌을 잘 살렸을 때, 가장 RAW한 것이라고 생각합니다. 물론 재료적인 측면에서 RAW를 표현할 수도 있죠. 하지만 가장 중요한 것은 어떠한 스타일이냐보다는 왜 그것을 했느냐에 대한 생각이 있어야 한다는 것이죠. 그렇기 때문에 표현 뒤에 숨겨진 생각이 더 중요하다고 생각합니다. 그리고 그러한 생각을 잘 담을 수 있는 것이 그 시대를 반영한 지역성이라고 생각합니다."

디자인 스튜디오 대표 김종호

세계의 움직임에 탁월한 몇몇 회사들은 자신의 상품에 디지털의 '편리'보다는 아날로그식 '편애'를 브랜딩과 마케팅 도구로 사용하고 있다. 그들은 RAW라는 시장의 이상기후(문화)로 인한 시장환경 속에서 아날로그식 RAW 브랜딩이라는 '역 진화'를 택했다.

"사람의 RAW는 자기의 것을 지키려고 할 때 가장 극명하게 나타납니다. 그 지키려는 것이 재산일 수도 있지만, 재산보다 더 한 것은 자존심인 것 같아요. 이것이 인간의 RAW죠. 사기 피해를 입은 사람이 절도 피해를 입은 사람보다 심리적 피해가 큽니다. 바보가 된 것 같고, 나는 왜 그 감언이설에 속았을까 하는 생각이 들지요. 사실 절도 사건의 피해자는 본인의 책임은 아니라고 생각합니다. '문 단속을 잘 했음에도 어쩔 수 없는 일이었다, 가져간 걸 어떻게 하겠느냐'하고 그 놈에게 책임을 돌리면 되는데, 사기 사건의 피해자들은 자기 자신에 대한 자책, 질책 때문에 힘들어 합니다. 그래서 어떤 사람들은 다 필요 없으니 미안하다라는 한 마디만 하라고 하기도 하죠."

경찰수사연수원 교수 이윤

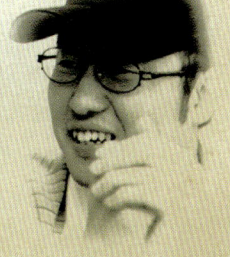

"이 시대의 RAW는 솔직함이라고 말하고 싶습니다. 진실과 진정성에 대한 것이 가장 RAW에 가깝다고 생각합니다. 다행히도 요즘은 자신의 미디어를 통해서 더욱 솔직함을 강화하는 것 같아요. 제가 만든 〈우린 액션배우다〉라는 영화도 다큐멘터리라는 솔직함으로 접근했죠."

영화감독 정병길

CHAPTER 3

결론부터 말한다면 RAW는 지금 사회 전반에 흐르고 있는 인간의 문화다. 간단해 보이는 이 정의가 정답처럼 보이겠지만, 이렇게 정의가 되어버린다면 어디서부터 어디까지가 정답인지 그 경계가 모호해진다.

"판타지라는 장르 자체는 RAW하게 느껴지지 않지만, 사실 인간의 상상력을 그대로 옮겨 적은 것이기 때문에, 욕망과 본능에 가장 가까운 RAW한 것이죠." 월간 〈판타스틱〉 조민준 편집장의 말처럼 RAW는 관점의 차이라는 매우 모호한 경계선을 가지고 있다.

RAW를 이해하고 자신의 분야에 적용하고 있는 인터뷰이들이 사용하는 RAW는 트렌드, 가치관, 목표, 이슈, 관점, 세계관, 기술의 표현, 완성도, 선호기준 등 다양한 형태로 자기복제와 의미 확대를 하면서, 어디까지가 RAW인지 어디까지가 인공적인지를 구분할 수 없게 되었다. 하지만 RAW가 문명과 문화의 대세임을 입증하는 사회적 현상들은 우리 주변에서 '히트 상품'이라는 마케팅 용어로 계속 발견되고 있다.

RAW가 확실히 문화에 섞여서 보이는 것일까? 아니면 문화가 RAW하게 변화 되는 것일까? 어디서 어디까지라고 딱히 구분할 수는 없지만 RAW의 관점을 가지고 들여다보면 대부분이 RAW스럽게 보인다. 왜냐하면 RAW는 시대 문화니까.

기술의 역 진화, RAW

문화가 RAW를 추구하면 문명은 RAW-tech로 RAW-touch를 구현한다. 컴퓨터 자판과 마우스를 버리고 연필심과 종이가 만나서 사각거리면서 글자가 생기는 '쓰는 맛'을 복원하고, 단순히 종이에 잉크가 인쇄되듯 찍히는 것이 아니라 잉크의 마지막 끝이 살짝 번지는 것을 구현한다. 그러니까 뭐라고 딱히 표현할 수 없지만 바로 인간의 RAW한 그 맛, 바로 '손맛'을 기계가 다시 재현시켜 준다는 것이다.

손가락으로 쓰다듬어 주면 작동하는 핸드폰, 말같은 소리를 내면서 달리는 모터사이클, 손으로 쓰는 자판, 사람의 체온에 따라서 온도를 조절하는 에어콘 등 이러한 현상을 감성 마케팅, 디지로그라는 용어로 일찍이 미래 트렌드라고 설명하였지만, 이런 문명과 문화의 진화, 궁극의 목표와 기원에 대한 논의는 이제부터 시작이다. 그 논의 중에서 공통적으로 사용되는 단어가 바로 RAW이다.

이화여자대학교 색채디자인연구소 최경실 소장은 RAW의 진화에 대해서 다음과 같이 말하고 있다. "RAW하다는 말은 세련됐다라는 말과는 상당히 거리가 있어 보이는데, 이제는 RAW하면서 약간 정제된 이미지를 사람들이 굉장히 강렬하게 받아들이고 도시적인 것으로 받아들이기도 하죠. 트렌드로 느끼기도 하고…. 이러한 현상은 한마디로 최첨단의 기술에 자연의 가치가 더해진다는 것인데, 이는 극도로 하이테크한 기술만으로는 이제 한계가 왔다, 더 이상 살아남을 수 없다는 것을 인지하였기 때문입니다. 바로 여기서 기계의 진화가 일어나는 것입니다. 이 구조를 지속 가능하게 하려면 생명성을 접목하지 않고서는 살아갈 수 없다는 깨달음이 필요하지 않을까 해요. 이러한 현상은 어떻게 보면 새로운 경향이라 생각할 수도 있겠지만 지금 사회 문화 리더 전체가 이러한 방향으로 변화해 가고 있습니다."

사람 같은 기계, 기계 같은 사람에 대해서 동감은 하지 않겠지만 공감을 하는 것은, 아마도 사람의 RAW한 기저에 있는 그 진화(변화) 과정이 사람의 핏줄과 기계의 전선에서 동시에 흐르고 있다고 막연히 생각하기 때문이다. 5년 전부터 디지로그라는 트렌드가 올 것이라는 말을 했고 실제로 왔지만, 사실은 온것이 아니라 우리가 그쪽으로 가고 있는 중이다. 그러니까 트렌드가 오는 것이 아니라 우리가 원하는 쪽으로, 현재 RAW한 쪽으로 가고 있는 중인 것이다. 이런 세계의 움직임에 탁월한 몇몇

삼성전자의 햅틱

와콤의 타블렛

BMW의 미니쿠퍼

닌텐도의 Wii

엡손의 r-d1s 카메라

회사들은 자신의 상품에 디지털의 '편리'보다는 아날로그식 '편애'를 브랜딩과 마케팅 도구로 사용하고 있다. 그들은 RAW라는 시장의 이상기후(문화)로 인한 시장환경 속에서 아날로그식 RAW 브랜딩이라는 '역 진화'를 택했다.

닌텐도 Wii의 RAW

닌텐도의 Wii는 게임기다. 그냥 자기 방에 들어가서 혼자 뿅뿅거리면서 전자세계를 즐기는 것이 아니라 가족과 함께, 건전한 운동 종목을, 자신의 근육 동력을 이용해서, 땀을 내어 운동하게 하는 오락 게임이다. 그런데 문제(?)는 그냥 게임이 아니라 실제로 진짜같은 상황(가상 현실까지는 아니지만)을 만들어서 스포츠의 RAW함을 복원시켰다는 것이다. 예전에는 기껏해야 손가락 5개를 쓰거나 마우스를 쓰는, 손목과 손가락만을 사용하는 게임이었지만 Wii는 차원이 다르다. 일단 예전에는 필요 없었던 근육들이 쓰여진다. 운동해서 땀이 나면 행복한 호르몬이 나온다. Wii의 RAW는 친한(가장 RAW한 감정을 공유한) 사람과 함께 땀을 흘리며 즐겁게 시간을 보냄으로써 인간의 RAW한 기쁨을 다시 재생시켜주었다. Wii는 사람이 언제부터인가 잊었던 함께 땀나게 노는 것, 인간의 근본적인 즐거움의 RAW를 복원시켜 주었다.

엡손의 r-d1s 카메라

글쎄 뭐랄까? 변화, 변신, 변장, 변종 아니면 디지털의 변태라고 표현해야 옳을까? 이 카메라는 디지털 카메라다. 그러나 모든 것이 아날로그 방식이다. 한마디로 말한다면 디지털의 아날로그를 향한 오마주(경의의 표시)의 정수라고 할 수 있다. 일반적으로 디지털 카메라는 피사체를 보고 손가락으로 누르면 끝이다. 하지만 r-d1s 카메라는 셔터를 감고, 손으로 포커스, 거리, 심도, ISO, 조리개를 다 조정해서 찍어야 한다. 이것은 필름의 인화라는 불편함을 제거하고 1970년대 자동 필름 카메라의 원형을 사용하는 즐거움의 모든 것을 완벽히 재현했다.

물론 이 카메라는 찍을 때 당연히 피사체를 따라다니고 확인하기 위해서 몸이 바빠진다. 값은 고가일뿐더러 불편하고 어렵고 그리고 익숙하지 않은 작동법을 가지고 있다. 하지만 r-d1s가 카메라의 원형을 회복시켜 준것 자체로 사람들은 카메라의 RAW를 만끽한다.

이것 외에도 지니를 불러내기 위해서는 램프를 비비고 돌려야 하는 것처럼, 비비고 돌려야 음악이 나오는 아이팟의 운영시스템에 대해서 역 진화론으로 이야기할 수도 있지만, 아이팟은 너무나 많은 사례로 다루었기 때문에 과감히 생략하겠다. 그러나 현재 대부분의 기술들은 누르고에서 돌리고 비비고 튕기는 형태로 변화하고 있다.

대세는 RAW다

디지털이 RAW의 본원적 기술을 구현 중이라면, 사실 미디어 오락 산업은 거의 끝물이라고 할 만큼 정점까지 왔다. 급기야 공중파 방송 3사의 오락 프로그램 자체가 RAW한 프로그램이 되었다. 몇천 만 원짜리의 세트장 보다는 대중 목욕탕, 시골 이장님 집 등 그야말로 돈 안들이고 전문가들이 만들어낸 인위적인 냄새를 없애버렸다. 중간중간 마이크를 들고 있는 스텝들도 보이고, MC들의 막말 애드리브도 편집을 하지 않으며, 만화책을 보는 것처럼 큼지막한 자막들이 추임새처럼 여기저기서 튀어나온다. 이 현상을 저예산 급조 대충 편집이라고 표현하고 싶지만, 이러한 추세의 프로그램이 시청률 최고의 프로그램이라고 하니 할 말이 없다. 다시 말해, 문화 코드임에는 틀림없다.

CHAPTER 3

'아 존나 짜증나는 하루, 쫀쫀하게 살았다. 이제 디비져 자야겠군'

어떤 블로거가 자신의 일상을 RAW하게 적은 내용이다. 그냥 일기가 아니라 하루에 1,000명은 보고 가는 유명 블로거의 일기다. 여기저기에 이 블로거의 정신세계를 알만한 단어, 행적, 남녀관계, 금전관계 등이 그대로 널려있다. 그야말로 몰래 훔쳐 보는 진실한(?) 일기장을 그대로 보는 것 같은 느낌이 든다. 자신의 일기를 공개하고, 그 내용을 보고 댓글을 달며, 이러한 상황을 포털 사이트는 인가도 혹은 방문자수로 평가를 한다. 확실한 기준은 블로그의 인기는 컨텐츠 내용의 RAW한 강도와 비례한다는 것이다.

RAW가 확실히 문화에 섞여서 보이는 것일까? 아니면 문화가 RAW하게 변화 되는 것일까? 어디서 어디까지라고 딱히 구분할 수는 없지만 RAW의 관점을 가지고 들여다보면 대부분이 RAW스럽게 보인다. 왜냐하면 RAW는 시대 문화니까.

RAW의 맛보기, rare
끝으로 일상에서 접하는 RAW에 대해서 한 마디씩 해주십시오.

"명품 브랜드의 RAW는 오리지널리티를 갖고 철학을 이야기 할 수 있어야 합니다. 그것이 진정한 브랜드라고 할 수 있습니다." 디자인 스튜디오 대표 김종호

"천재의 광기는 예술분야에서 RAW의 극치라고 할 수 있죠." 월간 〈판타스틱〉 편집장 조민준

"나이키가 가장 RAW한 브랜드입니다. 인간의 본능에 가장 충실하기 때문이죠."
경찰수사연수원 교수 이윤

"의도하지 않은 자연스러움. 의도하지 않는 가운데에 그 자연스러움을 감성적으로 커뮤니케이션 했을 때 우리는 RAW함을 느낍니다." 색채마음연구소 대표 장성철

"RAW한 가치는 자극적인 느낌 보다는 사실은 우리 주변에 편안하게 있는 생명성에서 찾고, 그것이 우리에게 주는 이미지를 생각해 보아야 합니다."
이화여자대학교 색채디자인연구소 소장 최경실

"RAW는 동양화라고 정의하고 싶어요. 서양화는 잘못되어도 수정이 가능하거든요. 덧칠을 해도 되니까요. 그러나 동양화는 다릅니다. 한 획에 모든 것을 담아야 하기 때문에 RAW하죠. 순수하고 꾸밈이 없습니다." 영화감독 정병길

레스토랑마다 핏물(육즙)이 흘러나오는 스테이크의 rare한 상태는 각각 다르다. 이처럼 6명이 우리에게 맛보게 한 RAW의 rare도 그들의 경험치에 농축된 감성(핏물)이 흥건하지만 그 맛은 모두 다르다. 왜냐하면 RAW는 현재 우리 사회문화의 모든 현상들을 해석할 수 있는 다양한 뜻을 가지고 있으며, 각각의 분야에서 자신만의 개성을 응축한 상징어로서 사용중이다. 디자이너들에게는 문화의 척도로서, 문화 생산자들에게는 철학적 가치로서, 상품 개발자에게는 새로운 컨셉을 지닌 전문용어로서, 마케터에게는 차별화 전략 용어로서 그리고 브랜더들에게는 브랜드의 오리지널리티 가치로서 각각 자신의 입맛에 맞게 RAW는 요리되고 있다. 아마도 RAW 자체가 완전히 익히지(정의하지) 않은 상태로 사용해야 하기 때문에 저마다의 개념이 다른 것이다.

RAW라는 컨셉으로 세상을 둘러보면 세상을 이끌고 있는 대부분의 것은 모두 RAW와 직접 관련된 것처럼 보인다. 그것은 사전에 RAW를 알았던 것이 아니라 본능(욕구와 욕망)에 충실했기 때문이다. RAW는 신조어와 유행어가 아니라 예전부터 있었지만, 그때는 보이지 않았고, 관심이 없었으며, 설명하지 못했던 방향이었다.

RAW는 가치, 목표, 오리지널리티, 차별화, 진보, 트렌드 같은 특성으로 전체를 말하는 환유법 용어이자 부분으로 전체를 말하는 제유법 용어로 사용되고 있기 때문에 점점 그 정의가 어려워질 것이다. 그러나 분명한 것은 이 시대의 RAW함은 더 이상 사전적 RAW(날 것)가 아니라 RAW(Real Authentic Want/진실로 진짜 원하는 것)이 되어서 브랜드, 디자인, 트렌드, 마케팅 전략의 그 중심축에 있게 될 것이다.

브랜드에 있어서 RAW는 무엇인가

문화와 결합한 트렌드는 일종의 이데올로기가 된다. 촛불시위, S라인, 얼짱, 웰빙, 고소영과 강부자, 기러기 아빠 등 외국인에게 있어서 이러한 단어는 일종의 암호이다. 그 사회 안에 함께 살아야지만 느낄 수 있는 공감 언어이다. RAW는 아직 대중적이지 않은 단어이다. 트렌드 리더들을 비롯한 문화 생산자들에게는 대중에게 아직 손상되지 않은 단어이다. 비록 G-STAR RAW라는 청바지 브랜드와 영국에만 존재하는 PEPSI-RAW가 은밀하게 자신만의 브랜딩 용어로 사용하고 있다. 하지만 우리가 앞서 살펴본 RAW라는 단어의 '문화를 품고 있는 핵 방정식'이라는 해석에 대해서는 주의 깊게 보지 않는다.

'잘 먹고 죽은 귀신은 때깔도 좋다', '먹는 것이 남는 것이다', '잘 먹고 잘 살자'와 같은 속담이 있었지만, 2000년대 초반에 나온 '웰빙'은 가치관, 산업, 브랜드, 기준 등 모든 것을 변화시켰다. 웰빙이라는 단어는 마치 쥐라기 시대 때 공룡 종말의 결정적 이유인 유성처럼 삽시간에 모든 것을 바꾸어 버렸다.

디자이너, 트렌드 분석가, 마케터, 브랜드 매니저처럼 브랜드에 관련된 모든 사람들이 RAW를 주목해야 하는 이유. 이것은 잘 먹는 것 이상의 단어이고 웰빙의 다음 단계이자 '환경'이라는 세계 이슈의 시작점이며 목적지이자 진정한 대안이기 때문이다. 또한 앞서 말한 것과는 전혀 다른 차원인 오리지널리티, 본질, 원형, 가치, 순수, 욕망, 천재성, 궁극의 목표 등 브랜딩의 도구이자 비전으로 사용되는 모든 의미를 동시에 포함하고 있기 때문이다. 결론적으로 RAW는 문화의 상징어이며 트렌드, 마케팅, 디자인, 브랜드를 아우르고 있는 다음 세대에 주목받는 가치라는 것이다. RAW라는 컨셉으로 세상을 둘러보면 세상을 이끌고 있는 대부분의 것은 모두 RAW와 직접 관련된 것처럼 보인다. 그것은 사전에 RAW를 알았던 것이 아니라 본능(욕구와 욕망)에 충실했기 때문이다. RAW는 신조어와 유행어가 아니라 예전부터 있었지만, 그때는 보이지 않았고, 관심이 없었으며, 설명하지 못했던 방향이었다. 이제부터 우리는 본질의 RAW보다 더 세련된, 다시말해 시뮬라시옹화 된 RAW를 만나게 될 것이다. UB

CHAPTER 3

RAW brand

$$=Real^{100} \times Authentic!/(Worthy + \Sigma brand)$$
$$\supseteq \int_1^\infty raw/(needs+wants)dx$$

마니아 브랜드를 구축하는,
RAW 메커니즘 Mechanism

"선배, 원래 핏물이 나오는 Medium으로 드시나요?"

잘 익은 well-done 스테이크를 먹던 대학 후배는 medium 스테이크를 먹던 나에게 물었다. 나도 한동안은 핏물이 새어 나오는 스테이크에는 질색한 적이 있었다. 그러나 지금은 스테이크는 medium 혹은 rare로 먹어야 제 맛이 난다고 믿고 있다. 스테이크에서 나오는 핏물은 단순한 핏물이 아니라 juicy(맛나는)한 즙으로 여기고 있다. 미각을 통한 나의 인식에 변화가 생긴 것이다. 사실 20~30년이 지나도 옛 것을 기억하고 있는 미각은 우리의 감각 중 가장 보수적이라고 할 수 있다. 그래서 사람들은 중년, 노년이 되어서도 어린 시절 먹었던 김장 김치, 중·고등학교시절 먹었던 매운 떡볶이, 구수한 청국장의 옛날 맛 그대로를 기억하고, 그 맛 그대로 먹기를 원한다. 맛에는 트렌드나 패션이 없다고 하면 비약일지 모르지만, 적어도 앞에서 예로 든 음식들은 시대의 변화를 거치지 않고 본래 원형의 모습을 그대로 간직해야 제 맛이다. 그래서 음식업계는 여타 다른 사업과는 달리 30년 전통, 원조, 엄마 손맛을 늘 강조하게 된다. 그러나 고기는 익혀 먹어야 한다는 30대 초반의 내 보수적인 미각에 혁명을 일으킨 사건

이 있었다. 캐나다 여행 중 독특한 카우보이 할아버지를 만나면서부터 카우보이식 medium 스테이크를 즐기게 되었다. 나의 입맛은 조금 더 RAW한 것에 끌리기 시작한 것이다.

5월 임에도 여전히 추위가 풀리지 않아 스산한 캐나다 록키산맥 아래쪽 계곡에는 약 30년 전부터 여행객들이 쉬어 갈 수 있는 호텔을 경영하시며, 19세기 미국 서부 개척시대를 알 수 있는 조그마한 개인 박물관도 운영하시는 할아버지가 계셨다. 카우보이 복장을 하신 그 할아버지는 호텔 사장님이라기보다는 옆집 동네 아저씨 같았는데, 관광객을 위한 스테이크 파티에서는 직접 스테이크도 구워주시고 캐나다와 미국 문화에 대해서도 친절히 설명해 주셨다. 식당은 굉장히 소박하게 꾸며져 있었다. 오래됐지만 튼튼하며 투박한 나무 탁자와 의자, 빨강 체크무늬 식탁보는 약간 촌스러워 보였지만 전체적으로 소박한 그 분위기와는 잘 어울렸다. 스테이크 식사는 구운 감자, 삶은 당근과 콩깍지 그리고 따끈한 빵과 수프가 전부였다. 그러나 방금 조리한 신선하고 푸짐한 음식은 너무나도 먹음직스러웠다. 고기는 천정에 매단 석쇠 위에서 이글이글 구워지고 있었다. 평소와 같이 well-done 스

> 결론부터 간략히 이야기 하자면, RAW한 원형을 보여주는 상품을 소비하고자 하는 욕구는 고도화된 상품들의 진부함에 대한 도전이자 편리와 효율성에 대한 신선한 의심이다.

테이크를 주문했던 나에게 할아버지는 medium을 권했다. 그리고 스테이크에 대한 스토리를 들려주셨다.

그때까지 나에게 스테이크란 웨스턴 스타일의 고급 음식이었다. 그래서 잘 차려진 레스토랑에서 우아하게 고기를 써는 것(일명 칼질)이 나에게 있어 스테이크에 대한 일종의 고정관념이었다. 그러나 할아버지의 설명은 달랐다. 스테이크는 소를 모는 카우보이들이 가장 구하기 쉬운 재료이며 가장 조리하기 편한 음식이라는 것이다. 험한 들판에서 편하게 석쇠 위에 올려 놓고 몇 가지 야채와 함께 쉽게 먹을 수 있던 즉, 격식보다는 편리가 우선인 음식이었던 것이다. 그래서 바쁜 카우보이들에게 있어 스테이크 고기는 잘 익혀서 품위를 차리기 보다는 듬성듬성 썰어 대충 익혀 먹는 것이 '멋'이자 '맛'이었다. 마치 순대국밥집 이모님이 순대를 듬성듬성 썰어 내었을 때의 손맛과 같은 것이나. 이것은 내가 알고 있던 고급 레스토랑이나 호텔에서 제공하는 스테이크와는 거리가 멀었다. 이 카우보이 할아버지는 지금까지 내가 먹어 보았던 우아하고 고급스러운 스테이크는 가짜이고 투박하고 거칠며 소박한 핏물 스테이크가 진짜 스테이크라 했다. 약간의 고민 뒤에 나는 핏물이 흐르는, '진짜' 스테이크를 선택하였고 그 이후로 줄곧 medium을 고수하였다.

다양하고 멋진 음식들이 넘쳐나는 이 시대에 오히려 촌스럽고 투박한 카우보이식 스테이크가 더 끌리는 이유는 무엇일까? 이러한 나의 욕구는 일반화된 욕구는 아니지만 분명, 시장에는 나와 비슷한 니즈를 가진 사람들이 존재한다는 것을 깨달았다. 우리의 호기심은 카우보이식 스테이크와 같이 거칠고 투박한 원형을 보존한 RAW한 상품들에 대한 조사로 이어졌고, 비슷한 경향의 소비자 욕구가 음식뿐만 아니라 여러 시장에서 조용하지만 열정적으로 들끓고 있다는 것을 알게 되었다. 그리고 이들 소비자는 지금껏 그들이 소비해왔던 브랜드와 상품들은 모두 가짜라고 말하며 진짜 원형을 찾아 보여주는 상품에 열광하고 있었다. 마치 진리를 찾는 구도자처럼.

고도로 산업화된 상품에 대한 도전 _ RAW

결론부터 간략히 이야기 하자면, RAW한 원형을 보여주는 상품을 소비하고자 하는 욕구는 고도화된 상품들의 진부함에 대한 도전이자 편리와 효율성에 대한 신선한 의심이다.

"디지털 시대의 이미지 과잉, 무한복제, 도시적 삶의 관습성, 만들어진 강한 자극에 일상적으로 노출된 현대인은 지쳐있습니다. 그것에서 탈출해 직접 경험에 대한 욕구를 반영하는 키워드를 RAW라고 말할 수 있습니다." 한국트렌드연구소 소장 김경훈

"RAW라는 것은 제품이 점점 인공적이고, 정교해져 가는 과정에 대해 사람들의 거부 반응이라고 생각합니다. 휴대폰에는 수많은 기능들이 있는데 저는 그 기능들이 도대체 무엇을 위한 기능인지 모르겠더군요. 그렇게 많은 기능들이 필요할까를 생각하게 됩니다." 롤프 옌센

"RAW는 '편안함', '처음으로 돌아가다'라는 느낌입니다. '예전이 좋았어' 라는 식이죠. 기식적이거나 꾸밈이 없는 원래 그대로 모습을 보여주는 것으로 RAW를 설명할 수 있습니다."
FirstView Korea 과장 이현주

발전하는 기술과 현란한 마케팅 기법은 상품들을 더 싸게, 더 많이, 그리고 더 편리하고 더 고급스러워 보이게 만들어 버렸다. 우리는 그러한 방향이 고객을 섬기는 최고의 미덕이라고 여겨왔다. 그러나 과거에는 그것이 미덕이었을지 모르지만 이제는 누구나 좋은 상품을 만들 수 있을 만큼 기술은 상향 평준화 되었다. 요즘의 휴대폰 구매자들 중 카메라 화소수, MP3 파일 저장 용량을 따져가며 사는 사람들은 과연 몇이나 될까. 이 컴퓨터가 펜티엄4 급인지 셀러론 급인지 따지는 사람은 얼마나 될까. 과거의 구매논리가 '기능 좋은 게 좋은 것'이었다면 이제는 '내가 좋다고 느끼는 게 좋은 것'이다.

개인적 선호에 더 귀 기울이는 소비자들 즉, '내가 좋다고 느끼는 게 좋은 것'에 초점을 두는 소비자들은 과연 어떠한 가치에 비중을 두는 것일까. 간접경험에 질리고 더 적극적인 자기 표현에 목마른 그들은 자신들이 소비하는 상품의 1)본질을 보여주며 그 상품을 사용함으로써 2)내적 욕구를 해소시켜줄 수 있고 또한 3)구매 후에도 자신의 에너지로 관리가 필요한 새로운 애착 대상이 될만한 상품을 찾고 있는 것이다.

이러한 변화 양상을 가장 잘 보여주는 상품 중 하나가 최근 한

CHAPTER 3

국에서 급 성장하고 있는 할리데이비슨이다. 사실상 할리데이비슨은 기능적 측면으로만 면밀히 따져보자면, 내구성에 있어서 BMW 바이크보다 한 수 아래일 수 있다. 또한 가격 대비 효율성이나 모던한 감각 면에서는 혼다보다 못할 수 있다. 또한 최저 천 오백만 원 이상을 호가하는 할리데이비슨은 소음도 크며 다소 불편한 승차감을 가지고 있다. 그러한 불편함과 비효율성에도 불구하고 할리데이비슨이 다시금 각광을 받고 있는 이유는 RAW한 속성 즉, 원형을 잘 표현하고 있고, 그러한 모습이 RAW를 갈망하던 마이너 소비자들의 레이더에 감지되었기 때문이다. 여기서 말하는 RAW함이란 탈 것vehicle의 원형原形이었던 '말馬'을 타고 달리던 그 감성의 재현을 말한다. 그 감성의 재현은 'Look, Sound, Feel'이라는 세 단어로 설명된다. 전통적인 프레임 디자인을 유지한 채 최신기술을 덧입힌 디자인(Look), 라이더의 가슴을 울리는 '다그닥' 말발굽 엔진 소리(Sound), 마치 말을 타듯 리듬감 있게 위아래로 움직이는 독특한 진동감(Feel)이 그것이다.

'말'이라는 교통수단의 RAW한 원형을 판매하고 있는 할리데이비슨처럼 시장에는 대중적 욕구는 아니지만 전략적 관점에서 진부해진 기존의 것들에 대한 확실하고도 분명한 차별화 전략을 갖는 브랜드들이 발견되고 있다. 일종의 솔직한 반란(?)을 일으킨 이 소비자군은 혁명자와 같이 브랜드에 대한 충성도도 높고 그들끼리 잘 어울린다. 다소 불편하면서, 그렇다고 저렴하지도 않은 RAW한 브랜드. 작지만 충성심 높은 고객을 통해 빅브랜드들은 눈치채지 못한 독특한 시장을 굳건히 만들어가고 있는 이들의 성공스토리들을 살펴보자.

RAW의 4가지 활용법

자기 나름대로의 방식으로 RAW를 표현하며 성공가도를 달리고 있는 브랜드들은 규모는 상대적으로 작지만 다양한 산업영역에서 발견되었다. 이들의 특징은 두 가지 축을 통해서 그룹화 될 수 있었다. 1)RAW-RAWlish축과 2)Passive-Active축이 그것이다.

1) 1사분면 _ RAW X Passive

사전적 정의에 가까운 RAW한 상품을 소비자 관점에서 수동적으로 소비하게 해주는 브랜드이다. 대표적인 예로 ORGA를 들 수 있다. 4사분면에 위치한 주말 농장처럼 자신이 직접 능동적으로 경작하기 위해서는 일주일에 3~4일은 지방에 가서 농사일을 해야 하는 수고가 필요하다. 그러한 점에서 ORGA 소비자들은 주말농장 경작자보다는 훨씬 수동적으로 RAW를 소비하고 있다.

또한 최근 한국 사회에서 큰 반향을 일으킨 K-1등의 리얼 격투 프로그램들도 이 영역에 속한다. 약 10여 년 전까지만 해도 헐크 호건과 워리어로 대변되는 미국 프로레슬링WWF은 관중들과 어린 아이들을 열광시키기 충분했으며 그들의 독특한 제스처는 유행처럼 번져나갔다. 하지만 시간이 흘러 그 경기들은 각본이 있는 말 그대로 '쇼'에 가까웠음을 알게 되었다. 소비자의 욕구는 실제로 피가 튀기고 눈 주변과 온 몸이 시퍼렇게 멍들만큼 진짜 싸움에 가까운 K-1등의 격투 프로그램들로 쏠리게 되었다. 인간의 가장 RAW한 욕구(하지만 그래서 인간다운)인 격투 및 전쟁에 대한 욕구가 리얼리티에 가까운 격투 스포츠로 쏠리게 된 것이다. 자신의 내재된 격투 혹은 파괴 본능을 그대로 표출하는 대신 아주 수동적으로 이 프로그램을 보면서 욕구를 해소하고 있는 것이다.

*RAW-RAWlish축 : 브랜드가 제공하는 상품 및 서비스의 가공 정도에 따른 분류
- RAW : 해당 브랜드가 제공하는 상품 자체가 RAW함, 불편함, 익숙치 않음
- RAWlish : 해당 브랜드가 제공하는 상품의 RAW는 더 많은 가공 및 연출을 통한 것임

*Active-Passive축 : 브랜드가 제공하는 상품 및 서비스를 소비함에 있어서의 소비자 관여도에 따른 분류
- Active : 재화의 소비에 있어 소비자의 적극적 참여가 필요하며 구매 후 행동에 많은 에너지 투여, 때로는 상품의 개발 단계에 직접 참여하기도 함
- Passive : 재화의 단순 향유에 가까운 소비

불편함과 비효율성에도 불구하고 할리데이비슨이 다시금 각광을 받고 있는 이유는 RAW한 속성 즉, 원형을 잘 표현하고 있고, 그러한 모습이 RAW를 갈망하던 마이너 소비자들의 레이더에 감지되었기 때문이다.

하이 카카오 마케팅 바람을 일으킨 드림카카오

PEPS-RAW

2) 2사분면 _ RAWlish X Passive

이곳에 위치한 브랜드들은 실제로 그 상품이 RAW하다기 보다는 RAW를 표방하는, 그리고 외려 수많은 가공 과정을 거쳐 RAW함을 '연출'하는 브랜드이다. 그렇게 만들어진 제품을 소비자는 수동적으로 구매하게 된다.

초콜릿 시장에서도 초콜릿의 RAW한 원형인 카카오를 전면에 세우고 전쟁 중이다. 초콜릿의 기원은 3천여 년 전 멕시코, 중앙아메리카 지역의 문명인들(올멕과 마야인들)로부터 찾을 수 있다. 올멕인들은 카카오 나무를 처음으로 재배한 사람들로 알려져 있고, 마야인들은 최초로 카카오 빈을 쓴 음료로 만들어 왕과 귀족들이 즐기도록 하고 신성한 의식에 이용하였다. 부드러운 감촉, 풍만한 향미의 초콜릿은 보기에도 우아하여 거의 모든 사람들에게 기쁨을 주는 흠모의 대상이기에 소프트하고 감각적인 마케팅 기법에 의해서 판매가 되었다. 그러나 드림카카오는 과거 초콜릿 시장에서 행해졌던 감각적 마케팅 활동과는 별개로 초콜릿의 원료인 카카오 함량을 높인 '하이 카카오 마케팅'을 사용하고 있다. 초콜릿에 얽힌 모든 스토리는 잘라내 버리고, 약간은 쌉싸름한 카카오의 진한 맛과 기능(심장병 예방과 스테미너 강화, 긴장 및 스트레스 완화에 탁월한 폴리페놀)에 집중하여 초콜릿의 RAW한 원형에 집중하였다. 하지만 사실상 카카오 함량이 높은 초콜릿은 외려 가공 공정이 더 많이 들어갈 수 있다. 드림카카오의 경우는 고유의 쌉쌀한 맛을 내는 비터^{bitter}를 직접 제조하는 등 기존 초콜릿보다 더 많은 과정이 숨어있다. 상품은 더 RAW한 원형에 가까워 보이지만 그 이면에는 더 많은 공정을 거쳐 가공된 것이다. 그렇기 때문에 이 상품은 RAW에 가깝다기보다는 RAWlish(굳이 해석하자면 RAW스러운)한 상품이다. 또한 드림카카오 구매자 역시 특별한 노력을 하거나 수고를 통해 이 RAW한 원형을 구매하는 것이 아니라 고객이 소비하기 십도록 포장, 유통 과정이 편리한 완제품을 구매함으로써 RAW한 감성만을 충분히 느끼는 것이다.

한편, PEPSI-RAW는 기존 콜라에 거부감을 갖는 소비자를 겨냥한 제품이다. 사실 콜라는 가장 '인공적인 상품'의 대명사였다. 그런데 PEPSI는 PEPSI-RAW를 통해 'No Artificial, Flavorings, Sweeteners, Colors, Preservatives(무인공적인 것, 무취, 무설탕, 무방부제)'를 지향하며 RAW한 모습을 연출하는 것이다. 콜라 회사 스스로가 기존의 콜라는 건강에 좋지 않으며, 인공적인 성분이 들어가 있다는 부정적 인식이 확대될 수 있음에도 불구하고 전 세계적으로 탄산 음료시장의 하락과 동시에 유기농, 친환경 건강 제품의 성장에 대응한 방안 중의 하나라고 볼 수 있다. 내용물은 'Natural Extracts(천연 추출물)', 'Cane Sugar(사탕수수)', 'Sparkling Water(탄산수)'로서 그 전과는 매우 달라진 RAW한 재료들을 사용하였다. 그러나 PEPSI-RAW를 구매하는 소비자 관여는 기존의 콜라와 동일하다는 점에서 Passive한 면에 속한다. 소비자는 그냥 사서 마시면 되는 것이다. 하지만 자사의 모 브랜드에 부정적 인식이 확대될 것을 우려해 아직 영국에서만 한정적으로 출시한 상태이며, 국내 런칭 여부는 아직 미지수이다. 마치 고도로 현대화된 콜라병에 콜라대신 건강에 해가 없는 천연 성분을 담아 파는 것과 같다. 어쩌면 이러한 과정을 통해 그간 만들어진 자사의 이미지를 제고하려는 목적일지도 모른다.

3) 3사분면 _ RAWlish X Active

소비자 입장에서 RAW의 가장 큰 약점은 불편하다는 것이고 익숙지 않다는 것이다. 원형이라는 것은 과거에 쓰이던 즉, 아직은 개발이 덜 된 것이기에 현대인이 소비하기에는 무언가 익숙지 않다. 아무리 질주 본능을 표출하고 싶다고 해서 도심 한복판에서 말을 타고 달릴 수는 없는 노릇이며, 클래식한 깃털 펜의 감성을 느끼고 싶다고 사무실 책상

CHAPTER 3

RAW한 제품의 원형을 소비한다는 것은 이렇게 소비자의 수고스러움이 들어간다. 재미있는 것은 이런 고객이 이런 수고스러움을 가치 있게 생각하는 것이다. RAW를 적극적으로 소비하는 것은 수고가 아니라 재미에 가깝다.

비비안 뮈뤄가 선보인 플룸

깃털이 달린 현대식 펜촉

RAW를 적극적으로 소비하는 레저상품

에 앉아 깃털 뿌리에 잉크를 찍어가며 서류작성을 할 수는 없다. 그래서 원형의 컨셉은 살리되 우리가 소비하기 편리하고 익숙하게 만든 상품들이 이 영역에 속한다. 또한 소비자의 관여도 측면에서 보자면 단순 구매로 끝나는 것이 아니라 그것을 스스로 가공하고 관리하면서 더 높은 관계를 통해 상품을 자신만의 애착 대상으로 만드는 상품들이다. 몽블랑 만년필을 예로 들어 설명하자면 이 상품은 일반적인 볼펜보다는 훨씬 불편하다. 잉크를 충전해야 하는 수고와 그 과정에서 소비되는 시간 그리고 손과 애써 작성한 노트를 잉크로 더럽힐 수도 있다. 그럼에도 불구하고 이러한 수고를 기꺼이 즐기는 소비자들이 있다. 원형적 속성에서 보자면 RAWlish에 속하는데 그 이유는 필기구의 원형이라고 할 수 있는 깃털과 잉크의 필기감을 그대로 살려내었기 때문이다. 펜에 가해지는 압력에 따라 굵기가 다르게 표현되면서 쓰는 이의 감정도 그대로 전달되는 감성이 녹아있다. 최근 프랑스 디자이너 비비엔 뮈러Vivien Muller가 선보인 플룸Plume이라는 펜도 이러한 RAW컨셉이 반영된 것으로 보인다.

페라리 마니아들은 구매 후 약 1달 가량은 차를 길들이는 시간이라고 말한다. 고도의 기술 집약적 상품인 페라리를 길들인다는 것은 쉽게 이해되지 않는다. 튀어 오르는 듯한 말을 형상화한 엠블럼이 말해주듯 페라리는 세계의 부호들이 주된 고객들이라는 것이 의심스러울 만큼 불편하고 길들이기 힘든 야생마 같다. 워낙 낮은 차체 때문에 운전석에 앉으려면 구부정한 자세로 들어가야 하고 엑셀레이터나 클러치도 부드럽지 않아서 부실한 하체로는 작동조차 힘들다. 가장 중요한 엔진에서부터 그 외의 모든 장비들을 사용자에 맞춰 '길들인다'는 말은 그래서 나왔을지 모른다. 스포티하고 세련된 디자인에 반한 세계의 갑부들이 '폼'으로 들여 놓았다가 1년도 안돼 중고차로 팔거나 차고에 고이 모셔두고 전시용으로 사용하는 이유도 여기에 있다. 그러나 진짜 자동차의 RAW함을 즐길 줄 아는 마니아들은 바로 이러한 이유 때문에 페라리를 선호한다. 그리고 이러한 일련의 작업을 도와주기 위해서 페라리는 구매자를 위해 드라이빙 스쿨을 운영한다. 선조가 그랬듯 새로운 종마를 길들여 나에게 익숙하게 만들고 끝없는 관리를 통해 깊은 애착관계를 만들어 가는 것이다.

4) 4사분면 _ RAW X Active

4사분면에 존재하는 상품의 대표적인 예는 레저상품(카약, 암벽등반, 레프팅 등)을 제공하는 브랜드가 될 것이다. 상품 측면에서 보자면 극도로 자연에 가까운 RAW상품을 제공하고 있고 소비자는 그것을 직접 체험하여야 하기 때문이다. 이러한 상품을 통해 소비자는 야생적 욕구를 스포츠로 승화시킨다. 또한 자신이 직접 내려먹을 수 있는 커피 재료(원두, 로스터기, 에스프레소 머신 등)를 제공하는 브랜드도 이 사분면에 속한다. 일반적으로 커피숍에 들러 마시는 커피는 다 만들어진 제품이며 원두를 가공하여 제공되는 상품들이 대부분이다. 하지만 직접 내려먹기 위해서는 생두를 준비해 로스팅을 하고 추출까지 직접 하는 능동적 행동이 요구된다. 제품 자체의 속성상 완성되어 테이크 아웃으로 끝나는 즉, 가공 이전의 단계를 제공하고 있으므로 RAW쪽에 가깝다.

RAW한 제품의 원형을 소비한다는 것은 이렇게 소비자의 수고스러움이 들어간다. 재미있는 것은 이런 고객이 이런 수고스러움을 가치 있게 생각하는 것이다. RAW를 적극적으로 소비하는 것은 수고가 아니라 재미에 가깝다.

to the Zone : the Zone의 3요소
(Premium pricing, Attatchment, Customized system)

RAW를 다루는 브랜드 조사 결과 우리의 관심을 끈 분야는 바로 Active와 RAWlish의 속성값을 가진 3사분면이다. 기존 상품에서 통용되는 논리와는 사뭇 다른 시장논리가 펼쳐지고 있었다. 그 특징은 다음과 같이 크게 세가지로 구분될 수 있다.

1) 동종 상품 대비 높은 가격대_Premium pricing

이 영역에 속한 브랜드의 상품 가격은 동종 제품군의 타 상품보다 프리미엄 가격존 형성이 가능하다. 왜냐하면 상품은 RAW해 보이지만 그 속에는 오히려 기술적으로 더욱 잎신 혹은 더 많은 기공 공정과 제작자의 공이 더 많이 들어가기 때문이다.

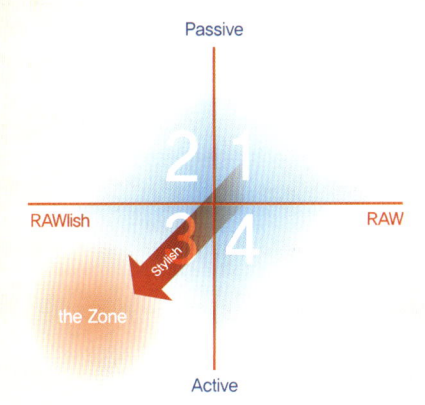

2) 특별한 애착관계의 형성_Attachment

the Zone의 특징 중 하나는 구매 전, 후의 소비자의 참여도가 높은 경향이 있는 것이다. 즉, 훨씬 능동적으로 브랜드를 소비하고 관리한다는 의미이다. 편리성과 효율성보다는 구매 과정과 구매 후의 관리를 통해 새로운 의미를 부여하고 그 의미는 곧 사용자와 상품간의 애착 관계를 형성한다. 생산자는 소비자에게 RAW한 상태를 연출하여 제공하고 그 제품에 대해 더 깊은 관여와 애정을 갖고 관리하도록 유도한다.

3) 고도의 개별 맞춤 시스템_Customized system

동종 상품군의 여타 상품보다 훨씬 더 많은 옵션을 제공함으로써 소바자의 선택과 참여의 기회를 더욱 제공한다는 것이 이 곳 브랜드들의 또 다른 특징이다. 이용자 스스로가 자신의 사용방법과 기호에 맞추어 하드웨어나 소프트웨어를 설정하고 기능을 변경해가는 등 능동적인 자세를 취한다. 때로 그 과정은 프로슈머^{prosumer}의 모습으로 나타나기도 한다.

요약하자면, 자신의 기호에 더욱 적합한 상품을 위해(Customized system) 더 높은 가격을 지불하게 되고(Premium price) 그러한 금전적, 시간적 투자는 구매 후 관리 및 애착관계(Attachment)를 형성토록 하는 이유가 된다. 결국 구매자와 상품간의 이러한 끈끈한 '관계'는 브랜드 충성도를 강화시키고 자발적인 소비자 커뮤니티를 갖게 한다. 스스로 제품을 진화시키고 자체적으로 홍보하는 이유도 같은 맥락이다. 마치 종교집단에서 구성원 자신들이 신념에 의해서 그들의 세력을 불리는 것과 같다. 그래서 이곳은 일반적으로 시장에서 통용되는 가격, 품질, 경쟁력의 논리보다는 애착유발의 논리가 더 강하게 작용한다.

CHAPTER 3

"커피는 아프리카산과 라틴 아메리카산 7:3 블랜딩으로, 로스팅은 2단계로 해주세요. 크림은 저지방 소이밀크로 해주시고 캬라멜 시럽은 두 번 레이즐링 해주세요. 휘핑 크림은 얹지 말아주시고 대신 시나몬 파우더 올려주세요. 참, 톨 머그잔이요."

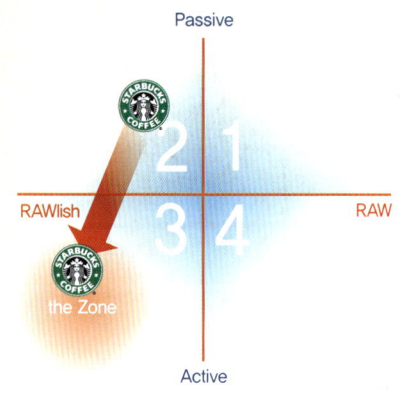

RAW_꺾인 브랜드의 차별화 대안

이러한 RAW 컨셉이 담긴 접근은 실제 브랜드에 어떻게 적용될 수 있을까? 그간 성공사례로 수없이 많은 각종 마케팅 서적에 등장했던 커피 공룡 스타벅스에도 이러한 RAW 컨셉이 담긴 전략이 적용될 수 있다. 이미 미국에서는 스타벅스도 패스트푸드처럼 대중화되어 고객들이 외면하고 있는 실정이다. 2008년엔 스타벅스 창사이래 처음으로 미국 내 매장의 구조조정을 시작하고 있고 심지어 호주에서는 사업 실패를 인정하고 철수를 고려 중이라는 말도 들린다. 한국에서의 스타벅스는 여전히 건재하지만 수많은 유사 브랜드들의 틈에서 장수하기 위해서는 또다른 혁신과 차별화가 필요한 시점이 다가올지 모른다. 이쯤에서 스타벅스도 자신들이 팔고 있다는 '문화'와 '공간'의 실질적 매개체인 커피에 잠시 주목해 볼 필요가 있을 것이다. 좋은 질의 커피를 생활 가까이에서 편리하게 즐길 수 있는 서비스를 제공하고 있는 스타벅스는 커피의 RAW한 원형을 느낄 수 있도록 생두에서부터 로스팅이 끝난 상태의 커피 빈을 전시해 둠으로써 RAW한 컨셉을 보여주려 노력하고 있다. 그래서 어느 정도는 RAWlish하다고 말할 수 있지만 스타벅스를 구매하는 소비자의 참여도 측면 즉, Active와 Passive 측면에서의 스타벅스는 어떠한가? 30초 정도의 주문 과정 동안 소비자의 선택 사항은 크게 보아 크림의 양과 시럽류의 종류를 통한 맛의 결정 그리고 사이즈 선택 정도이다. 이 정도라면 소비측면에서의 RAW함은 거의 없는 것으로 보아도 무방하다. 이 브랜드의 RAW트렌드 접목은 다음과 같이 상상해 볼 수 있지 않을까?

스타벅스의 플래그십 스토어로 리뉴얼된 A지점을 방문하면 스타벅스에서 취급하는 모든 커피의 종류가 투명 플라스틱 원형관에 전시되어 있어, 간편한 푸시push 형 손잡이 조작으로 그 커피 콩의 향을 직접 맡아볼 수 있다. 또한 이곳의 주문은 원두 블랜딩에서부터 로스팅 단계 등 모든 세부적인 항목까지 소비자의 취향에 맞춰 선택할 수 있다. 나만의 향미를 느낄 수 있는 커피를 여유 있게 즐길 수 있는 것이다.

"커피는 아프리카산과 라틴 아메리카산 7:3 블랜딩으로, 로스팅은 2단계로 해주세요. 크림은 저지방 소이밀크로 해주시고 캬라멜 시럽은 두 번 레이즐링 해주세요. 휘핑 크림은 얹지 말아주시고 대신 시나몬 파우더 올려주세요. 참, 톨 머그잔이요."
　실제로 스타벅스에서 사용되고 있는 커피 빈의 종류는 원산지기준에 따라 크게 라틴 아메리카, 아프리카/아라비아, 아시아/태평양 지역의 3가지로 구분된다. 그 외에 입맛에 맞게 라떼, 카푸치노, 아메리카노, 모카, 캬라멜마끼아또 중에 선택하고, 들어가는 크림 종류로서 우유, 두유 등을 두고 있다. 이에 휘핑 추가 여부와 아몬드, 캬라멜, 헤이즐넛, 바닐라 등 시럽을 선택할 수 있다. 마지막으로 에스프레소 샷을 더블로 할 것인지 트리플로 할 것인지 고를 수 있다. 이러한 조합은 약 2만 가지에 가까운 커피 종류를 연출한다. 하지만 상상해 보면 무척이나 번거롭고 주문 시간도 훨씬 오래 걸릴 것이 분명하다. RAW를 접목시키되 소비자로 하여금 편리성을 제공해야 한다는 것을 잊지 않기 위해서는 좀 더 다른 접근이 필요하다. 기존의 주문 방식을 그대로 유지하되, 플래그십만의 차별점으로 그러한 모든 선택 옵션을 가능하게 하는 주문 카드를 작성할 수 있도록 하는 것이다. 주문서에는 원산지에서부터 시럽 종류까지 모두 볼 수 있는 체크 리스트를 두고 소비자가 체크해주는 대로 커피를 만들어 주는 것이다. 단 모든 항목에는 '스탠다드standard' 옵션을 열어둠으로 또 한 번의 편의를 제공할 수 있다.

이러한 스타벅스의 접근은 커피의 본질과 원형의 소비를 원하는 소비자들에게 그들만의 커피를 선택하게 해줌으로써 RAW를 다루는 브랜드로서의 포지셔닝을 구축하도록 도울 수 있으며, 여타의 커피 전문점과의 또 다른 차별화 전략을 취할 수 있게 할지 모른다. 또한 위에서 언급한 the Zone으로 한걸음 더 다가갈 수 있는 조건을 만들어 준다. 이용객의 취향에 맞춘 주문Customized system을 가능하게 함으로써 자신이 직접 제조 공정에 참여한다는 의미를 부여하고 자신만을 위한 커피를 만들어 음미할 수 있다는 사실은 더 높은 가격대가 책정되는 것Premium price에 타당한 명분을 제공한다. 이로써 자신의 커피를 방문시마다 색다른 방법으로 제공해주는 스타벅스라는 브랜드에 애착Attachment를 갖게 될 것이다. 또 다른 장점 한 가지를 더 찾자면 소비자를 교육시킬 수 있다는 것이다. 이러한 소비를 경험한 소비자는 커피에 대해 학습하게 되고 그러한 학습과정은 더 다양한 종류의 커피를 경험하고 싶은 욕구와 관심으로 이어지며 관련 상품들에 대한 추가 구매로 연결될 수 있는 가능성을 가지고 있다. 스타벅스의 이러한 접근은 소비자에게 있어 '커피의 본질을 잘 이해하고 원형의 가치를 편리하게 소비할 수 있도록 돕는 친절하고 오리지널리티를 추구하는 브랜드'로 포지셔닝할 수 있는 첫 단추가 될 것이다.

테이크 아웃 커피숍보다는 직접 커피를 로스팅하고 추출하는 것이 훨씬 능동적인 소비이다

그 원형의 가공을 소비자의 몫으로 두고 날 것 그대로 전달하든, 엄청나게 숨겨진 가공을 가해 마치 손대지 않은 원형인양 내어 놓든, 그 '정도'에 관한 고민은 생산자의 몫이며 곧 전략이다.

RAW_차별화를 위한 첫 단추
이러한 RAW 컨셉을 나의 업무 영역에는 어떻게 적용하는 것이 좋을까. 그 첫 단계는 현재 당신이 제공하고 있는 상품과 서비스의 본질은 무엇인가에 대한 깊은 성찰과 고민이다. 모든 산업에는 원형이 있기 마련이다. 즉, 당신이 제공하고 있는 재화의 본질은 무엇인가를 고민하라. 그 원형의 가공을 소비자의 몫으로 두고 날 것 그대로 전달하든, 엄청나게 숨겨진 가공을 가해 마치 손대지 않은 원형인양 내어 놓든, 그 '정도more or less'에 관한 고민은 생산자의 몫이며 곧 전략이다. 그 고민이야말로 인간의 원형에 대한 무한 욕구를 충족시켜줄 수 있는 전략적 혜안을 제공할 것이다. 소비자를 무의식적으로 끌 수 있는 강력한 암호 코드, RAW에 주목하라. UB

CHAPTER 3

브랜드의 RAW, well-done으로 맛보기

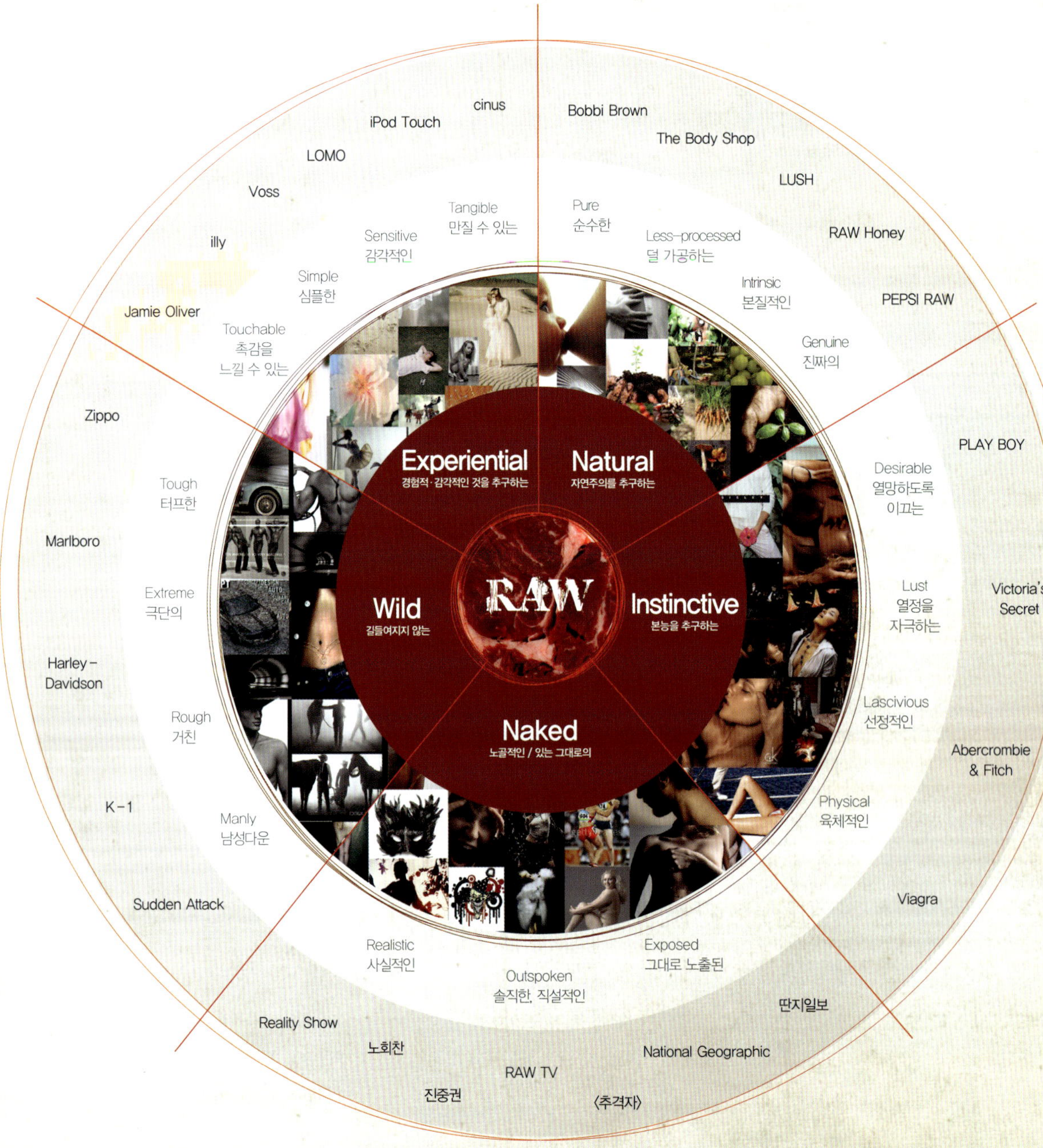

Well-done

What RAW is…

"RAW요? 오히려 제가 인터뷰를 해야 할 같네요. 저희 분야 말고 다른 분야에서 어떻게 생각하고 있는지 궁금해서 인터뷰에 응했습니다." 정림건축 대표 이필훈

"이번 RAW에 관한 인터뷰는 생소한 개념이어서인지 참 쉽지 않는 인터뷰가 될 거 같네요." 디자인 스튜디오 대표 김종호

"RAW라니… 참 좋은 컨셉이라는 느낌이 듭니다." KT&G 부장 황인선

"RAW하게 인터뷰를 하려고 저도 질문지에 대한 답변을 미리준비하지 않았습니다." 색채마음연구소 대표 장성철

"RAW라는 것이 이미 주변에 만연해 있지 않나요?" 이화여자대학교 색채디자인연구소 소장 최경실

"RAW가 도대체 한국말로 뭡니까?" 자연요리연구가 산당 임지호

"러쉬와 RAW는 참 잘 어울리는 것 같아요." 러쉬코리아 대표 우미령

RAW에 대한 인터뷰이들의 첫 반응이었다. RAW라는 영어 단어조차 그다지 익숙하지 않고, 사전적의미 또한 다양하게 해석되기 때문에 예상했던 바였다. 분명한 것은 RAW는 무에서 유를 창출하는 것이 아니라, 존재하는 많은 것들 가운데 발견된 것이고, RAW를 못 알아보았다면 그것은 존재하지 않았던 것이 아니라, 단지 세심하게 관찰하지 않았다는 가정에서 출발했다.

영영 사전에서 RAW의 형용사적 의미를 살펴보면 번역된 RAW보다는 더 자연스럽게 이해가 된다.

[adjective]
1. uncooked, as articles of food (요리되지 않은 음식 품목에서)
2. not having undergone processes of preparing, dressing, finishing, refining, or manufacture (준비하는, 옷을 입는, 끝마치는, 정제하는 등의 과정을 거치지 않은)
3. unnaturally or painfully exposed, as flesh, by removal of the skin or natural integument (피부나 자연표피가 벗겨져서 부자연스럽고 고통스럽게 노출된)
4. painfully open, as a sore or wound (상처가 나서 고통스럽게 벌어진)
5. crude in quality or character; not tempered or refined by art or taste (퀄리티 혹은 성격이 거친, 경험이나 기술에 의해서 조절되고 정제되지 않은)
6. ignorant, inexperienced, or untrained (무식한, 경험이 없는, 훈련되지 않은)
7. brutally or grossly frank (적나라하게 혹은 심하게 솔직한)
8. brutally harsh or unfair (심하게 혹독한 혹은 불공평한)
9. disagreeably damp and chilly, as the weather or air (공기나 날씨가 유쾌하지 않게 축축하고 서늘한)
10. not diluted, as alcoholic spirits (알코올의 액기스가 희석되지 않은)
11. unprocessed or unevaluated (가공되지 않은 혹은 평가되지 않은)

즉, 사전적인 정의만 보아도 RAW는 인공적인 것과는 거리가 있어 보인다. 하지만 브랜드는 상업성을 바탕으로 하는 속성상, 브랜드에서 RAW의 컨셉을 사용할 때 가공하지 않고서 그대로 보여진다는 것이 어떻게 보면 모순일 수도 있다. 브랜드에서 보여지는 RAW는 RAW가 되고자 하는 혹은 닮으려고 그 브랜드에 가장 잘 어울리는 각자의 RAW를 표현하는 것을 의미한다. 그렇다고 해서 RAW한 브랜드가 촌스럽거나, 구식처럼 보이고, 세련되지 않다는 것은 아니다. 오히려 그 RAW함이 트렌디하고, 모던하며, 때로는 전통성을 지니고 있어서 브랜드에 오리지널리티를 부여한다.

CHAPTER 3

RAW한 브랜드가 촌스럽거나, 구식처럼 보이고, 세련되지 않다는 것은 아니다. 오히려 그 RAW함이 트렌디하고, 모던하며, 때로는 전통성을 지니고 있어서 브랜드에 오리지널리티를 부여한다.

지포 케이스 센터 (출처 : www.zippo.

Five RAW Concepts

이러한 RAW는 5가지 컨셉으로 표현된다. RAW함은 natural, experiential, wild, naked, instinctive의 5가지 속성을 가지고 있는데 이것이 바로 RAW한 브랜드의 컨셉이다. 물론 하나의 브랜드가 5가지 컨셉의 속성값 가운데 2~3개를 한번에 가지고 있을 수도 있지만, 여기서는 그 브랜드를 리딩하는 컨셉을 말하는 것이다.

Natural

RAW의 첫 번째 컨셉은 '자연을 추구하는' 즉, 내추럴^{natural}이다. '가공하지 않은'이라는 사전적인 정의와도 가장 잘 어울리는 의미인 내추럴은 5가지 컨셉에서 가장 베이직한 컨셉이다. 그래서 내추럴은 RAW하다라는 의미를 가장 직관적으로 이해할 수 있는 컨셉이다.

내추럴의 예로 바비 브라운이 있다. 내추럴하다고 하면, 보통 유기농, 천연 원료를 떠올리지만, 원료만 내추럴해야 한다는 법이라도 있는가? 내추럴함을 추구하는 철학이 오히려 내추럴한 원료보다 소비자들에게 더 매력적으로 어필하기도 한다. 그래서 바비 브라운이 가진 미^{美}에 대한 철학은 그 어느 브랜드보다 내추럴하기 때문에 RAW하다. 화장품의 원료에서 내추럴을 추구하고 보여주기보다는 그들의 철학에서 여성의 아름다움에 대한 자연스러운 미를 추구함으로서 소비자에게 어필했다. "모든 여성이 아름답다.", "메이크업은 단점을 감추는 것이 아니라, 장점을 살리는 것이다."라는 여성의 미에 대한 그들의 독한 철학을 바탕으로 가장 내추럴한 메이크업 방식과 제품 스타일을 고수한다. 이러한 시각에서 바비 브라운은 인위적이라고 생각하기 쉬운 메이크업 분야에서 RAW한 미에 대한 철학으로 RAW함의 진수를 구현하고 있다.

Experiential

RAW는 경험이며, 감각이다. 그래서 RAW의 두 번째 컨셉은 experiential이다. RAW함은 이성적이고 논리적으로 소비자에게 접근하기보다는 직접 체험하고, 오감을 자극하여 브랜딩 한다. 이는 깊이 뇌리에 기억되며, 한 번 새겨진 것은 시간이 지나도 계속해서 작동되기 때문에 그 어느 것보다 강력하다. 이를 뇌와 연관시켜 설명한다면, 이성을 담당하는 대뇌피질보다 가장 원시시대부터 있어 온 경험과 감각을 담당하는 변연계가 RAW의 두 번째 컨셉과 연결되어 있다고 할 수 있다. 계획, 지각, 기억, 사고 및 언어와 같은 고등 정신 과정에 관여하는 연합영역인 대뇌피질보다 생명이 탄생할 때부터 존재해 왔던 감각영역의 변연계를 자극하면 할수록 RAW한 브랜드로 보여지는 것이다.

생수 브랜드인 보스^{Voss}는 experiential이 무엇인지를 잘 아는 RAW한 브랜드다. 미각을 자극하여 차별화하기가 가장 힘든 생수 브랜드가 오감 중 시각을 사용하여 브랜딩하고 있다. 병의 디자인

을 통해 사람들의 눈을 즐겁게 함으로써 보스는 럭셔리하면서도 쉬크한 생수 브랜드로 소비자들의 인식 속에 자리잡고 있다. 보스는 여타의 생수 브랜드와 달리, 물이라는 본래적인 컨텐츠에서 구별점을 찾지 않는다. 노르웨이 남부의 천연 지하 암반수에서 끌어올린 것은 사실이지만, 이것에 초점을 두지 않는다. 이것이 물병인지 화장품 케이스인지 갸우뚱 할만큼 병의 심플하고 쉬크한 디자인을 통해 소비자의 구매욕을 자극한다. 마치 여성들이 예쁜 화장품 케이스를 보며 뿌듯해하듯이 말이다. 생수 브랜드이기 때문에 물 자체에서 차별화시켜야 한다는 고정관념을 벗어 던지고 그들은 소비자의 시각적인 감각을 자극하여 브랜딩하고 있는 RAW한 컨셉을 가진 RAW한 브랜드이다.

Wild

RAW의 5번 째 사전적 의미가 'crude in quality or character; not tempered or refined by art or taste'이다. 즉, RAW하다는 의미는 길들여지지 않음과도 같다. 부드럽기보다는 잘 다듬어지지 않을 거칠이라고도 해석될 수 있다. 여성들이 야성적인 남성에게 매력을 느끼기도 하듯이, 이러한 매력은 사람뿐만 아니라, 브랜드에서도 보여진다. 그래서 RAW는 '여성적이다'라는 단어보다는 '남성적이다, 터프하다, 거칠다'로 좀 더 확장될 수 있다. 그래서 RAW의 세 번째 컨셉은 wild다.

지포Zippo는, 라이터라는 제품 자체의 속성부터 남성적인 것을 부인할 수 없다. 그러나 자체적인 제품 속성이 남성적이기 때문에 컨셉이 와일드하다는 것은 아니다. 오히려 브랜드 역사를 보면 더욱 확고해진다. 베트남 전쟁 당시, 지포의 명성은 전쟁을 통해서 더욱 유명세를 탔다. 2차 세계 대전, 베트남 전쟁, 한국 전쟁 등에서 쓰러져 간 병사들의 가슴에 두 가지를 묻고 다녔는데, 바로 애인 사진과 손 때가 묻은 지포가 들어있었다고 한다. 지포 라이터에 대한 병사들의 소유욕을 보고 '지포 신드롬'이라고 칭할 정도로 지포는 병사들에게 의미있는 것이었다. 특히, 베트남 전쟁에서 병사들이 사용한 지포에는 자기 만의 글자와 그림 등이 새겨져 있어 제품의 예술성이 높이 평가되고 있다. 이 그림에는 해골, 나체의 여인, 섹스하는 장면 등 전쟁이라는 절망 속에서 욕망을 분출하는 글자와 그림을 통해, 그야말로 전쟁이라는 삶과 죽음이 가르는 극단적인 상황에서 거칠어진 남성성이 그대로 표현되고 있다.

오늘날의 지포에서 느껴지는 감성도 여전히 남성적이고 거칠다. 2007년도에 진행한 광고에서도 보여진 주제는 'Rock, Military, Biker'였다. 지포는 거칠고 남성적인 '지포 신드롬'을 과거와 현재의 팝 컬처를 통해서 재해석해 보여주면서 미국 문화를 정의하는 역할을 하고 있다.

CHAPTER 3

"극과 극은 통한다."라는 말을 한다. 가장 RAW하다는 것은 가장 RAW하지 않는 것과 같다는 의미다. 가장 인공적인 것을 만들 수 있는 고도의 기술을 보유해야만 RAW와 가까워진다.

Naked

RAW함의 또 다른 얼굴은 가공되지 않는 솔직함이다. Naked의 1차적인 의미에서 유추되듯이 아무것도 걸치지 않는 그래서 속일 수도 없는 그 상태인 사실적임과 진실된 솔직함이 이를 대변한다. '솔직함, 있는 그대로 노출된, 사실적인'이라고 해석될 수 있듯이, 이러한 현상은 시각적으로 형상화 되기 보다는 언어적으로 더 잘 표현된다. 그래서인지 주로 언론·방송매체에서 RAW함이 보여진다.

아메리칸 아이돌American Idol, 도전 수퍼 모델America's Next Top Model, 헬's 키친Hell's Kitchen. 대표적인 리얼리티 프로그램이다. 리얼리티 쇼의 가장 큰 특징은 솔직함이다. 출연자들도 일반인이고, 화면에 보여지는 그들의 모습은 평상시의 모습과 크게 다르지 않다. 기분이 상하고 화가 치밀면 욕도 하고, 뒷담화도 한다. 가식적인 모습으로 자신들을 가장하려고 애쓰지도 않고, 가장 자기다운 모습을 보여준다. 이러한 모습은 오히려 그들의 개성과 트레이드 마크가 되고, 시청자들은 그들의 모습에 공감한다. 가식적이지 않는 그들의 발가벗은 솔직함이 시청자들을 끌어당기고 가장 RAW함을 시각과 언어 안에서 느낄 수 있다. 사실주의의 대명사 리얼리티 쇼는 단순한 트렌드에서 머무르지 않을 것 같다. 계속 진화되어 다른 어떠한 모습으로든 끝까지 RAW라는 DNA를 보유할 것이다.

Instinctive

인간이 자사의 제품에 열망하도록 만들어서 끊임없이 구매하고 충성하는 욕구를 창출하도록 하는 것은 마케터가 풀어야 할 영원한 숙제다. 원초적인 행동을 보이는 본능은 RAW와 많이 닮았다. 인간에게 있어서 감각만큼이나 가공되지 않는 것이 본능이기 때문에 그 본능을 건드리는 수많은 브랜드들이 존재한다. 그래서 RAW의 다섯번 째 컨셉이 instinctive이다.

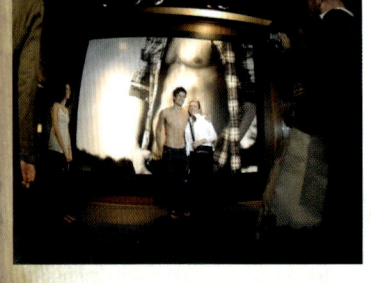

아베크롬비&피츠Abercrombie & Fitch는 인간의 성적인 본능을 매력적이고 건강한 섹시함으로 승화시켰다. 단 한 번이라도 아베크롬비&피츠의 매장을 방문해 본 사람이라면, 이 브랜드가 왜 '본능적인, 육체적인, 열정을 자극하는'이라는 단어와 잘 어울리는지를 이해할 수 있다. 매장에 들어서는 순간, 일명 착한 몸매를 자랑하는 남성 모델들이 웃옷을 입지 않은 채 매장의 앞에서 고객들을 맞이한다. 또한 아베크롬비&피츠의 옷은 몸의 라인을 강조하는 핏이 많아서 몸매를 드러내도록 한다.

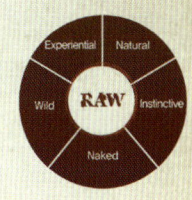

또한 매년 그들이 발행하는 화보집은 단기간에 매진되어 구매가 어려울 만큼 인기가 좋다. 가장 아름다운 나이의 젊은이들의 사랑과 열정을 영화의 한 장면 보다 더 아름답게 담아 놓았기 때문이다. 분명히 본능적이지만 섹시함의 선정성과 판타지의 경계선을 아슬아슬하게 잘 넘나드는 느낌은 홈페이지에서 보여진다. 이것이 아베크롬비&피츠가 RAW하게 보이는 이유다.

지금까지 예로 들었던 브랜드는 바비 브라운, 보스, 지포, 리얼리티 쇼, 아베크롬비&피츠이다. 브랜드의 어디를 보아도 시대에 뒤떨어진 느낌은 찾아 볼 수가 없다. 슬쩍 보면 최상의 모던함을 갖춘 세련된 매장, 제품 디자인으로 구성되어 있기도 하다. RAW의 의미가 갖는 일반적인 편견 때문에 "도대체 뭐가 RAW하다는 거지?"라고 반문할 지도 모른다. 여기서 말하는 RAW는 너무 날 것 같아서 눈을 뜨고 차마 보기 쉽지 않은 상태의 완벽한 날 것을 의미하는 것이 아니다.

"극과 극은 통한다."라는 말을 한다. 가장 RAW하다는 것은 가장 RAW하지 않은 것과 같다는 의미다. 가장 인공적인 것을 만들 수 있는 고도의 기술을 보유해야만 RAW와 가까워진다. 할머니, 할아버지가 텃밭에서 손수 재배한 채소는 RAW하지만 RAW한 브랜드는 아니다. 그것을 시장에 내다 판다고 해도 RAW한 브랜드가 될 수 없다. 왜냐하면 그 안에는 RAW함을 포장할 수 있는 그 이상의 RAW함이 없기 때문이다. 사람들은 RAW한 것을 좋아한다고 하지만 꼭 그렇지만은 않다. 그들은 진짜 RAW한 것보다 더 진짜처럼 RAW해 보이는 것을 원하는 것이다.

이를 잘 보여주는 예가 유기농 유통 브랜드로 잘 알려진 홀푸드마켓WHOLE FOOD MARKET이다. 유기농을 취급하는 이 매장은 100% 유기농 제품만을 판매하지 않지만, 사람들은 길게 늘어선 계산대에 서는 것을 두려워하지 않을 만큼 이 곳을 좋아한다. 그 이유는 그들의 진열방식과 포장상태가 그 무엇보다 세련된 자연미가 느껴지고 날 것의 부담스러움에 대한 '안전감' 때문이다. 유기농 제품이라고 해서 바로 밭에서 수확한 듯이 흙이 가득 묻은 채소를 원하는 것이 아니라, 가장 깔끔한 상태의 신선하고 몸에 이로운 야채가 진열대 위에 가득 쌓여진, 그 풍성함을 소비자들은 자연스럽고 내추럴하다고 느끼는 것이다.

정교한 전략과 기술이 밑바탕 되어 RAW한 것보다 더 RAW해 보이도록 하는 것. 바로 이러한 전략이 소비자들에게 어필하여 RAW한 컨셉의 브랜드를 만드는 원동력이 된다. UB

> 정교한 전략과 기술이 밑바탕 되어 RAW한 것보다 더 RAW해 보이도록 하는 것. 바로 이러한 전략이 소비자들에게 어필하여 RAW한 컨셉의 브랜드를 만드는 원동력이 된다.

CHAPTER 3

RAW

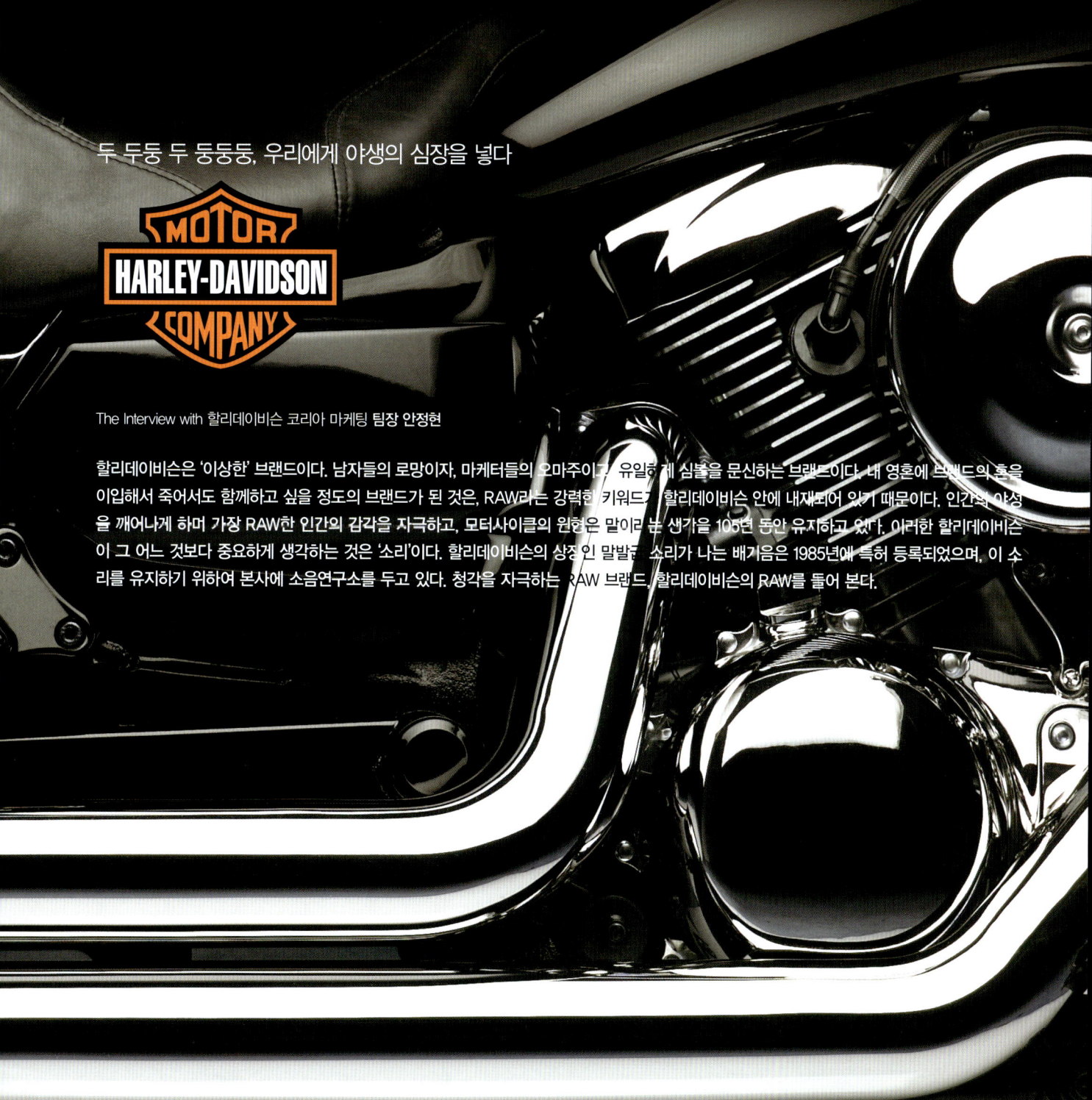

두 두둥 두 둥둥둥, 우리에게 야생의 심장을 넣다

The Interview with 할리데이비슨 코리아 마케팅 팀장 안정현

할리데이비슨은 '이상한' 브랜드이다. 남자들의 로망이자, 마케터들의 오마주이고, 유일하게 심볼을 문신하는 브랜드이다. 내 영혼에 브랜드의 혼을 이입해서 죽어서도 함께하고 싶을 정도의 브랜드가 된 것은, RAW라는 강력한 키워드가 할리데이비슨 안에 내재되어 있기 때문이다. 인간의 야성을 깨어나게 하며 가장 RAW한 인간의 감각을 자극하고, 모터사이클의 원형은 말이라는 생각을 105년 동안 유지하고 있다. 이러한 할리데이비슨이 그 어느 것보다 중요하게 생각하는 것은 '소리'이다. 할리데이비슨의 상징인 말발굽 소리가 나는 배기음은 1985년에 특허 등록되었으며, 이 소리를 유지하기 위하여 본사에 소음연구소를 두고 있다. 청각을 자극하는 RAW 브랜드, 할리데이비슨의 RAW를 들어 본다.

CHAPTER 3

할리데이비슨은 많은 마케팅 구루들에게 최고의 브랜드로 손꼽힙니다. 그 이유가 무엇이라고 생각하시나요?

브랜드 아이덴티티를 어떻게 완성하였느냐에 관한 질문인데 이것은 책 한 권을 쓸 수 있을 정도로 어려운 질문입니다. 저희는 철학보다는 라이프스타일을 판다고 말합니다. 여러가지 모터사이클 브랜드가 있습니다만 그들이 운송수단을 판다면, 할리데이비슨은 라이프스타일을 팝니다. 고객은 모터사이클을 중심으로 한, 브랜드가 주고자 하는 전체적인 것들을 사는 것이죠. 그것이 라이프스타일이 될 수도 있고, 철학이 될 수도 있겠죠. 저희의 미션인 *고객의 꿈을 이루어 주는 것^{Fulfill Dream}일 수도 있습니다. 최고의 브랜드가 되었다라고 하는 것은 105년의 역사 동안 웬만한 브랜드가 범접할 수 없는 브랜드의 위치에 올라갔기 때문에 일종의 아우라가 생긴 것이 아닐까 합니다.

* 고객의 꿈을 이루어 주는 것

"그 전통을 이어가는 이유 중 하나는 고객과의 신뢰를 유지하고, 서로 갈등하지 않기 위한 약속이기 때문이에요. 예를 들어보죠. 15살짜리 꼬마가 어떤 모터사이클을 보고 나중에 어른이 되면 꼭 타겠다고 생각했어요. 그런데 20년이 지난 후에 타려고 보니, 모두 전기 모터로 바뀌어서 그 모터사이클의 느낌은 얻을 수 없었어요. 이건 할리데이비슨 입장에서는 고객과의 약속을 지키지 못한 것이에요. 꿈을 실현시켜 주지 못한 것이죠. 'Fulfill Dream'이 가장 기본이에요. 할리데이비슨은 전통을 지키면서 고객의 꿈을 이루어주고 싶어요."
– 할리데이비슨 코리아 대표 이계웅 인터뷰 중

할리데이비슨도 처음부터 이러한 위치에 오르지는 못했을 것이라고 봅니다. 105년의 역사 중 어느 시점에서부터 우리가 생각하는 할리데이비슨이라는 브랜드가 자리를 잡고 현재의 브랜드 연상 이미지를 갖게 되었다고 생각하십니까?

개인마다 다를 텐데, 1980년대부터가 아닐까 합니다. 할리데이비슨은 1903년에 미국에서 만들어져서 올해 8월에 105주년 행사를 했습니다. 그만큼 질곡이 많았던 미국과 역사를 함께 했다고 할 수 있습니다. 1960년대에는 모터사이클 시장의 경쟁이 심해지고 회사가 어려워지면서 AMF라는 회사에 합병되었고, 1980년대에 AMF에서 독립하게 됩니다. 그때부터 할리데이비슨 모터컴퍼니가 급성장을 하게 되었죠. 동시에 브랜드 이미지가 자리를 잡고, 브랜드 가치가 올라가면서, 마케팅 성공사례로 오르내리게 되었다고 봅니다. 미국의 할리데이비슨 모터컴퍼니는 지난 10년 동안 15%씩 성장을 해 왔습니다. 경기가 그다지 좋지 않은 상황에서 이 정도의 성장률은 대단한 것이고, 이것은 브랜드에 대한 아이덴티티가 완성되는 시점임을 의미한다고 생각합니다.

1980대부터 본격적으로 알려지기 시작한 것인가요?

알려졌다기보다는 AMF로부터 독립을 하면서 고객들이 정말 할리데이비슨에 바라는 것이 무엇인지, 어떻게 하면 고객들에게 할리데이비슨을 각인시킬 것인지에 대한 명확한 인식을 가지고 있었고, 그 방법을 고민한 것입니다. 본격적인 마케팅 활동들을 시작한 것이었죠. 가장 대표적인 호그(H.O.G., Harley Owners Group)를 만든 것도 그때였죠.

호그같은 경우에는 고객 스스로가 만든 커뮤니티가 아니라 본사에서 전략적으로 만든 브랜드 커뮤니티였던 것인가요?

호그도 1983년도에 모터컴퍼니에서 전략적으로 만든 조직이었습니다.

1920년대 후반에 대공황이 오면서 생산량이 10분의 1로 주는 등의 초토화 시기가 있었습니다. 그런데 그 시기에도 새로운 엔진을 만들어 냅니다. 아무리 어려워도 내 길을 뚜벅뚜벅 걸어가는 그런 정신이 있었습니다.

그렇다면 1903년에 태어나서 다른 회사에 인수 합병이 되는 어려움이 있었는데도, 80년 동안 할리데이비슨이라는 브랜드 아이덴티티를 유지하고 더 단단하게 구축할 수 있었던 이유는 무엇이었나요?

조금 단순하게 생각하면, 할리데이비슨 모터컴퍼니의 사람들이 그냥 모터사이클을 좋아했던 사람들이었기 때문이라고 생각합니다. 그야말로 마니아들이었던 것이죠. 할리데이비슨 역사를 보면 1903년에 나와서 승승장구를 합니다. 그러다 1920년대 후반에 대공황이 오면서 생산량이 10분의 1로 줄어드는 등의 초토화 시기가 있었습니다. 그런데 그 시기에도 새로운 엔진을 만들어 냅니다. 아무리 어려워도 내 길을 뚜벅뚜벅 걸어가는 그런 정신이 있었습니다. 대공황, 1, 2차 대전(기회로 작용하기는 했지만)과 같은 어려움을 겪으면서도 할리데이비슨이 모터사이클로 살아남은 것은 모터사이클에 대한 열정과 무한한 애정이 있었기 때문에 가능하지 않았나 합니다.

창업자는 어떠한 분인가요?

할리데이비슨 HARLEY-DAVIDSON 이라는 네임에는 의미가 있습니다. Harley와 Davidson사이에 대쉬 (-)가 있잖아요. 윌리엄 할리 William Harley와 아서 데이비슨 Arthur Davidson을 비롯한 데이비슨 가의 3형제가 만든 것입니다. 할리 가문과 데이비슨 가문이 만나서 회사를 만들었다는 의미이기 때문에 가운데에 대쉬가 빠지면 안 됩니다. 그 분들은 모두 돌아가셨지만, 그 분들의 손자와 증손자 분이 모터사이클 컴퍼니에서 일을 하고 계시죠.

할리데이비슨의 주요한 마케팅 활동은 무엇입니까?

미국과 한국의 모터사이클 시장은 완전히 다릅니다. 미국의 경우 모터사이클 시장이 포화상태이기 때문에 젊은 층을 공략하는 마케팅 전략이 주요합니다. UFC와 같은 미국 젊은이들에게 굉장히 인기 있는 격투기 스포츠의 메인 스폰서를 할 정도입니다. 이런 식으로 젊은이들에게 다가서고자 하는 노력을 제품 개발에서부터 마케팅까지 굉장히 다양하게 하고 있지요. 할리데이비슨 라인업 중에 최근에 만든 브이로드 V-ROD라는 계열이 있습니다. 할리데이비슨은 보통 30개 이상의 모델이 있고, 5가지 정도의 패밀리가 있는데, 그 중 하나인 것이죠. 할리데이비슨은 미국에서 노쇠한 이미지가 있는 상태입니다. 그래서 젊은 사람들에게 다가서기 위해서 디자인, 엔진 성능, 마케팅 활동 등을 그들에게 맞추어서 만든 계열이라고 할 수 있겠지요. 작년에 할리데이비슨 본사에서 발표한 마케팅 컨셉 중에 다크 커스텀 dark custom이라는 것이 있었습니다. 한국적으로 해석이 힘들지만, 젊은이들의 마케팅 컨셉에 맞춘 것입니다. 30가지 모델 중에 젊은 사람들이 좋아하는 5가지 모델을 골라서 독특하게 마케팅을 하고 있습니다. 이러한 컨셉은 아직 한국에서는 풀 수도 없고 풀 단계도 아닌 것 같습니다.

한국시장에서는 어떠한가요?

*한국에서는 1999년부터 비즈니스를 시작했습니다. 그때에 아마 할리데이비슨 브랜드 이미지는 'From Big Land'라는 미국적인 이미지가 가장 컸을 것입니다. 미국적이고, 남성적인, 마초의 것인, 남자의 로망. 이 정도였습니다. 이것을 할리데이비슨 코리아가 정제하고 다듬어가고 있는 과정 중에 있습니다. 미국 시장에 비해서 인터내셔널의 성장세가 높은 상태입니다. 한국 시장도 주목을 받고 있고요.

*할리데이비슨 코리아의 런칭
"할리데이비슨 코리아를 런칭할 때에 몽골에 다녀온 적이 있어요. 나의 피에 유목민의 DNA가 흐르고 있는지, 노매딕nomadic의 프로그램이 작동하고 있을지가 궁금했습니다. 할리데이비슨은 '말'이거든요. 제가 한반도의 정착민들에게 이동 민족이 쓰는 것을 팔 수 있을까 하는 원초적인 생각 때문이었죠. 열 명 정도가 함께 갔는데, 제 욕망은 하나였어요. '여기에서 제일 좋은 말을 갖고 싶다.' 유목민에게 최고의 자기 과시는 좋은 말을 가지고 있는 것이고, 그것이 최고 수컷의 상징일 것입니다. 우성의 법칙이 지배하는 자연에서는 롤렉스 시계도 필요 없고 벨루티 구두도 필요 없어요. 누가 힘센 종마를 가지고 있느냐죠. 저는 그런 부분이 할리데이비슨에 있다고 봤어요. 그래서 한반도 사람들도 과거에 유목민이었는데 남쪽으로 내려오다가 길이 막혀서 거기에서부터 김치 담그고, 농사를 짓고, 된장을 담그고, 도자기를 굽기 시작한 것이 아닐까 생각했습니다." -할리데이비슨 코리아 대표 이계웅 인터뷰 중

CHAPTER 3

한국에서의 마케팅 활동은 할리데이비슨이라는 브랜드에 대해서 가지고 있는 긍정적인 이미지와 부정적인 이미지 중에서 부정적인 아이덴티티를 최소화시키려고 노력하고 있습니다. 남자의 로망이라든지 이런 것들이 있는 반면, 폭주족이라든지 거친 사람들이라는 부정적인 인식도 존재합니다. 그래서 마케팅 활동을 할 때에 '가족'이라는 개념을 넣으려고 합니다. 만약 투어를 한다고 하더라도 패밀리투어를 하려고 합니다. 가족들을 초청해서 아빠는 앞에서 모터사이클을 타고 가고 가족들은 버스를 타고 그 뒤를 따라가는 그러한 행사를 하곤 합니다. 지금 한국에서 할리데이비슨을 소유하고자 하는 고객들의 가장 큰 장벽이 바로 가족입니다. 돈이 아닙니다. 특히 한국에서는 아내 분들이 모터사이클을 굉장히 부정적으로 인식하고 계십니다. 모터사이클이라는 레저를 시작하려고 해도 이러한 어려움이 있는 것이죠. 그래서 가족들을 아군으로 만들려고 하고 있습니다. 내가 좋아하는 브랜드를 내 가족들이 조금이라도 좋아하고 이해하게 되면 그것을 즐기는데 굉장한 힘이 되지요. 구매 장벽에서도 마찬가지고요.

이러한 활동은 최근의 전략입니다. 그 이전의 할리데이비슨은 굉장히 마니아적인 브랜드였습니다. 그래서 초기의 할리데이비슨 코리아가 브랜드 자체를 알리는 작업에 치중을 했었다면, 이제부터는 세련미를 넣어서 새로운 아이덴티티를 만들어 나가고 있지요. 성과는 굉장히 좋습니다. 얼마 전에는 패밀리 데이라는 행사가 있었습니다. 상암 월드컵구장에서 호주 대표팀과 한국 월드컵 대표팀의 평가전이 있었는데 그 경기를 가족들과 함께 관람하는 거죠. 아빠가 아이들에게 스파게티를 만들어주는 프로그램도 진행했었고요. 가족 분들은 남편이나 아빠가 할리데이비슨을 타면 굉장히 불만이에요. 주말만 되면 나가버리시거든요. 그래서 주말에 할리데이비슨에서 행사를 열어 드리면 가족 분들도 매우 좋아하시고 가족 분들이 좋아하시면 라이더 분들도 기뻐하시죠. 그동안 가족들에게 미안했던 부분을 어느 정도 해소할 수 있는 자리가 됩니다. 그래서 행사를 마치고 설문조사를 해 보면 만족도가 굉장히 높습니다.

할리데이비슨은 브랜드 충성도가 높은 브랜드로도 유명합니다.

올해 여름에 할리데이비슨 코리아 챕터가 유라시아 투어를 떠났었습니다. 호그 회장님을 비롯해서 22분이 속초항에서 배를 타고 블라디보스토크로 들어가서 실크로드를 지나 독일까지 가는 여정을 하셨지요. 회장님과 22명이 속초항에서 배를 타고 블라디보스토크로 가서 실크로드를 건넜지요. 보통 정신으로 할 수 없는 일이에요. 서울에서 부산까지가 500km인데, 비포장 도로가 3,500km가 이어진 길입니다. 그런 분들을 보면 박수를 쳐드리고 싶지요. 보통 애착으로는 할 수는 없는 일인데, 대단하신 분들입니다.

어딘가의 글에서 '할리는 놀이동산의 자유이용권(입장권)같다'라는 표현을 보았습니다. 이렇게 고객들이 할리데이비슨에 애착과 높은 충성도를 보이는 이유는 무엇이라고 생각하십니까?

그 표현은 정확히 이야기 하자면 2년 전 미국 본사에 갔을 때 창립자의 증손자 분인 빌 데이비슨이 아시아 딜러들이 미팅하는 곳에 들어와서 했던 말입니다. 아시아 딜러들이 잘 하고 있으니까 고맙다는 인사말을 하기 위해 들어와서 그 말을 하더라고요. 그때까지만 해도 저 자신도 할리데이비슨이 왜 인기가 있는지 몰랐었는데, 그 말을 듣고는 바로 그 이유가 아닐까라는 생각이 들었어요. 엄격하게 말하자면 자유이용권은 아니고 입장권 입니다. 이런 말이 있습니다. 일반 제품을 고객이 사면 회사와 고객과의 관계는 종료됩니다. 구매와 동시에 관계가 없어집니다. 하지만 할리데이비슨은 구매를 하는 순간 할리데이비슨과 고객과의 교감이 시작되는 것이죠. 할리데이비슨을 구매하는 것은

MINI
INTERVIEW

호그(H.O.G., Harley Owners Group)
김만재, 이현숙 부부

떻게 두 분이 함께 할리데이비슨을 타게 되었나요?

김만재
여자들이 할리데이비슨 탄다고 하면 굉장히 싫어해요. 남들이 타면 멋있다고 하는데 가족 중에 누군가가 타면 굉장히 거부반응을 일으켜요. 그래서 저는 아내도 함께 타야겠다고 생각하고 3년 정도를 설득했어요. 그런데 이제는 저보다 더 좋아합니다.

반대가 심하셨는데, 처음 할리데이비슨을 탔을 때에 어떤 기분이 드셨기에 지금은 남편 분보다 더 좋아하게 되셨나요?

이현숙
처음이었는데 신기했어요. 자전거는 발로 굴려야 가는데 조금만 해도 가니까. 위험하다는 생각보다, 재미있고 신기하고 '나도 탈 수 있구나' 라는 생각밖에 없었어요. 제가 접하고 보니까 왜 반대를 했을까 하는 후회가 들었어요. 뭐라 꼬집어서 이야기는 못하겠지만, 모든 것을 얻은 것 같은 기분, 원하는 대로 다 된 것 같은 막연한 느낌이요. 새로운 세계를 만난 것 같았어요.

아내 분이 느끼는 것과 다르실 것 같습니다. 왜 할리데이비슨이 좋으신가요?

김만재
세상이 복잡하잖아요. 특히 남자들은 일에 대한 스트레스를 비롯해서 자식 걱정, 부모님 걱정, 친구들과의 관계 등 사회 구성원들 속에서 항상 복잡함을 느끼며 살지요. 그런데 바이크를 타면 생각을 할 수 없어요. 다른 생각을 하면 안 되거든요. 아주 집중해서 타지 않으면 사고와 연결 되기 때문에 집중을 할 수밖에 없지요. 하루에 평균 6~7시간을 타면, 그 시간 동안 아무 생각도 하지 않아도 되요. 10년 20년 타서 능숙한 사람들도 절대 잡념을 가져서는 안 되고 가질 수도 없다고 말을 합니다. 생활이 지루해 지고 절망스러울 때가 있어요. 물론 기쁠 때도 있지만 행복하고 즐거운 생활이 삶에서 몇 % 되겠어요. 10% 안쪽일 것이에요. 지치고 힘들다가도 바이크를 타고 돌아오면 씻은 듯이 없어져요. 머리가 아주 깨끗한 상태로 돌아오게 됩니다. 이것은 어디에도 비교할 수가 없어요. 등산도 해보고, 다른 취미도 가져 보았지만 그래도 해소되지 않던 것들이 바이크를 타고 돌아오면 씻은 듯이 없어져요.

할리데이비슨과 다른 바이크가 다른 점은 무엇입니까?

이현숙
소리인 것 같아요. 다른 것은 타보지 않았지만. 다른 바이크는 스피드 위주인데, 할리는 소리에요. 그리고 할리는 다른 것과 달리 '보여주는' 바이크인 것 같아요. 다른 바이크는 속도를 내면 220km/h까지도 나오는데, 저희 팀의 로드캡틴이 늘 하는 말이 하나 있어요. '급하게 가지 말아라. 목숨은 하나다. 그냥 보여주면서 여유 있게 즐겨라. 절대 스피드가 아니다.' 이것인 것 같아요.

김만재
일반 바이크가 기동성에 있어서는 더 좋을지 몰라도, 할리데이비슨은 안전해요. 소리가 크고 무겁기 때문에 팔딱팔딱하며 다닐 수 없어요. 일단 내구성이 좋아요. 또한 소리가 크기 때문에 시선을 많이 받아요. 일단 내가 내 끼 천다보고 바이크가 있다는 것을 인지할 니까 서로 안전할

수 있고, 그만큼 사고의 위험도 적어지는 것이죠. 신경이 쓰이시는 분들도 계시겠지만 우리를 알리는 기능을 하는 것이죠.

소리가 굉장히 큰데 타실 때에 시끄럽거나 소음으로 여겨져서 라이딩에 방해가 되지는 않으시나요?

김만재
전혀 그렇지 않아요. 오히려 소리가 좋아서 타지요. 할리데이비슨을 사고 나서 가장 많은 돈을 들이는 부분이 머플러(마후라)에요. 좋은 소리를 내기 위해서 튜닝을 하지요. 지금도 제 바이크를 버리지 못하는 이유가 미치 어렸을 때 섬에 캠핑을 갔을 때에 듣던 통통배 소리를 떠올리게 하는 소리를 내기 때문이에요. 그 통통 소리가 정겹고 좋았어요. 상상의 나래를 펼 수 있어요. 엔진이 열을 받으면 통통통 퐁퐁퐁 소리를 내는데 굉장히 아름다워요. 이번에 유라시아 원정을 가서 2,400km의 비포장길을 달리다 보니 머플러가 견디지 못하고 모두 떨어져 나갔어요. 그래서 같은 기종을 타는 다른 사람의 것과 바꾸어 달았는데, 그 소리가 안 나는 것이에요. 내 바이크를 타는 것 같지 않았어요. 소리는 그만큼 할리데이비슨에게 아주 중요한 포인트에요.

할리데이비슨을 타고 있으면 RAW(날 것이 된다고)해 진다고 느끼시나요?

이현숙
바이크와 내가 하나가 된다는 의미라면 맞아요. 이렇게 느끼게 된 것은 얼마 되지 않았어요. 예전에는 내 바이크니까 탔는데, 이제는 제 몸 같이요. 제기 이렇게 움직이면 비이고도 같이 움직이는 것이 내 몸의 일부 같은 느낌이에요. 특히 코너 돌 때 그래요. 얼마 전까지는 코너가 많으면 두려웠어요. 그런데 어느 순간부터는 오히려 코너를 기다리게 됐어요. 예전에는 이 아이하고 나하고는 다른 존재였기 때문에 내가 끌고 가야한다는 부담감이 있었어요. 그런데 이제 하나가 되었다고 생각하니까 믿고 의지하게 되더라구요.

할리데이비슨의 브랜드 충성도는 굉장히 높은데, 그 이유는 무엇이라고 생각하시나요?

김만재
바이크는 생명하고 직결되어 있어요. 그 중에서도 할리데이비슨만의 매력을 말하자면, 참 신통해요. 알고 나서 탄 것은 아니지만 타다 보니, 비포장 도로 15,000km를 달려도 참 묵묵히 잘 달려요. 언젠가는 비가 오는 날에 갑자기 택시가 5~6m 앞에 서서 저도 갑자기 서야 했어요. 빗길에 넘어지면서 이렇게 사고가 나는 것이구나 하는 생각이 들었어요. 그때 본능적으로 앞브레이크를 잡았는데 옆으로 밀리던 바이크가 딱 선 것이에요. 그때 생각했죠. 너 참 대단하다, 네가 나를 구했구나, 참 신통하고 기특하다. 그러다보니 애착이 생기지 않을 수 없어요.

이현숙
투어를 다니다 보면 식사를 하고 라이딩을 할 때에 가끔 졸아요. 언젠가는 잠깐 졸았는데 눈 앞이 난간인 거에요. 그때 바로 가면 죽는다는 생각에 핸들을 꺾었는데 서는 거에요. 오라는 대로 와 줘서 너무 고마웠어요. 저는 할리데이비슨을 이 사람 때문에 알게 되었지만, 지금 바람은 제가 할메 가 되어서도 타는 것이에요. 힘이 닿을 때까지 탈 거에요.

CHAPTER 3

할리데이비슨이라는 테마파크에 입장하는 것과 같다라는 의미이죠.
저희는 모터사이클 브랜드 중에 의류라인이 가장 잘 갖추어진 브랜드입니다. 이러한 브랜드가 없죠. 자신의 개성을 충분히 나타낼 수 있는 의류가 잘 갖추어져 있고, 또한 할리데이비슨은 그 어떤 모터사이클도 똑같은 것이 없습니다. 이 또한 재미 중의 하나입니다. 내가 원하는 스타일대로 내 개성대로 내가 원하는 대로 제품이나 액세서리를 교체하는 재미도 있습니다. 그래서 할리데이비슨을 구매하면 라이프사이클이 바뀐다는 의미와도 같은 것입니다. 여러 가지가 동시다발적으로 고객을 만족시키는 재미있는 브랜드이죠.

전체 매출의 30%가 부가상품 매출이라고 합니다. 전략의 하나인 것 같은데, 사실인가요?

맞습니다. 그런데 이것은 전략일 수도 있고, 고객의 니즈일 수도 있습니다. 한 살짜리 아기가 있는데 이 아이에게 더 예쁜 옷을 입혀주고 싶은 마음과 같은 마음이 아닐까 합니다. 내 바이크가 있으면 굉장히 좋은 액세서리를 달아 주고 싶고, 좋은 옷을 입고 타고 싶어집니다. 그런데 다른 브랜드에서는 그런 여건을 갖추어 놓고 있는 브랜드가 없거든요. 수만 가지의 종류가 있습니다. 30가지 모터사이클 모델이 있고, 그립, 사이드 미러, 라이트 등 모터사이클이 의외로 바꿀 수 있는 것들이 많습니다. 그리고 고객이 새로운 것을 찾기 때문에 계속 만들어 내고 있습니다. 의류도 마찬가지고요. 전부 다 본사에서 수입해서 판매하고 있습니다. 대부분의 할리 고객들은 옷이든 두건이든 '할리데이비슨' 이라고 써 있어야 합니다.

할리데이비슨 하면 호그 이야기도 빼 놓을 수 없는데요. 현재 호그 멤버는 몇 명 정도 되나요?

인터내셔널 호그 멤버가 130만 명 정도 되고, 한국 호그 멤버는 1,200여 명 정도 됩니다. 1년 단위로 갱신을 하기 때문에 숫자가 들쑥날쑥 하지만 지금 현재 인원이 그 정도 됩니다. 천천히 증가 추세에 있고요. 국내 고객은 인터내셔널 호그 가입과 코리아 챕터 가입이 모두 가능한데 인터내셔널은 저희가 가입을 해드리고 그 중에서 국내 챕터는 선택입니다.

점차 할리데이비슨의 고객이 늘어나면서 그 동안 소수의 문화였던 것이 대중화되는 것에 대해서는 어떻게 생각하시나요? 대중화가 될수록 브랜드 아이덴티티를 유지하기가 어려워지는 것 아닐까요?

할리데이비슨의 문화는 여전히 소수의 문화입니다. 따라서 대중화라는 말은 맞지 않는 것 같군요. 아직 먼 이야기입니다. 국내 모터사이클 시장이 국내에서 생산을 하든 수입을 하든 모두 합쳐서 20만 대가 안 됩니다. 그런데 올해 저희의 목표가 1,000대니까 0.5%밖에 안 되는 수준이죠. 많이 대중화되었다고 느끼시는 것은 브랜드 파워가 강렬하기 때문에 그렇게 느끼시는 것 같지만 수치적으로는 여전히 소수의 문화라고 볼 수 있습니다. 또한 대중화라는 의미가 많은 사람들이 할리데이비슨을 즐긴다라는 의미라면 저는 환영할 만한 일이라고 생각합니다. 할리데이비슨을 타시는 분들 중에는 선민의식을 가지고 있는 분들이 계십니다. 남들이 즐기지 않는 것에 대한 선호를 보이시죠. 물론 그런 면도 있지만, 할리데이비슨은 함께 하는 문화입니다. 모터사이클 브랜드 중에 떼를 지어서 즐기는 문화를 가지고 있는 브랜드는 할리데이비슨 뿐입니다. 다른 브랜드들이 빨리가기 경쟁을 하고 있다면, 할리데이비슨은 20명도 좋고 50명도 좋고 100명도 좋으니 함께 즐기자 라는 생각입니다. 따라서 고객 폭이 넓어지면서 브랜드 아이덴티티를 지키는 것은 저희가 지향하는 것이고 저희의 할 일이 아닌가 하는 생각이 듭니다.

할리데이비슨 문신을 하시잖아요. 죽어서도 영원히 함께 하는 것이잖아요. 동일시시키는 것이죠. 문신하는 브랜드는 할리데이비슨밖에 없거든요. 애플이든 구글이든 아무리 브랜드 파워가 높다 하더라도 문신을 하지는 않잖아요. 무엇인가로 대체할 수 있기 때문이죠.

고객들은 할리데이비슨을 매개로 꿈을 실현하고 공통된 라이프스타일을 향유하는 사람들이라고 하는데, 고객들은 어떠한 공통된 라이프스타일을 가진 분들인가요?
할리데이비슨은 사실 레저입니다. 저희 고객들은 모두 자기 직업이 있습니다. 전문직, 회사원, 자영업 등 다양하시죠. 이 분들은 자기 생업을 위한 주된 라이프스타일이 있지만, 그분들이 할리를 타고 가죽 자켓을 입고 할리데이비슨 헬멧을 쓸 때에는 공통된 라이프스타일이 나오는 것이죠. 함께 즐기고자 하는 라이프스타일이라고 할까요. 또한 용기있는 분들입니다. 여러 가지 장벽을 극복해 낸 용기있는 분들이고, 자기 자신에 대한 애착이나 삶을 즐기려는 생각도 강하시고요.
연령층은 미국에 비해서 낮아도, 일반적인 모터사이클 연령대 보다는 높습니다. 가격적인 측면 때문만은 아니라고 봅니다. 모터사이클에는 다양한 카테고리가 있는데, 할리데이비슨은 아메리칸 투어로 한정을 짓고 있습니다. 그래서 스쿠터라든가 알차라고 불리는 엎드려서 타는 스포츠카와 같은 레플리카는 나이드신 분들이 타기에 적절하지 않거든요. 때문에 할리데이비슨 고객의 연령이 비교적 높은 것입니다. 또한 할리데이비슨은 속도를 즐기는 모델이 아니라, 80km정도로 천천히 주변 경관과 사람들을 즐기는, 크루징하는 모델입니다. A부터 B를 어떻게 하면 빨리 갈까를 고민하기보다는 과정 자체를 즐기는 모터사이클이기 때문에 더 안전하기도 하죠.
성별의 경우에는 남성분들이 훨씬 많습니다. 모터사이클 역사가 깊은 미국에서도 여성 비율은 10%가 안 되고, 우리나라는 아직 소수점이죠. 그런데 저희가 노력해야 하는 영역은 분명하고, 점차 늘어나고 있는 추세이죠. 호그 코리아 챕터 내에는 L.O.H라는 소그룹이 있습니다. Ladies of Harley라고 하는데, 할리를 타시는 여성분들의 모임이죠. 여성용 모델이 따로 있지는 않지만, 여성 라이더분들이 선호하시는 모델이 있는데 그것을 주로 타십니다.

어떤 고객 분이 할리데이비슨을 탈 때의 느낌을 '애마와 대화를 나누다 보면 어느새 눈물이 솟는다. 오늘도 자유를 찾아 살아있는 생명체와 다름 없는 할리데이비슨의 시동을 건다'라고 표현한 글을 봤습니다.
애마라든지 눈물이 난다든지 하는 것을 보면, 이것은 인터내셔널한 현상인데 고객들이 할리데이비슨과 자신을 동일시하는 경향을 보이세요. 할리데이비슨 문신을 하시잖아요. 여러가지 의미라고 생각해요. 죽어서도 영원히 함께 하는 것이잖아요. 동일시시키는 것이죠. 문신하는 브랜드는 할리데이비슨밖에 없거든요. 애플이든 구글이든 아무리 브랜드 파워가 높다 하더라도 문신을 하지는 않잖아요. 무엇인가로 대체할 수 있기 때문이죠. 하지만 할리데이비슨은 전혀 그렇지 않죠.

그래서 RAW하다고 생각한 것 같습니다. 나의 근원적인 감정을 그대로 표출하게 해준다는 점에서 말입니다.
사실은 할리데이비슨이 모터사이클이라는 브랜드에 집중해서 애정을 가지고 지금까지 잘 이끌어 왔기 때문에 사람들이 모터사이클의 원형으로 생각하고 있는 것 같아요. 모터사이클하면 이상적인 ideal 브랜드로 할리데이비슨을 떠올리시는 것이죠. 그런 면에서 RAW하다고 볼 수 있겠죠. 한 카테

CHAPTER 3

'genuine'이라는 단어를 생각했습니다. 정통인 것이죠. 할리데이비슨은 모터사이클의 정통이고, 청바지의 정통은 리바이스죠. 이렇게 소비자들에게 genuine이라는 이미지를 심어주는 것, 그 카테고리의 원형이 되는 것이 RAW한 브랜드 아닐까 합니다.

고리의 원형이 되고 있다는 점에서 RAW하다고 생각해요. 또 한가지 측면은 할리는 '감성적'인 선택이라는 점입니다. 이 또한 RAW하다는 의미에서 일맥상통하는 것 같습니다. 할리데이비슨이 아니라 다른 모터사이클을 살 때에는 BMW나 혼다 바이크 등의 여러 브랜드의 배기량과 옵션 등을 모두 조사해서 이게 조금 더 낫다 싶은 것을 삽니다. 하지만 할리데이비슨은 그렇지 않거든요. 아무리 배기량이 좋고, 토크가 세고, A/S가 아무리 굉장해도 소용이 없거든요. 바로 할리데이비슨이어야지 내 갈증을 풀어줄 수 있는 것이죠. 이러한 면도 RAW하다는 것과 일맥상통하지 않나 하는 생각이 드네요.

'RAW'에 대한 차장님만의 정의를 내린다면 무엇인가요?
'genuine'이라는 단어를 생각했습니다. 정통인 것이죠. 할리데이비슨은 모터사이클의 정통이고, 청바지의 정통은 리바이스죠. 이렇게 소비자들에게 genuine이라는 이미지를 심어주는 것, 그 카테고리의 원형이 되는 것이 RAW한 브랜드 아닐까 합니다. 쉽지 않겠죠. 그런데 수많은 역사적인 브랜드들이 소멸해 가는 이유가 이것을 제대로 확립하지 못했기 때문이 아닐까 합니다.

RAW라는 것이 트렌드가 될 것이다라는 의견에 동의 하시나요?
RAW라는 것에 대해서 자극적인sensual 방향으로 가게 되면 아닌 것 같고 결코 좋은 방향도 아니라고 생각합니다. 자극은 계속 더 높은 수준의 자극을 원하는 것이잖아요. 제가 생각하는 RAW라는 의미는 오리지널적인 것, 아날로그적인 것입니다. 이전에 IT쪽에 있었는데, 현대사회가 얼마나 복잡한지 하루가 다르게 변하고 그것을 학습하다 보면 또 다른 것이 생기는 것의 반복이었습니다. 정말 정신이 없었죠. 휴가를 받으면 조용한 곳에 가서 가만히 있고 싶었어요. 혼자 가만이 있고 싶다라는 상상을 했습니다. 많은 현대인들이 저처럼 점점 복잡하지 않으면서도 정통적인 것, 내가 진정 원하는 하나만 하는 것을 원하고 있는 것 같습니다. 그런 의미의 RAW라면, 앞으로 트렌드가 될 수 있다고 봅니다. UB

MINI INTERVIEW

호그(H.O.G.,Harley Owners Group)_**이태희**
(할리데이비슨 동호회 사하라라이더스 듀스/
삼성 라이프테크 컨설턴트)

안정현
현재 할리데이비슨 코리아의 마케팅 팀장으로 한국외국어대학교를 졸업하였으며 삼성 에스원에서 영업기획 업무를, ㈜한글과컴퓨터에서 마케팅 업무를 담당하였다.

어떻게 할리데이비슨을 타게 되었나요?
남자라면 누구나 탈 것에 대한 욕심이 있어요. 폭주족이 생겨나는 이유도 질주를 해보고 싶고, 기존의 틀을 깨고 싶고 반항도 하고 싶은데 그것을 채워주는 최적의 것이 바이크이기 때문이에요. 남자들은 누구나 이러한 욕구를 가지고 있는 것 같습니다.

탈 것의 원형은 '말'이라고 볼 수도 있을 것 같은데, 할리 탈 때에 마치 말을 타는 듯한 느낌을 받으시나요?
저희 팀 회장님이 늘 하시는 말씀이 "예전에는 말을 탔다면, 우리는 바이크를 탄다."라고 하세요. 말이 목초를 먹듯이 휘발유를 먹고, 말이 따그닥 따그닥 말발굽 소리를 내면서 달리듯이 할리는 엔진 특유의 메커니즘 상 그러한 말발굽 소리를 내게 되어 있습니다. 또한 달리면서 자유를 느낄 수 있고, 잘 관리해 주지 않으면 안 되고요. 현대의 말이라고도 생각합니다. 제가 타는 팻보이라는 기종의 경우 보통 팔을 앞으로 뻗어서 타는 기종과 다르게 마치 말 고삐를 잡듯이 팔을 아래로 쭉 뻗고 탑니다. 안장 위에 앉아서 말의 고삐를 잡은 듯한 자세로 탈 수 있게 되어 있어요.

할리데이비슨은 모터사이클이 아니라 문화라고 말해지는데, 그 문화란 커뮤니티 문화를 말하는 것인가요?
그렇습니다. 하지만 이 커뮤니티 문화에 대한 생각은 극과 극입니다. 잘 맞는 분들은 즐기는 반면, 배타적인 문화에 거부감을 느끼는 분들도 계십니다. 저는 팀 활동을 하고 있는데, 이런 말을 하곤 합니다. '우리는 목숨을 건 놀이를 한다'라고요. 할리데이비슨의 슬로건 중에 하나가 'RIDE TO LIVE'입니다. 살기 위해 탄다. 우리는 목숨을 건 놀이를 하는 동호회이기 때문에 서로의 안전을 위해서 희생을 하는 부분이 상당 부분 있고 이를 수용하느냐 수용하지 못하느냐에 따라 팀 활동 지속의 유무가 결정되는 것 같습니다. 바이크를 잘 타는 사람이 누구냐 하면 저희들끼리 우스갯소리로 오래 타는 사람이 잘 타는 사람이다라고 말하기도 하지요. 타인의 안전을 위해서 개인의 취향까지 포기할 수 있어야 팀에서 활동할 수 있습니다.

할리데이비슨이 최고의 브랜드로 손꼽히는 이유는 무엇이라고 생각하십니까?
마케팅 방향 때문이라고 생각합니다. 할리는 역사가 오래되면서 라이더들의 문화가 형성이 되었고, 그래서 한국에 할리데이비슨이 들어올 때에 바이크가 들어온 것이 아니라 미국의 바이크 문화가 들어온 것입니다. 맥도널드가 들어 왔을 때 햄버거가 아니라 빨리빨리 먹는 패스트푸드 문화가 들어 왔듯이, 할리데이비슨도 문화와 함께 넘어 왔고 할리데이비슨 코리아에서 적극적으로 그것을 알렸기 때문에 가능했다고 봅니다. 단순히 바이크를 많이 팔려고 했다면 어렵지 않았을 것 같아요. 그런데 문화적으로 침투를 하기 위해서 서서히 마케팅 활동을 했지요. 할리를 타면 가죽자켓을 입은 멋진 사람이라는 이미지를 심는 것은 굉장히 어려운 일입니다. 그런 의미에서 할리데이비슨의 마케팅 활동 또한 굉장히 치밀했다고 생각해요. 저도 거기에 당한 사람 중의 하나이고요.

할리를 타고 있으면 RAW해 진다고 느껴지시나요?
사람이 원초적이 되죠. 시선을 즐기게 돼요. 신호 대기에서 서 있으면 혼자 서 있을 때와 여럿이 서 있을 때의 그 위용이 다르잖아요. 그리고 나와 동질감이 있는 사람들과 함께 서 있고 달린다는 것, 남자의 질주 본능을 느끼게 해 준다는 것, 이러한 것들을 보았을 때 동의합니다. 함께 타시는 분들을 보면 그 다음 날에 말끔하게 양복을 차려 입고 출근을 하시는 분들입니다. 그런데 할리를 타고 있는 그 순간만큼은 야생이 됩니다. 본연으로 돌아가고 순수함으로 돌아가려고 하는 것이죠. 30대든 60대든 모두 같은 기분을 느끼기 위해서 같아지는 순간입니다. 하지만 할리데이비슨에 대한 선입견에 대해서는 아쉬움이 많습니다. 양아치다 돈있는 한량들이다 이렇게 생각하시는데 대부분의 할리 라이더 분들은 남들에게 피해를 안 주고 법을 준수하는 라이딩을 하려고 노력합니다. 그래서 이미지가 조금 쇄신되었으면 좋겠어요.

할리데이비슨은 오감 중에 특히 청각을 자극하는 브랜드라고 생각합니다.
할리를 타시는 분들이 조금 더 빠른 것을 타고 싶다라고 하면서도 못 바꾸는 이유가 소리 때문이에요. 그것이 가장 큰 이유 입니다. 할리데이비슨 바이크를 사면 머플러를 거의 다 교체를 하세요. 그리고 어떤 소리가 나는 머플러로 교체를 할 것인가에 대해서 엄청나게 고민을 합니다. 그런데 2000년도 중반을 기점으로 서서히 바뀌고 있습니다. 이전에는 할리가 연료를 공급하는 방식이 캬뷰레터 방식이었는데, 이제는 인젝션이라는 컴퓨터 분사 방식으로 바뀌었습니다. 캬브식 바이크는 겨울에 예열도 하고 해야 해서 관리가 쉽지 않습니다. 대신 포테이토 사운드라고 하는 '두구둥 두구둥'하는 말발굽 소리가 납니다. 이 포테이도 사운드가 좋아서 할리를 타는 분들이 굉장히 많았는데, 분사 방식이 자동조절되면서 최근 바이크들은 '후두두두두' 하는 소리가 납니다. 캬뷰레터 방식의 중고 바이크 가격이 떨어지지 않는 이유도 청각을 자극하는 배기음 때문입니다. 그런데 일견 인젝션 방식만 생산되다 보니 두두두두하는 소리가 할리소리처럼 되어버린 경향도 있어요. 소리가 할리에게 있어서는 굉장히 중요했는데 점점 미약하게나마 배기음의 비중이 줄어들고 있지 않느냐 하는 생각이 들어요.
최근에 여자분들이 까칠하게 대하는 나쁜남자에게 더 매력을 느낀다고 하잖아요. 할리데이비슨이 지나가면 시끄럽다고 손가락질하면서도 나도 한 번 타보고 싶다라는 생각이 들게 하는 양면성이 존재하는 것 같습니다. 악동의 이미지랄까요? 그 부분에서 웅장한 배기음이 한 몫을 한 것 같습니다.

다른 바이크와 할리데이비슨의 차이점은 무엇인가요?
기계적으로 아주 우수하거나 가격대비 성능이 좋은 것은 아닙니다. 가격대비 성능 면은 일본 브랜드, 가치나 매커니즘의 우수성 면에서는 유럽의 바이크가 좋습니다. 그런데 할리는 마치 예전 대우의 탱크주의가 생각날 정도로 내구성이 뛰어나요. 미국제라고 하면 떠오르는 왠지 아날로그적이고 크고 튼튼한 이미지가 있는데 할리 또한 그렇습니다. 주변 분들을 보면 대부분이 여러 바이크를 섭렵하고 가장 마지막에 할리에 정착하시는 분들이 많았습니다.

CHAPTER 3

음~~~~흠, 신이 만든 향기를 팔다

The Interview wtih 러쉬코리아 대표 우미령

'싱싱할'을 뜻하는 LUSH. 이름에 걸맞게 그들은 신선한 천연재료만을 사용하는 넉에 누구도 따라 할 수 없는 강력하고 매력적인 향을 갖게 되었다. 무화과, 레몬, 올리브, 건포도 등이 그대로 박혀있는 그들의 제품을 보고 있자면 혹시 푸딩이 아닌가, 아이스크림이 아닌가 하는 착각을 일으킨다. 인간의 감각 기관 중 가장 예민하여 쉽게 피로 되고 금세 마비되어 버리는 후각을 끝없이 자극함에도 불구하고 사랑받는 러쉬는 소비자에게 있어 신이 만들어준 천연 페로몬과도 같다.

CHAPTER 3

FRESH HANDMADE COSMETICS

러쉬와 관련된 이슈의 중심에는 항상 향기가 있는 것 같습니다.
아무래도 인공 향을 첨가하는 것이 아니라 천연 재료 그대로를 사용하기 때문에 훨씬 향이 강하죠. 저희 직원들도 이 러쉬 향이 몸에 배어서 재미있는 일도 많았다더군요. 어떤 여직원은 버스를 탔을 때 자기한테서 너무 좋은 과일 향이 나서 어떤 사람이 무슨 향수 쓰냐고 물은 적도 있었답니다. 저도 어디 가면 뭔가 좋은 향이 난다는 소리를 들어서 기분 좋을 때가 종종 있었습니다. 제 친구 중에는 제가 저 멀리서 걸어와도 제가 온다는 것을 느낀다는 친구도 있어요.

그러한 측면에서 보면 러쉬 또한 RAW한 브랜드라고 생각되는데 어떻게 생각하시나요?
제품 자체만 봐도 그렇다고 말씀드릴 수 있습니다. 아마 영국 본사의 생산공장을 보시면 깜짝 놀라실 거에요. 만화 같은 일이 벌어지죠. 계란, 딸기, 바나나를 박스 채 실은 트럭들이 줄줄이 들어옵니다. 러쉬 제품들은 그러한 재료를 통에 넣고 믹스해서 팩으로 만든다고 생각하시면 됩니다. 한국에서 제품을 생산할 때도 아보카도, 라임, 포도, 아몬드, 계란 등을 사서 그것을 에센셜 오일과 함께 바로 팩으로 만들거든요. 유해한 인공 방부제나 첨가물 없이 말이죠.

RAW라는 단어를 처음 들으셨을 때의 첫 연상이미지 혹은 단어는 무엇이셨나요?
러쉬를 런칭하기 전에 보석 디자인을 했었습니다. 사실은 보석이라는 것은 원석을 가공해서 그것을 소비자들의 취향에 맞게 디자인했을 때 탄생되는 것인데, 가공 이전의 원석을 보면서 그것 자체도 너무 아름답다는 생각을 많이 했었습니다. 많은 사람들이 원석이 가공되지 않고서는 정말 아무것도 아닌 것이라고 생각하는 경우가 많았죠. 그런데 요즘에 오히려 원석 그 자체를 가지고 세팅하는 경우가 많이 생겨났더군요. RAW가 하나의 바람이 된 것 같아요. 원시적이고 가공되지 않은 느낌. 그것이 RAW라고 생각합니다.

> 요즘에 오히려 원석 그 자체를 가지고 세팅하는 경우가 많이 생겨났더군요.
> RAW가 하나의 바람이 된 것 같아요. 원시적이고 가공되지 않은 느낌.
> 그것이 RAW라고 생각합니다.

강한 향 때문에 코스메틱 브랜드임에도 불구하고 백화점 1층에는 입점할 수 없다는 소문도 들었었는데 사실인가요?
백화점 1층에 위치하지 못하는 데에는 여러 가지 이유가 있습니다. 우선은 비즈니스 측면에서 보자면 보통 백화점 1층에 입점한 브랜드들은 매출이 2~3억을 호가하고 가격대 자체가 10~20만 원 정도 하는데 저희는 색조 제품들이 아닌 스킨 케어 제품이 주를 이루기 때문에 가격대가 높지 않습니다. 광고나 샘플 프로모션을 거의 안 하기 때문에 가격에 거품도 없고요. 그렇기 때문에 그만큼의 매출을 일으키기에는 아직 역부족이어서 1층에 입점하지 못하죠.
말씀하신 향기가 강하기 때문에 입점하지 못하는 이유도 있습니다. 그래도 1층은 괜찮습니다. 문들이 있기 때문에 환기가 그나마 가능하죠. 그런데 저희가 식품부에 들어간 적이 몇 번 있었는데 천연 향과 음식 향이 섞이다보니 불편해 하시는 분들이 많이 있으시더라고요. 그래서 들어갔다가 빠진 적이 몇 번 있었습니다. 영국 본사에서도 비슷한 일이 일어났습니다. 미국의 뉴캐슬New Castle에 있는 한 매장에서는 위층에 위치한 관광안내소에까지 향이 심하게 올라온다는 불평이 들어와 천정을 메워야 했다고 합니다.

가공 과정 없이 천연의 것을 바로 사용하기에 힘든 점은 무엇입니까?
워낙 천연의 재료이고 가공이 정말 덜 된 상태의 제품들이라서 누구에게나 좋다고 저희가 말할 수 없

다고 생각해요. 왜냐하면 산에 가서 풀잎을 빻아 그대로 바르는 것 같은 느낌이기 때문에, 그것이 일반적으로 화학성분에 많이 노출되고 거기에 익숙한 분들은 사실 그렇게 하면 오히려 금세 빨개진다든지 너무 강해서 다른 부작용이 있을 수도 있다고 생각합니다. 천연이 좋다고는 하지만 누구에게나 좋은 건 아닐 수 있죠. 오히려 연구실에서 만든 화학성분이나, 정제된 것들이 좀더 안전할 수 있는 부분도 있습니다.

그러한 솔직한 기업 정신도 RAW한 면모인 것 같습니다. 강한 향기와 함께 러쉬의 두 번째 특징은 최소화된 포장인 것 같은데 앞으로도 계속 유지하실 계획이십니까?
지난 5년간은 그랬습니다. 특히 매장에서 판매되는 상품의 진열 형태는 더더욱 그러했죠. 그런데 올해부터는 우리 나라 화장품 관련법규때문에 의해서 어쩔 수 없이 패키지를 조금 더 추가하게 되었습니다. 뭔가 스티커를 붙여야 하는 등, 포장이 서너 단계로 된 상태에서 나가게 되어서 굉장히 안타까운 마음이 큽니다.

러쉬만의 브랜딩 요소가 조금 약해지는 불안감도 있으시겠습니다.
그런 점도 있긴 하지만 어떻게 보면 그간에 있어왔던 한가지 문제가 해결된 측면도 있습니다. 포장이 안 된 상태에서 진열을 하면 향도 강하고 색감이 그대로 노출되기 때문에 예쁘긴 했었는데 햇빛이나 조명에 의해서 그리고 먼지 때문에 색이 바래는 문제가 있었거든요. 그런데 포장을 하니까 색이 유지되더라고요.

A FRENCH KISS

가공하지 않은 것 같은 RAW함을 전달하기 위해서는 오히려 더 많은 노력과 가공이 거쳐져야 한다고 생각합니다. 마치 손을 대지 않은 것처럼 보일만큼 정교한 가공과정이 있을 것 같다는 의미입니다.
포장을 한 겹 함으로써 그 천연의 색을 더 잘 전달한다는 측면에서는 그렇게 해석될 수 있습니다. 또한 천연 원료가 주 재료이고 인공 방부제가 없기 때문에 고객께 신속히 배달하는 것이 생명입니다. 그래서 실은 일반 코스메틱 상품보다 더 많은 에너지가 들어가죠. 같은 맥락인 것이 러쉬 본사에서는 현재 색조 화장품 추가 개발에 심혈을 기울이고 있습니다. 그런데 워낙 천연 재료를 주 재료로 쓰다 보니 너무 어렵다고 합니다. 왜냐하면 사실 사과든, 장미든 그 빨간 색이 항상 똑같이 나올 수는 없잖아요. 자연이니까요. 만약에 '립스틱 12번 주세요' 그랬을 때 그 색은 항상 일정해야 하는데 그렇게 하기가 너무 힘들다는 것이죠. 그래서 그 천연의 것을 그대로 일정하게 살리려면 더 많은 노력과 공정이 들어가야 하기 때문에, 즉 RAW함을 보여주기 위해 노력 중입니다. 색조 제품은 우선 영국과 일본에서 런칭을 했지만 아직 한국시장에서는 위험 부담이 큰 것 같아서 지켜본 뒤 내년 정도에 런칭할 계획입니다.

그러한 천연 재료를 사용하시기 때문에 상품 사용법도 훨씬 복잡하고 어려워 보입니다.
그러한 점을 꼼꼼히 설명 드려야 하기 때문에 다른 브랜드라면 보통 2~3명의 직원이면 충분할 매장에, 3~4명이 필요해요. 게다가 시간도 오래 걸리죠. 고객이 들어오시면 일일이 각 제품에 대한 재료와 사용법을 다 설명해 드려야 하기 때문입니다.

소비자들은 그러한 사용에 있어서의 불편함을 어떻게 받아들이십니까? 그런 것까지도 감수하면서 사용하는 이유가 무엇일까요?
저희도 여러 가지 방법으로 소비자 조사를 하게 되는데, 우선은 그러한 사용법에 대해서 특별한 의미를 부여하시는 것 같습니다. 여타 상품처럼 펌프를 눌러 손 쉽게 사용하는 것이 아니라, 자연·천연의 것을 으깨

CHAPTER 3

여타 상품처럼 펌프를 눌러 손쉽게 사용하는 것이 아니라, 자연·천연의 것을 으깨면서, 물에 풀면서, 거품을 내면서 자기를 위해서 생각할 수 있는, 잠깐 몇 분, 몇 초의 자기만의 공정과정을 만드시는 것 같더라고요.

면서, 물에 풀면서, 거품을 내면서 자기를 위해서 생각할 수 있는 잠깐 몇 분, 몇 초의 자기만의 공정과정을 만드시는 것 같더라고요. 그러한 과정 자체가 나 스스로를 위한 투자 시간, 나 스스로가 굉장히 소중하다고 느껴지는 시간이라고 말씀하시더군요. 천연에 맞는 사용방법이라고 생각하시는 것 같습니다.

러쉬의 고객 분들은 주로 어떤 특성을 가지고 계시나요?
저희 고객 분들의 특징을 보자면 크게 두 가지 입니다. 첫 번째로, 특이하고 처음 보는 브랜드에 관심을 갖는 트렌드 세터 계층이 많으세요. 핫 제품에 대해서 관심이 많으시고, 만나 뵙고 이야기 나누어 보면 러쉬뿐만 아니라 모든 일상에서 그러한 경향을 갖고 계시더군요. 또한 웰빙 혹은 그 다음 단계를 추구하시는 분들이 대부분 이십니다. 환경을 생각해서 플라스틱 백 조차도 안 들고 다니시는 분들도 많이 계시고요. 그러한 점들이 러쉬의 이념과 굉장히 밀접한 사고를 보인다고 생각합니다.

주로 어떤 마케팅 전략을 사용하고 계신가요?
조금 까다롭게 진행됩니다. 우선 그러한 활동이 러쉬 전체의 아이덴티티 컨셉과 맞는지를 면밀히 살펴봅니다. 공짜로 뿌려지는 식의 마케팅은 하지 않습니다. 그리고 최대한 소비자를 직접 만나려고 노력합니다.

어떤 방법으로 소비자를 직접 만나시나요?
저희와 코드가 맞는 가수가 콘서트를 열면 단순히 후원이나 협찬에 로고만 올리는 것이 아니라 현장에 직접 제품을 다 가지고 나가서 그곳에 작은 매장을 차려요. 그러한 조건이 맞아야 할 수 있기 때문에 까다로운 것이죠. 그래서 콘서트 관람객이 지나가면서 '저게 뭐야?'를 고민하게 하는 것이죠. 단 한 사람이 보더라도 직접 테스트 해주고 느끼고 만지고 냄새 맡고, '아 러쉬 매장이 이렇구나' 그래서 다른 곳에 가서도 '아 그때 봤던 것이랑 똑같아'라는 느낌, 항상 똑같다는 느낌이 되는 마케팅을 진행합니다. 가장 최근에는 〈맘마미아〉 시사회장에서 그러한 마케팅을 진행했었고, 예전에 김장훈 씨와 함께 했었습니다. 김장훈씨는 사회 공헌 사업도 많이 하시기 때문에 저희가 사회에 전달하려는 메시지와 잘 맞는다고 생각했습니다. 주된 것은 사회에 어떤 메시지를 전달할 수 있느냐는 것이죠.

러쉬는 어떤 메시지를 전달하려고 하시는 것입니까?
우선 친 자연주의, 친 환경 운동이죠. 저희 러쉬의 철학 자체가 '어떻게 하면 다같이 잘 살 수 있을까'입니다. 사회에 공헌하려는 의지가 굉장히 강한 브랜드거든요. 더 자연에 가깝고, 처음 인류의 탄생을 생각하고 어떻게 하면 동·식물이 함께 자연스럽게 어울려 잘 살 수 있을까를 고민하는 브랜드입니다.

본사의 철학과도 같은 방향인가요?
러쉬 본사도 항상 그린에 대해서 포커스를 더 맞춥니다. 누구를 돕고, 사회적 약자에게 더 많은 기회를 제공하는 등의 노력도 하지만, 첫 번째로는 동물·환경 등에 대해 더 포커스를 맞추는 것 같아요. 플라스틱 백을 쓰지 않고 코스메틱 상품의 주 재료인 팜 오일을 어떻게 지속 가능하게 생산해 낼 수 있는가에 고민합니다. 밀림의 오랑우탄을 보호하는 기금이라든지 매장 자체도 어떻게 하면 전기를 쓰지 않고 좀더 원시적인 방법으로 구현할까를 연구하죠. 만화 같은 이야기 같겠지만 숲처럼 보이는 매장을 구상하기도 하고, 당장은 불편해도 장기적 관점에서 환경을

THE FRESH HANDMADE

보존하는 쪽으로 방향을 잡습니다. 네이키드 캠페인도 했었고, 길거리에 서서 플라스틱 백을 메고 가는 사람의 가방을 뺏어서 캔버스 백으로 교환 해준 것도 모두 같은 맥락입니다. 아직은 작은 힘일지는 모르지만, 그것이 개인이 하는 것 보다는 훨씬 효율적이라 믿고 있습니다.

RAW는 원형이라고 해석될 수도 있다고 생각합니다. 그러한 관점에서 코스메틱 상품의 원형은 무엇이라고 생각하시나요?
코스메틱 상품군의 원형은 건강하고, 아름다워지고 싶고 그 아름다움을 유지하고 싶은 욕구 혹은 치료의 개념으로 접근할 수 있을 것 같습니다. 러쉬의 입장에서 볼 때에는 인간이 태초에 가지고 있던 외면적 아름다움을 표현하게 해주는 것뿐만 아니라 내면적 사고 자체가 건전하고 건강해지도록 도움을 주는 것입니다. 또한 대부분의 사람들이 가지고 있는 외모 콤플렉스를 '엉덩이 해결사'와 같은 재미있는 이름을 통해 어딘가 만족스럽지 못한 부분을 솔직하게 인정하고, 웃으면서 기분 좋게 받아들일 수 있도록 합니다. 이를 통해, 사람들은 모두에게 아름답게 보이고 싶지만 결국 '미'라는 것은 보는 사람의 관점에 따라 다르다라는 사실 또한 다시 상기시켜 주죠.

> 길거리에 서서 플라스틱 백을 메고 가는 사람의 가방을 뺏어서 캔버스 백으로 교환 해준 것도 모두 같은 맥락입니다. 아직은 작은 힘일지는 모르지만, 그것이 개인이 하는 것 보다는 훨씬 효율적이라 믿고 있습니다.

점차 코스메틱 브랜드들이 그러한 원형을 다루는 움직임을 보이는 것 같습니다. 2004년부터 시작해 현재까지도 진행중인 도브DOVE의 리얼뷰티 캠페인도 비슷한 의미의 아름다움에 대한 접근인 것 같습니다. 이처럼 RAW한 접근이 트렌드라고 생각하십니까?
원형, 본질을 찾고 싶어하는 것은 인간의 본능 같습니다. 그리고 그러한 본질을 찾아가는 러쉬의 움직임을 포함해서 여러 분야에서 RAW를 고민하는 접근이 많이 일어나고 있는 것 같습니다. 지난 수십 년 간 빠르고, 편하고, 효율적이며 테크놀로지적인 것에 초점이 맞춰져 있었다면 적어도 그와 같은 기간만큼은 아니면 훨씬 더 길게 이 RAW라는 트렌드가 앞으로 보여질 것으로 예상합니다. 모든 국민이 다 그럴 수는 없겠지만 점차적으로 그 범위가 넓어지겠죠. RAW는 살아있는 한 영원히 지속될 인간 태초의 고민이 아닐까요?

사용자가 RAW함을 느끼게 해주기 위해서 어떠한 노력을 하시나요?
상품 구매 후 RAW함을 느끼는 요소는 사용자 자기만의 공정과정이 될 것 같습니다. 심지어 데오토란트도 직접 으깨서 쓰는 상품이 있습니다. 냉장고에 넣어두는 샤워 젤도 있고요. 뿐만 아니라 우선 상품 자체로 보면 천연의 신선도를 위해 매장에서도 냉장 보관 혹은 얼음 위에 올려놓는 디스플레이를 고안해 냈습니다. 온라인 주문에서도 신선도를 특히 요하는 상품은 매주 월요일까지 접수된 주문분만을 바로 제조한 후 바로 배송합니다. 상품 자체가 워낙 천연의 것 그대로를 쓰는 것 자체가 힘인 것 같습니다. 사실 그 제품의 힘 때문에 저희가 많은 것들을 쉽게 풀어내 가는 경우가 많죠.

《드림 소사이어티》의 저자 롤프 옌센은 본지와의 인터뷰에서 'RAW한 원형을 사용하고 진짜 본연의 것을 사용하면 그 자체가 스토리텔링이 된다'라는 말씀을 하셨었는데, 러쉬가 그러한 이점을 제대로 살리고 있는 것 같습니다.
작년 정도부터 저희 스스로도 놀랄 정도로 반응이 뜨거워졌습니다. 새로운 브랜드를 런칭한 기분이었습

WICCY MAGIC MUSCLES

CHAPTER 3

니다. 저희는 광고를 거의 하지 않고 프로모션도 소극적으로 하고 있었는데 작년쯤부터 큰 반응들이 왔습니다. 계속적으로 마니아 층이 늘어나면서 입소문도 크게 나고 있는 것 같고 그에 따라 매출 곡선이 크게 도약했습니다. 마케팅 할 때에도 굉장히 쉬워졌어요. 제품 명에 있어서도 비슷합니다. '파란 하늘과 푹신푹신한 하얀 구름들(Blue Skies & Fluffy White Clouds)', '신은 청결을 구하신다(God Save the Clean)', '핑크 캐롤라인(Pink Caroline)', '나는 코코 해야한다(I Should Coco)', '슬픈 샤워 젤을 위한 행복(Happy for SAD Shower Gel)', '벌거벗은 천사들(Angels on Bare Skin)', '전문가(The Ologist)', '세계평화(World Peace)', '8:30분 이후(After 8:30)', '피부에 대한 연민(sympathy for the skin)', '피부의 지상 낙원(Skin's Shangri La)' 등이 고객들에 의해 지어진 제품명이며 이렇게 RAW한 네이밍은 그 자체가 스토리텔링으로 이어지더군요.

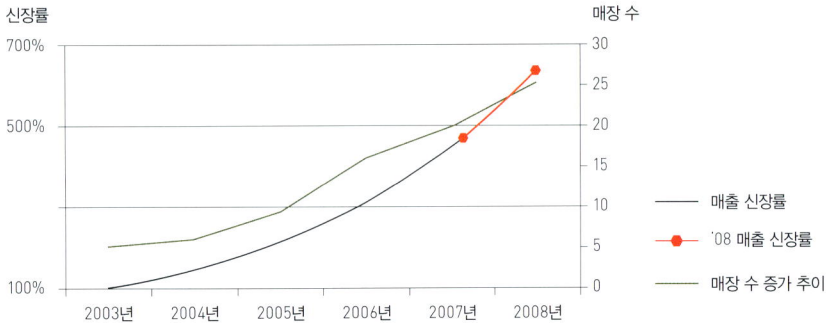

〈표 1〉 러쉬코리아의 매출 신장률 및 매장 수 증가 추이

매장에서 보여지는 POP 디자인도 손글씨인데 특별한 의도가 있으신가요?

기본적으로 모두 내추럴 톤을 맞추기 위해서입니다. 만물의 근원인 태양을 의미하는 노란색과 천연재료를 의미하는 연두색으로 이루어진 BI는 색채로서 브랜딩을 하기 위함인데 사실상 매우 강렬한 편입니다. 그래서 내부는 그 BI와 다양한 색상의 상품들의 내추럴한 분위기를 살리기 위해서 POP는 심플한 검정 칠판에 흰색 손글씨로만 표현하고 있습니다. 이 손글씨는 2002년도 런칭 당시 멤버의 작품인데 러쉬의 분위기를 정말 잘 살린 것 같습니다. 그래서인지 현재 영국 본사 등 유럽 각지와 미국에서도 저희 선물용 패키지 디자인을 샘플로 많이 활용하고 있고, 내년에는 국내 패키지 디자인 몇 점을 전 세계 44개국의 러쉬 지점에서 사용할 예정입니다.

RAW가 하나의 트렌드로 이해되는 것에 대해서 어떻게 생각하시나요?

동전에 양면성이 있듯이 RAW라는 트렌드가 좋은 점도 있지만 그 자체가 위험한 부분도 많은 것 같습니다. 가끔 뉴스에서 오히려 유기농이 더 안전하지 않다라는 말도 듣고, 그런 것에 관한 책도 나오고 하는 것을 보면 되려 불안한 생각도 듭니다. 마찬가지로 미디어에서도 사람들이 더 원초적이고 침해되어서는 안 되는 그러한 개인의 사생활을 끝까지 캐내어 밝혀내는 등의 그러한 원초적인 욕구 자체가 사실은 굉장히 위험한 발상인 것 같아요. 솔직한 것도 좋지만 휴머니티가 결여되면 모든 것이 순간 저질로 변모되는 위험성을 내포하고 있는 것 같습니다. 방향성과 도덕성도 RAW라는 트렌드와 함께 고민되어야 하겠죠. UB

우미령
동덕여자대학교 졸업 후 세계 최고 규모의 비영리 보석 연구 및 교육 기관인 Gemological Institute of America(GIA) 및 고려대학원 언론정보학과를 졸업하였다. 그 후 SanCho Jewellery 수석 디자이너, Nabbi Ltd. 이사 및 수석 보조 디자이너를 역임 후 현재는 러쉬코리아의 대표로 활동하고 있다.

러쉬 마니아_정세현
러쉬 마니아_서수진

MINI INTERVIEW

러쉬는 어떻게 알게 되셨나요?

정세현
입욕제에 원래 관심이 많았었는데, 2002년 캐나다 여행 때 처음 봤어요. 첫인상이 굉장히 독특했다고 할까요? 향기도, 색깔도 너무 특이했어요. 그래서 호기심으로 처음 써봤다가 한국에 2003년 런칭한 후 2~3년간 꾸준히 써왔습니다.

서수진
저도 사용한지는 2~3년 정도 된 것 같네요. 친구가 하도 좋다 길래 그럴거니 했다가 코엑스 매장에서 처음보고 솔직히 처음에는 친구 선물용으로 샀어요. 그 후에 매장 앞을 지날 때 마다 향기 때문에 종종 들리게 되더군요. 그러다 처음 사서 써보고는 이제는 마니아가 되었죠.

러쉬의 가장 큰 장점은 무엇인가요?

정세현
당연히 향기죠. 남들은 강하다고 생각할 수 있지만 저는 그것이 러쉬만의 차별점이라고 생각해요. 천연의 향 그대로라서 그런지 강한 듯 해도 머리 아프거나 하는 것도 없고요. 언제나 러쉬 매장 근처에는 뭔가 독특하고 기분 좋은 향이 있어요.

서수진
저도 매장에서 나는 그 향기가 너무 좋아요. 그래서 처음에는 그 향이 나는 제품이 있는지 물어 봤는데 없다고 하더라고요. 매장에 진열된 전체 제품의 향이 섞여서 나는 향이라고 하더군요. 그러면서 전체 제품을 하나씩 사서 집에 두면 날 지도 모른다고 해서 웃었어요. 돈이 없어서 못산다고 했죠. 저는 그 향이 너무 좋아요. 그래서 집에 몇 개 사다가 두기도 하는데 그런 향은 안 나더라고 고요. 그래서 가끔은 살게 없어도 매장에 가서 한 두 바퀴 돌고 그 향이 몸에 배게 할 때도 있어요.

향 말고는 어떤 점이 좋으신가요?

서수진
저는, 향도 향이지만 솔직히 그보다는 기능이에요. 단순히 향만 좋다고 했으면 이렇게까지 마니아가 되지는 않았을 것 같아요. 사실 직원들이나 주변에서 하는 말이 문제가 아니라, 써보면 알아요. 그전에도 천연제품이라고 소개되는 브랜드들 많이 써봤지만 러쉬는 정말 천연인 것이 믿어지는 브랜드였어요. 느낌이 달랐죠. 피부가 좋아지는 건 너무 좀 당연한 것 같고, 회사에서 피곤하고 스트레스 많이 받은 날 같은 경우 저녁 때 거품 목욕하면 사우나 안 가도 될 만큼 피로가 풀리면서 잠도 잘 오는 것 같고요. 특히, 마스크 오브 메그노민트라는 팩이 있어요. 민트 들어간 그 팩은 얼굴뿐만 아니라 많이 걸은 날은 다리에도 바르면 정말 시원해요. 천연제품이다 보니 어디에 써도 상관이 없는 것 같아요. 그 제품 처음 살 때 직원 말로는, 저녁에 라면 먹고 자서 아침에 얼굴 부었을 때 그 팩을하면 가라 앉는다는 거에요. 솔직히 그거는 증명 못하겠어요 여튼 그 직원말이 재미있어서 호기심에 샀다가 지금은 제가 가장 좋아하는 상품이 됐죠.

정세현
저 같은 경우는 몸이 굉장히 건성인데 보통 바디 로션은 끈적거리는게 너무 싫어서 잘 안 바르게 되더라고요. 근데 러쉬 바디버터는 고체 비누처럼 생겼는데 쓱쓱바르니 편하기도하고 보습효과도 로션보다 난 것 같아요. 그리고 저는 러쉬 제품이 너무 재미있어요. 특히 입욕제는 목욕 시간을 재미있게 해주는 것 같아요. 볼 형태니까 거품을 내면서 다시 아기가 된 것 같기도 하고요. 또 좋은 점은 자기가 원하는 향이 나도록 여러 상품을 조금씩 섞어 사용할 수 있다는 거죠. 개인 제조상품(?), 그런 점이 재미있는 것 같아요.

재미있는 에피소드가 있으신가요?

정세현
러쉬가 워낙 광고를 안하고 마니아들만 쓰다 보니까 이름 때문에 재미있던 적이 있었어요. 처음에 여기서 제품써보고 너무 좋아서 친구들에게 마구 이야기 했더니 러쉬에서 그런 비누 같은 것도 파냐고, 그런데서 나오는 물건 쓰면 안 된다고 하더군요, 다단계 일지도 모른다면서요. 러쉬 앤 캐쉬 Rush & Cash 라고 알아들은 거죠.

서수진
전 재미있다기 보다는 신기했던 경우가 있었죠. 처음에 아쿠아마리나라는 제품을 샀을 때 불이 들어가면 제품이 상한다고 하더라고요. 조심조심 쓰다가 거의 다 썼을 때 정말 상하는지 궁금해서 물을 넣고 놔둬봤죠. 그랬더니 곰팡이가 생기더라고요. 너무너무 신기하고 믿음이 가더라고요. 이래서 러쉬구나 했죠. 그때부터 정말 많이 산 것 같아요. 믿어버린 거죠.

사용법이 불편한 것 같은데 그럼에도 불구하고 계속 사용하시는 이유는 무엇인가요?

서수진
보통 화장품 사면서 특별한 주의사항을 들어본 적이 없던 것 같아요. 그냥 실온에 두고 쓰면 된다는 식이었어요. 하지만 러쉬는 사용법이 뭔가 까다로웠고 그만큼의 수고가 고스란히 장점으로 돌아왔기 때문에 신뢰가 되니까 계속 사용하게 되는 것 같아요. 처음이 익숙하지 않아서 그렇지, 익숙해지면 오히려 더 편한 것 같아요. 제 나름대로의 규칙이 생기거든요.

정세현
물론 사용과 보관에 불편한 점은 있어요. 특히 헤어관련 고체 상품이 그런 것 같아요. 어떨 때는 조금씩 녹아버리는 것 같아서 너무 아까웠어요. 그런데 쓰다보니 오히려 더 오래쓰는 것 같아요. 보통 샴푸는 그냥 쭉쭉 눌러서 사용하면서 더 헤픈 것 같기도 하고요. 그리고 천연이라는 믿음이 있으니까 저에게 좋은 것만 주는 것 같은 느낌이 들어요. 이번 기사가 RAW와 관련된 기획이라고 들었는데 그런 점에서 저는 러쉬가 RAW한 브랜드 같아요. 자연 그대로 가장 친숙하되 사람에게 이로운 것이 뭘까를 계속 해서 고민하는 브랜드가 RAW한 브랜드라고 생각하거든요.

CHAPTER 3

똑, 쪼로록, 쪼로록, 똑, 똑, 커피의 즙을 먹다

The interview with 일리 코리아 제너럴 매니저 이창훈

100%, 7g, 52, 250,000, 90°c, 9bar, 25sec, 25cc….
위의 숫자가 의미하는 것은 과연 무엇일까? 화학 공식처럼 복잡한 이 숫자들의 나열은, 완벽한 에스프레소 한 잔을 뽑기 위한 일리만의 공식이다. 100% 아라비카 종으로 된 7g의 커피 블렌드blend는 52개의 원두 알을 의미하며, 이 원두 알은 그라인더가 25만 개의 입자로 분쇄시킨다. 그 입자를 90도의 물과 9기압이라는 물의 압력으로 25초 동안 25cc의 에스프레소를 추출하게 되는데, 이러한 모든 조건 속에서 뽑아내는 한 잔의 에스프레소만이 완벽하다는 것이다. "커피 회사가 어떻게 화학을?" 이라는 의문에 있어서 그들은 아주 간단 명료하게 대답한다. "커피의 본질을 지키기 위해서"라고.

CHAPTER 3

일리가 추구하는 것은 완벽한 커피,
오직 한 가지밖에 없어요.
그걸 위해서 모든 것을 유지하고 고수하고
관리하는 것이지요.

저희는 RAW를 정의할 수 있는 것 중의 하나가 '본질'이라고 생각합니다. 그리고 커피의 본질인 에스프레소를 누구보다도 잘 이해하고, 그 본질을 지키고자 노력하고 있는 브랜드가 일리라고 생각했습니다.

네, 맞습니다. 정확한 표현입니다. 일리가 추구하는 것은 완벽한 커피, 오직 한 가지밖에 없어요. 그걸 위해서 모든 것을 유지하고 고수하고 관리하는 것이지요.

일리 커피는 1933년 프란체스코 일리에 의해 설립되었는데, 그의 아들인 어네스토 일리를 거쳐 현재는 그의 손자인 안드레아 일리Andrea Illy가 3대 회장직을 맡고 있습니다. 이 분들이 모두 화학 박사 출신이에요. 화학에 대한 전문 지식과 커피를 접목시킨 거죠. 특히 어네스토 일리는 이러한 노력으로 '파파 빈Papa bean'이라는 별명까지 얻었습니다. 또한 일리에서 처음 출간한 책이 《Art and Science of Espresso》인 것처럼, 일리가 만들어낸 과학을 토대로 에스프레소 한 잔에 예술을 담아냈다는 내용이지요. 즉, 설립 이후 지금까지 75년 동안 똑같은 맛의 역사를 지켜올 수 있었던 것 자체가 커피 본질에 대해서 끊임없는 연구를 해왔기 때문에 가능한 일이었죠. 저희는 커피 종류가 하나밖에 없기 때문에, 마니아 분들을 절대 속일 수가 없거든요.

1. 1930년 프란체스코 일리에 의해 고안된 커피 캔
2. 커피 실험실에 있는 어네스토 일리
3. 일리의 가족들(일리는 3대 가족이 운영하는 기업이다)
4,5. 좋은 커피 원두를 선별하기 위한 일리의 노력

보통은 하나의 브랜드에 커피의 등급에 따라 여러 가지 종류의 커피를 팔지 않습니까? 커피가 한 가지밖에 없다는 말씀이신가요?

그렇죠. 저희는 최고급 품질의 한 가지밖에 없어요. 그렇기 때문에 최고급 생두를 지속적으로 수급 하기 위해 많은 노력을 기울이고 있습니다. 예를 들어, 브라질의 경우에는 '브라질 어워드 Brazil Prize'라는 것을 만들어서, 가장 경작을 잘한 농가에서 시중 거래 가격보다 높게 매입하고, 상을 수여(Premo Brasil de qualidade do cafe' para espresso 제도)하는 등의 장려를 해요. 또한 커피의 품질을 분석하기 위해 색상 지도 기계 Color mapping machine를 사용하고, 이 기계는 초점 참조점(적색, 녹색, 적외선)을 사용하여 커피에서 반사되는 반사율을 분석하는 등 보통 생두가 생산라인 앞에 도착하는 순간부터 완제품이 나오기까지 총 114번의 품질 확인 작업을 합니다.

인터넷에 보면, '일리에는 어떤 등급의 커피가 있나요?' 라는 질문이 있고 그 답변에 '녹색 뚜껑 캔은 제일 낮은 등급이고, 빨간 뚜껑 캔이 가장 높은 등급입니다'라고 적혀있는 경우도 있는데, 말도 안 되는 것이고요. 저희는 등급의 구분이 없어요.

그래서 일리의 빨간색 로고가 가지는 그 신뢰는 실로 대단한 것이지요. 그래서 고객들이 전 세계 어디에서든지 그 로고만 본다면, '아, 여기에서는 완벽한 커피, 일리 커피를 마실 수 있겠구나'라는 인식을 하게 된 것입니다. 저희는 'illy is always illy'라고 늘 말하는데, '일리는 항상 일리다. 변하지 않는다'라는 것이지요.

CHAPTER 3

'A CUP OF PERFECT ESPRESSO',
즉 완벽한 한 잔이라고 표현을 하는데,
완벽한 한 잔의 커피를 만들기 위해서는
4M이라는 4가지 요소가 필요합니다.

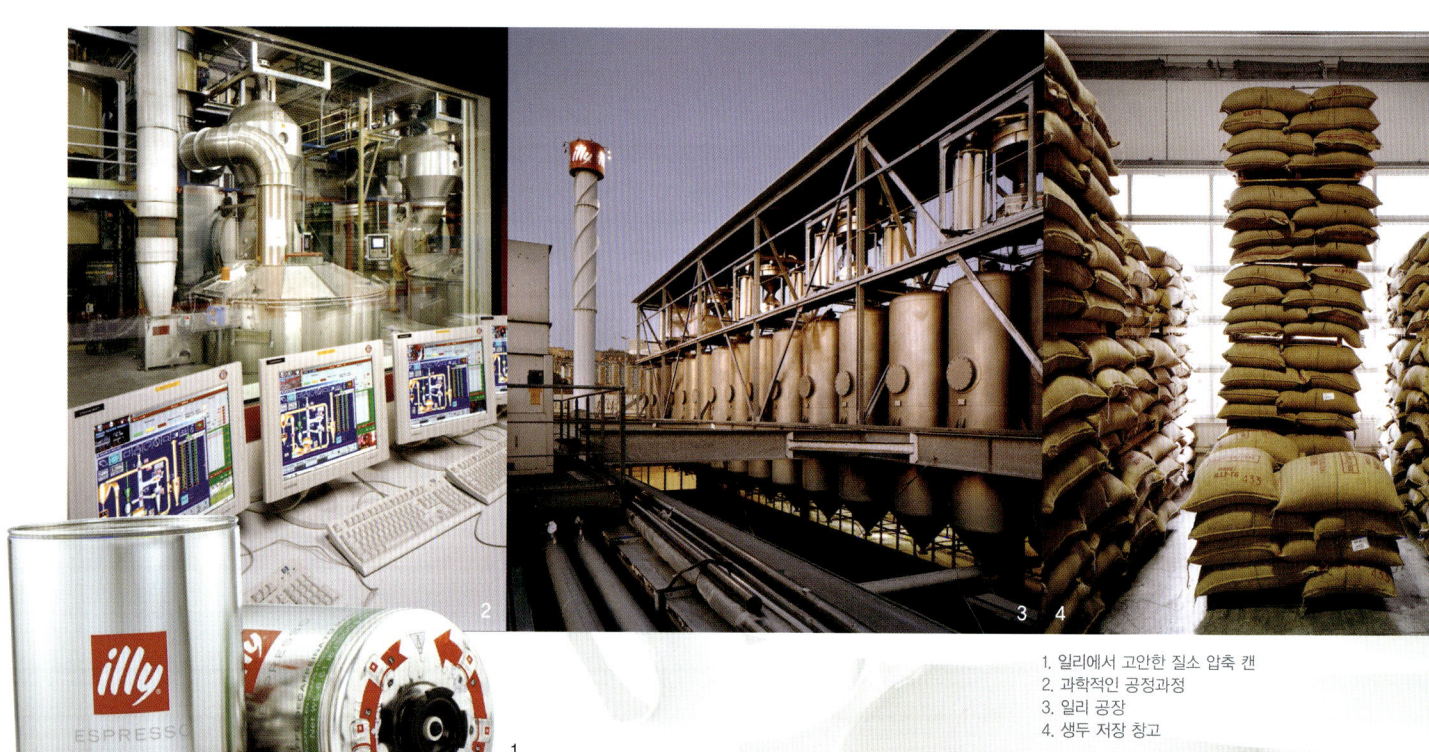

1. 일리에서 고안한 질소 압축 캔
2. 과학적인 공정과정
3. 일리 공장
4. 생두 저장 창고

커피를 완벽히 만드는 것도 중요하지만, 전 세계로 유통을 한다면 그 과정에서 변질되지 않도록 온전히 유지하는 것도 중요하다고 생각합니다. 이를 위해서 어떤 노력을 기울이고 계신지요?
일리는 커피를 포장하기 위해 실제로 많은 노력을 해왔습니다. 일리 커피가 다른 회사와 경쟁해서 살아남기 위해서는, 아무리 커피 블렌딩을 잘 했다 하더라도 포장이 제대로 되어 있지 않으면 전 세계로 수출을 할 수가 없지 않습니까. 보통 배를 타고 다른 나라로 가는 기간이 60일 정도인데, 그 동안에 산화가 많이 되잖아요. 그 산화를 막기 위해서 개발한 것이 바로 질소 압축 캔입니다. 커피가 담긴 캔 내부의 공기를 100% 제거하고 질소가스로 대체하여 대기압력보다 높은 압력으로 포장하는 방법을 말하는데, 커피 원두 내부의 향을 유지시켜 줄 뿐 아니라 숙성 작용을 일으켜 커피의 향과 향미를 더욱 강하게 해줍니다. 3년까지는 맛의 변화가 거의 없습니다. 이처럼 단순해 보이는 3kg짜리 캔 하나에도 일리의 모든 과학 기술이 녹아 있다고 해도 과언이 아니죠.

75년 동안 변하지 않는 커피 맛을 철저히 지키기 위해 노력해 왔다라는 것은, 커피의 본질적인 맛에 대한 추구이자 저희가 말하고자 하는 RAW한 오감 중 미각의 측면에서 바라볼 수 있다고 생각합니다.
그렇습니다. 'A CUP OF PERFECT ESPRESSO', 즉 완벽한 한 잔이라고 표현을 하는데, 완벽한 한 잔의 커피를 만들기 위해서는 4M이라는 4가지 요소가 필요합니다. 첫째는 Miscela라고 불리는 완벽한 품질의 커피 블렌드blend가 필요하고, 그 다음은 Macinadosatore라고 불리는 그라인더(분쇄기)와 분쇄된 양이 필요하며, 세 번째는 Macchina espresso라고 불리는 좋은 에스프레소 머신, 그리고 마지막에는 Mano dell operatore라고 불리는 운영자 즉, 사람이 필요합니다. 이 4박자가 하나라도 맞지 않으면 완벽한 한 잔의 에스프레소가 될 수 없는 것이죠.

그 완벽한 한 잔의 에스프레소를 만들기 위해서 네 가지 요소를 공식화 시켰는데, 지금은 전 세계 아카데미에서 다 사용하고 있습니다. 일단 에스프레소 한 잔을 만들려면 100% 아라비카 종으로 된 7g의 커피 블렌드가 필요합니다. 7g이면 원두 알이 52개 정도 되는데, 52개의 원두 알을 그라인더가 25만개 정도의 입자로 분쇄를 시킵니다. 그리고 그 입자를 90℃의 물과 9기압이라는 물의 압력으로 에스프레소를 추출하는 것입니다. 이러한 압축 방식을 최초로 이용한 머신이 일레타illetta 였고요. 이 머신을 사용하면 기존의 드립식 커피에서는 볼 수 없는 크레마가 나타나는 현상이 있는데, 이 크레마에 있는 아로마 성분을 살려낼 수 있는 것이죠. 이걸 25초 동안 25cc 정도를 뽑아내야 합니다. 25초라는 기준은 커피가 추출될 때, 신맛이 제일 먼저 나고 그 신맛이 쓴맛으로 바뀌는데, 그 신맛과 쓴맛의 밸런스를 맞출 수 있는 시간이 25초이고 그 양이 25cc라는 것이죠. 즉, 그 이상이 되면 쓴맛이 더 많아지고, 그 미만이 되면 신맛이 많아지는 것입니다. 대신 신맛이 많이 나는 커피는 아로마 향이 풍부하고, 쓴맛이 많은 커피는 커피 양은 많아지지만 커피 농도가 묽어지고 향 자체도 부드러워지는 것이지요.

이러한 다양한 요소를 조합하여 한 잔의 완벽한 에스프레소를 만들어냅니다. 그걸 만들어내는 커피 브랜드가 거의 없기 때문에 일리 커피가 명품이라고 이야기하는 것입니다.

일리 커피가 추구하는 것은, '커피의 명품이란 누구나 쉽고 가장 저렴한 가격으로 즐길 수 있어야 한다'는 것입니다. 즉 커피를 마시는 모든 이들에게 눈과 사고로 경험할 수 있는 커피에 대한 극대화된 모든 체험을 제공하고자 하는 것이지요. 그래서 예술이라는 자연적인 언어를 선택한 것입니다.

숫자를 굉장히 강조하여 말씀 하시는 것 같습니다.
에스프레소의 RAW, 본질을 정확하게 유지하기 위해서죠. RAW라는 것은 일리와 굉장히 밀접하다고 생각합니다. 일리가 추구하는 것은 오직 한 가지밖에 없어요. 오직 하나. 그것을 위해서 모든 것을 연구하고 법칙을 만들어 놓은 것이기 때문에, 절대로 저희가 임의로 변경할 수는 없습니다.

에스프레소의 본질을 정확하게 유지하기 위한 4M 공식을 만들었다는 사실은, 저희의 관점에서 해석하자면 에스프레소의 'RAW'를 지키기 위한 브랜딩 과정이라고도 볼 수 있을 것 같습니다. 그렇다면 그 요소를 완벽히 갖추기 위해 기울이셨던 노력은 구체적으로 어떤 것이 있을까요?
사실 일리 커피가 1933년 이탈리아에서 처음 설립되었을 때에는 워낙 로컬 로스트들이 많아서 어려웠습니다. 동네에 하나씩 다 있기 때문에, 뭐 옆집에서 친구들이 커피 볶으면 그것을 공급 받으면 되는 그런 문화였거든요. 워낙 기존의 커피 퀄리티도 높고, 시장이 좁은 상태에서 상위 5%만을 공략해서 사업을 했기 때문에 무척 힘들었죠. 그럼에도 불구하고 일리가 유명해지게 된 계기가 몇 번 있었습니다.

1935년도에 일레타illetta라는 최초의 반자동 커피머신을 발명하게 됩니다. 커피의 첫 번째 변혁기를 맞이하게 되는 시기라고도 할 수 있는데, 압축공기를 이용한 증기로 에스프레소를 뽑아내는

CHAPTER 3

기술을 통해 처음으로 커피를 연속적으로 추출하는 것이 가능해졌습니다. 이 시기 이전에는 에스프레소라는 단어가 없었죠.

그리고 1961년도에 발명한 페이마 E61 리전드 FAEMA E61 Legend라는 에스프레소 머신이 있습니다. 지금 저희 에스프레사멘테 일리Espressamente illy 매장에서 사용하고 있기도 한데, 이름에서도 알 수 있듯이 커피의 전설입니다. 1961년도에 이 머신이 발명되면서 커피 시장은 또 한번의 변혁을 겪었습니다. 바리스타라는 직업이 그 때부터 생기기 시작했고, 전 세계 1기 바리스타가 이 머신을 사용했거든요. 아직도 이태리에 가면 40년이 넘은 이 에스프레소 머신이 너무나도 많이 쓰이고 있고, 지금도 그 디자인과 똑같이 머신이 나오고 있습니다.

4M의 마지막 요소를 사람으로 꼽으셨는데, 어떠한 철학이 있으신 것인가요?

사실 커피를 만드는 일은 사람이 하는 일이기 때문에, 공식이 없는 상태에서 그냥 감만을 가지고 에스프레소를 뽑아내기는 너무 어려워요. 모든 과정이 고정되어 있지 않으면, 커피 맛이 매일매일 바뀌게 되거든요. 그래서 '에스프레사멘테 일리'라는 샵 브랜드가 불과 몇 년 전에 생긴 이유가, 이러한 정교한 과정을 프랜차이즈화 시키지 못했기 때문이지요. 그런데 2003년도에 UDC UNIVERSITA DEL CAFFE라는 커피학교가 생기면서, 이 과정을 체계적으로 교육시키기 시작 했고, 프랜차이즈가 가능해졌습니다. UDC는 현재 우리나라를 비롯해서 일본, 중국, 미국, 호주, 브라질 등 6개국에 설립되어 있습니다.

사실 일리는 커피뿐만 아니라 수많은 예술가들과의 협업을 하는 것으로도 알려져 있지 않습니까? 이것도 완벽한 한 잔의 커피를 만들기 위한 노력이라고 생각하면 될까요?

일리 커피가 추구하는 것은, '커피의 명품이란 누구나 쉽고 가장 저렴한 가격으로 즐길 수 있어야 한다'는 것입니다. 즉 커피를 마시는 모든 이들에게 눈과 사고로 경험할 수 있는 커피에 대한 극대화된 모든 체험을 제공하고자 하는 것이지요. 그래서 예술이라는 자연적인 언어를 선택한 것입니다.

158

사실 커피 자체는 이미 완벽하기 때문에, 커피 외적으로도 완벽한 한 잔의 감동을 드리기 위해서 *디자이너와 협업을 한다든지, UDC를 통해 커피학을 전파한다든지, 베니스 비엔날레나 〈미슐랭 가이드〉를 후원한다든지, 뉴욕에 갤러리아 일리를 운영한다든지 다양한 활동을 하고 있지요.

일리 로고가 1980년도에 바뀌었는데 제임스 로젠키스트 James Rosenquist의 디자인이었어요. 사실 그분 이후로 많은 디자이너들이 일리에 합류하게 됩니다. 예를 들어, 1999년부터 일리콜렉션 illy collection이라는 잔을 만들어서 아티스트의 혼을 담고 있습니다. 신인 작가 한 명과 유명 작가 한 명씩을 선정하여 매년 두 팀에서 세 팀 정도 작가를 발굴하고 있는데, 우리나라에서는 2001년도에 백남준씨가 만드셨죠. 작은 스푼 하나도 건축가인 파올라 나보네 Paola Navone가 디자인한 것이고, 지금 이 에스프레사멘테 일리 매장에 있는 의자나 인테리어도 이태리 디자이너인 루카 트라치 Luca Trazzi의 작품이에요.

일리는 커피의 RAW함, 즉 본질에 대한 추구뿐만 아니라 커피 안에 무엇을 담아 팔 것인가에 대한 고민도 많이 하는 것 같습니다.

그렇습니다. 커피 안에 단순히 상업적인 것만을 담는 게 아니라, 고객이 그 잔을 들었을 때의 느낌이라든지, 커피를 마셨을 때 건강에 도움이 되는지, 마시고 있는 그 공간에 대한 느낌이라든지 그러한 것들을 담고자 노력합니다. 브랜드 자체는 상업적인 성격을 가질 수밖에 없지 않습니까? 그런데 저희 매장의 컵을 보시면 아시겠지만 무척 투박하고 무겁거든요. 이 잔도 1992년도에 *마테오 턴 Matteo Thun이라는 작가가 만든 거에요. 보기에는 단순히 사기잔 같지만, 백토잔이거든요. 우리나라에서는 백토가 나오지 않기 때문에 생산이 되지 않고 이태리에서 나는 백토로 만드는 것이죠. 그래서 좀 무겁기 때문에 운영하는 입장에서는 불편하지만, 이런 잔을 쓸 수밖에 없는 것이지요. 그렇지만 고객들에게 누구의 작품이라고 일일이 설명 드리지는 않습니다. 일리를 사랑하는 고객들은 그냥 그 안에서 작가들의 작품을 같이 느끼는 거죠.

*일리와 디자이너의 협업 사례들

제임스 로젠키스트는 1960년대에 뉴욕에 정착한 이래 대중매체와 광고 등 대중적 이미지를 이용한 작품으로 국제적으로 앤디 워홀, 로이 리히텐슈타인과 함께 미국 팝 아트의 대표 작가로 널리 알려져 있으며 '현대 팝아트의 아버지'로도 불리운다.

*마테오 턴이 디자인한 일리의 컵

1990년 일리는 마테오 턴에게 아주 특별한 컵의 디자인을 의뢰하였다. 그는 이 때의 상황을 다음과 같이 말한다.
"이 컵을 디자인하는 데 있어 일리로부터 컵의 양, 직경 그리고 당신의 입이 닿아서 휴식할 수 있는 컵외 가장자리 부분에 대한 재질, 느낌, 그리고 아주 특별한 컵 받침에 대한 내용까지 상세한 자료를 받았고 이러한 부분을 다 포함하고자 노력했습니다. 이것이 바로 이 컵이 단지 아름다움에 대한 미적 가치관만에 의해서 만들어지지 않은 이유가 될 것입니다."

1. 루카 트라치가 일리를 위해 디자인한 작품 'X1' Francis Francis 에스프레소 머신
2. 1935년도에 발명한 최초의 반자동 커피 머신 일레타
3. 1961년도에 발명하여 현재까지 쓰이고 있는 페이마 E61 리전드 에스프레소 머신
4. 커피 대학인 UDC(KOREA)의 사진 (실제 매장과 동일한 환경이다)
5. 마테오 턴의 일리컵
6. 백남준의 일리콜렉션(2001)
7. 'James Rosenquist 1996' 로젠키스트에 의해 디자인된 일리 최초의 한정판 머그컵 콜렉션

CHAPTER 3

미국 뉴욕에 위치한 '갤러리아 일리'는 예술과 문학, 그리고 식음료 문화를 총체적으로 경험할 수 있는 공간이다.

그렇다면, 스타벅스와 같은 브랜드와는 어떠한 차별점을 갖고 계십니까?

일단 이념 자체가 완전히 다르죠. 정통성에 대해서 말씀 드리고 싶습니다. 스타벅스는 공간 브랜드, 즉 커피를 샵 브랜드로 만든 회사고 저희는 커피 브랜드 회사입니다. 저희는 오직 한 가지, 커피만으로 지금까지 달려왔고, 앞으로도 그렇기 때문에 맛이 변하지 않지만 그러한 브랜드들은 샵 브랜드이기 때문에 커피 맛에 대한 변화는 계속 이루어지는 것이지요. 그러한 브랜드들에서 중요한 것은 새로 만든 레시피일지도 모르겠지만, 저희는 에스프레소라는 그 본질 자체가 중요합니다. 그래서 시럽을 첨가하는 것은 중요한 것이 아니지요. 저희 에스프레사멘테 일리 매장에서 파는 커피 중에는 시럽 들어가는 메뉴는 하나도 없어요.

이창훈
현재 일리 코리아의 제너럴 매니저이자 에스프레사멘테 일리의 운영부장이다. 이태리 UDC에서 MAESTRO 자격을 획득하였으며, UCD DELLA COREA 커피교육원장, ALMA COREA 커피전문가 과정 전임교수 등 다양한 활동을 하고 있다.

시럽을 넣지 않는 특별한 이유가 있나요?

마지막 자존심이잖아요. 매출만 생각한다면 시럽을 넣은 대중적인 메뉴를 너무나도 만들고 싶죠. 그런데 사실 스타벅스라는 커피 문화가 우리나라에 들어오면서부터 에스프레소 시장이 커지게 된 좋은 측면도 있는데, 모든 메뉴나 운영에 있어 '스타벅스화' 되었다는 사실이죠. 사실 마끼아또^{Macchiato}라는 단어의 어원은 말 그대로 '점'이라는 뜻입니다. 그래서 라떼 마끼야또면 라떼에 점 하나 찍어주는 의미거든요. 저희는 물방울, 즉 고찌아또^{Gocciato}라고 표현을 하는데 그 단어의 어원 자체를 스타벅스가 만들었다고 생각을 하시고, 저희 메뉴를 이상하게 생각하세요. 예를 들어 '카페 마끼야또 프레도$^{Caffe\ Macchiato\ Freddo}$'를 주문하시는 고객에게 "이 메뉴는 에스프레소에 차가운 우유가 조금 들어간 것인데 괜찮으신가요?"라고 여쭈어보면 99.9%의 경우가 "아, 그거 아니구나. 여기 왜이래요?" 이런 식으로 반응하시는데, 너무 속상하죠. 너희는 왜 FM이 아니냐며 불만을 가지시고, 뭔가 공식처럼 생각해버리시는 경우가 많으니까 후발주자들이 힘든 것 같아요. 하지만 커피는 기호 식품이잖아요. 자신이 선호하는 스타일이 있는데, 무엇이 맞다 틀리다를 가지고 비판하기보다는 저희가 가는 길에 좀 더 정통성을 가지고 가고싶어요. 그러다보면 마니아들도 많이 생길 것이고, 시장 형성도 자연스럽게 되었으면 하는 것이 저희의 바람이기도 합니다. UB

MINI INTERVIEW

일리 마니아_**최서연** (한국마이크로소프트 윈도우 비즈니스 그룹 과장)
일리 마니아_**이승용** (NAME 크리에이티브 디렉터)

일리의 마니아가 된 계기는 무엇인가요?

최서연
사실 일리 이전에는 커피보다는 차를 즐겨 마셨거든요. 꼭 마셔야겠다는 필요성은 못 느꼈었어요. 그런데 한 3년 전부터 일리 커피를 접해본 이후부터는 커피를 마시기 시작했죠. 처음 마셨을 때의 그 느낌을 한 마디로 표현하기는 어려운데, 맛만으로도 모든 것을 느낄 수 있었다고 말씀 드리고 싶네요.

이승용
저도 우선은 맛 때문이에요. 일리를 마시다가 어느 날 다른 커피 브랜드 매장에서 에스프레소를 마셨는데 '아, 이래서 일리가 다른가?'라는 생각이 들었어요. 전혀 못 먹을 정도니까요. 어떤 브랜드는 약간 탄 맛이 나기도 하는데, 품질관리quality control 때문에 원두를 좀 태운다고 하더라고요. 사실 최상급의 질 좋은 원두를 사용하고 지속적으로 유지할 수 있다면 굳이 태워서 탄 맛을 낼 필요는 없는 거잖아요. 그런 부분 없는 거의 완벽한 맛, 그리고 그 품질을 지키기 위한 다양한 노력을 들으니까 마음이 가더라고요.

탄 맛이 난다는 것은 무슨 의미인가요? 다른 브랜드와 비교했을 때 맛이 얼마나 차이가 있나요?

최서연
탄 맛이 나는 이유를 쌀로 비유를 하자면, 신선한 쌀과 나쁜 쌀이 있는데 전국의 체인점에서 똑같은 맛을 내려면 태워서 누룽지를 만들어야 한다고 하거든요. 사실, 좋은 쌀을 가지고 태우지 않고 밥을 해서 좋은 맛이 나는 것이 더 중요하잖아요. 그런 부분에 있어서 일리는 정말 대단한 것 같아요. 커피 종류도 최상급의 한 가지만 있고, 그런 것을 보면 브랜드의 자부심을 지키기 위해 많은 노력을 했다는 것을 느낄 수 있어요. 경영자가 브랜드를 위해 커피와 화학을 접목시키고, 디자인 영역까지 생각 했다는 것을 보면 그 자체가 단순한 커피 브랜드라고 보기는 힘들어요.

저희는 커피의 본질을 누구보다도 잘 이해하고, 그 본질을 그대로 보여주고 있는 브랜드는 일리라고 생각했습니다.

이승용
그렇죠. 독보적이죠. 다른 것으로 더 풀려고 하지 않아요. 일리에서는 그 말밖에 안 하거든요. "일단 커피를 마셔봐." 라고요.

최서연
네. 무척 잘 되는 브랜드이기 때문에 지금까지 수많은 유혹이 있었을 것 같아요. 그럼에도 불구하고 맛의 본질에 꾸준히 투자해서 RAW함을 잘 지켜낸 것 같아요. 커피의 본질에 집중한 브랜드라고 할 수 있겠죠.

그렇다면, 일리는 RAW한 오감 중 어느 부분을 자극한다고 생각하시나요?

최서연
저는 후각이 떠올랐어요. 사실 에스프레사멘떼 일리 매장은 커피 향이 진하지는 않아요. 그런데 그 느낌을 실제로 경험한 적이 있었어요. 굉장히 큰 공간에서 일리 커피 캔을 땄는데, 그 큰 공간에 향이 그득하게 차더라고요. 무척 충격적인 경험이었죠. 평생 그 느낌은 못 잊을 것 같아요.

이승용
저는 시각이에요. 미각이나 후각은 기본이라고 생각하고요. 디자인을 하는 사람으로써 보자면 일리 로고인 빨간색 네모가 가진 상징성이 강한 것 같아요. 하나부터 열까지 너무 예뻐요. 그리고 우리나라에서 이태리 디자이너의 작품을 전시하면 열광하잖아요. 물론 돈도 내고 가서 봐야 하는데, 여기에 오면 그냥 다 볼 수 있거든요. 사실 의자 하나도 박물관에서 볼 수 있는 것인데, 이 곳에서는 그냥 아무렇지도 않게 앉아서 커피를 마실 수 있거든요. 이러한 문화적 혜택을 커피 한 잔을 마시면서 느낄 수 있다는 것, 저는 고마워해야 한다고 생각해요.

일리는 마니아층이 굉장히 두텁다고 알고 있는데 그 비결은 무엇이라고 생각하시나요?

이승용
저는 일리에서 에스프레소를 마시는 행위 자체를 '거룩하다'라고 표현을 하는데, 진짜 커피의 본질을 아는 분들이 오시는 것 같아요. 연령대도 좀 높죠. 요즘에는 조금 어린 친구들도 많이 오는데 보통 외국에서 공부했던 경험이 있어서 이미 알고 오는 사람이 대부분이고요. 그리고 제가 디자이너이니까, 제 입장에서 말씀 드리자면 압구정이나 청담동쪽에 카페들이 엄청나게 생기고 있지 않습니까? 저는 카페는 커피를 파는 곳이기 때문에 커피가 가장 중요하다고 생각하는데, 몇십 억 하는 인테리어가 무색할 정도로 커피 맛이 너무 없는 경우가 많아요. 맛이 없는 정도가 아니라 소비자를 기만하는 행위라고밖에 생각할 수 없는 경우가 많은데, 그에 비해 일리가 경쟁력이 있는 것은 일단 커피가 맛있으니까요. 커피라는 본질에 충실하니까. 결국 1~2년이면 판가름 나지 않을까 해요.

최서연
사실 커피의 본질이나 문화보다는 트렌드가 먼저 들어온 상황에서, 맛에 대한 진실을 알고 있는 사람이 몇 안 되었던 것 같아요. 그런데 일리가 한국에 들어왔을 때 그 기준이 명확하게 세워지게 되었죠. 이제는 오히려 역으로 비교하게 되는 것 같아요. 커피는 일리 정도의 수준이 되지 않으면 안 된다는, 그런 자부심이 있죠.

Additional Case Exercise

최근 마케팅과 브랜딩 분야에서 가장 많이 언급된 브랜드 중 하나는 커피 전문점 스타벅스일 것입니다. 아울러 국내 커피 전문점 시장은 급성장기를 거치고 있으며 해외 브랜드뿐만 아니라 다수의 국내 대기업들도 이 시장에 뛰어들고 있습니다. AC 닐슨에 의하면 2007년 국내 원두커피 시장의 규모는 1조 8천억 정도이며 커피 전문점은 그 중 약 20% 정도를 차지하고 있습니다. 해외 특히 미국에 비해 커피 전문점의 점유율이 낮은 이유는 국내에서는 커피 믹스가 광범위한 시장을 형성하고 있기 때문이라고 합니다.

광화문이나 강남역 주변을 보면 십여 개 이상의 커피 전문점들이 보이며 중소형 전문점을 포함하면 전국에 천 개 이상의 전문점 매장이 있다고 합니다. 최근 대기업의 시장 진입으로 커피 전문점 시장은 새로운 판도 형성이 예고되고 있으며, 스타벅스는 커피 전문점 시장뿐 아니라 편의점과 슈퍼마켓을 통해 컵 커피를 판매하며 영역을 확장해 가고 있는 상황입니다.

Q1 일단 커피 전문점 하는 바로 떠오르는 브랜드 3개를 적어 보십시오. 그리고, 각 브랜드의 매장 한 곳씩을 방문해 보십시오. 만약 3개 브랜드를 선택하기 어렵다면 스타벅스 Starbucks, 커피빈 Coffee Bean, 그리고 일리 illy의 매장 한 곳씩을 방문해 보세요. 각 브랜드의 타깃 고객층은 누구이며 각각의 경쟁우위는 무엇입니까? 그 경쟁우위가 지속성이 있다고 생각하시나요?

Q2 당신이 일리 illy 커피의 마케팅 매니저가 되었다고 상상을 해 보십시오. 일 주일 후에 일리 본사의 사장에게 '2009 한국 일리의 마케팅 플랜'을 보고해야 합니다. 국내 커피 전문점 시장의 후발 주자로서 한국 일리 커피는 예를 들어 커피에 시럽을 넣도록 허용한다든지 하는 정책을 통해 좀 더 대중화할 것인지 아니면 커피의 본질을 일관성 있게 유지하는 본사의 정책을 따를 것인지를 고민하고 있는 상황입니다. 어떤 마케팅 플랜을 제시하실 것인가요?

Group study guide 3~5명의 그룹을 만들어 일리에서 커피를 마시면서 토론을 해 보십시오. 그리고 각 커피 전문점을 체험하는 것뿐만 아니라 매장 직원들에게 질문을 많이 해 보세요.

※ 문제출제 : Unitas CLASS

Closing Question

Q1 RAW에 대한 당신만의 정의를 해보십시오.

Q2 당신만이 알고 있는 RAW한 브랜드는 무엇인가요?

Q3 당신의 브랜드에 RAW한 것이 있다면 5가지만 적어 보십시오. 그리고 팀원들과 서로 맞추어 보십시오.

Q4 내가 좋아하는 브랜드, 시장이 주도하는 브랜드, 경쟁 브랜드에서 RAW한 요소를 발견할 수 있다면 그들은 RAW를 어떻게 마케팅 하고 있는지를 나누어 보십시오.

Marketing Mind
Black Question

Q1 고객이 중독될 만한 우리 브랜드의 스토리는 무엇입니까?

Q2 중독될 만한 스토리가 없다면 사실을 근거로 만들어 보십시오.

Q3 스토리 구축을 위한 전략은 무엇입니까?

Q4 구축된 전략을 어떻게 실행하고 있습니까?

Q5 지금까지 나왔던 모든 이야기를 한장의 그림으로 그려 보십시오.

Unitas BRAND
ALL SET

유니타스브랜드의 **히스토리**History를
여러분의 **스토리**Story로 적용할 때입니다

Unitas BRAND는 총 23권, 약 5,600 페이지로 구성되어 있으며 기획기간 3년, 제작기간 4년 동안 성공적인 브랜드 사례 270여 개를 분석하고 국내 전문가 및 브랜드 현장 리더 500여 명, 해외 석학 및 전문가 90여 명의 지식을 압축하여 만들어진 브랜드 매거북 시리즈입니다.

격월로 발행되는 유니타스브랜드를 Vol.19 '브랜드의 미래'까지 모두 모아 구성하는 **ALL SET**는 경영자는 물론 브랜드, 마케터, 디자이너의 참고서 입니다. 프로젝트 기획 및 프레젠테이션, 사내 그룹 스터디, 직원 교육 등에 활용되고 있는 유니타스브랜드 전 권을 이제, 당신의 서재에 보관하십시오.

SEASON I 브랜딩 + SEASON II 솔루션

~~364,000원~~

20% Off

291,200원

Vol.1 ~ Vol.19 총 19권 구성

ALL SET 세부구성

Vol.1 판타지 브랜드
정가 15,000원

Vol.2 브랜드뱀파이어
정가 15,000원

Vol.3 고등브랜드
정가 15,000원

Vol.4 휴먼브랜드
정가 15,000원

Vol.5 휴먼브랜더
정가 15,000원

Vol.6 런칭
정가 15,000원

Vol.7 RAW
정가 15,000원

Vol.8 컨셉
정가 15,000원

Vol.9 호황의 개기일식
정가 15,000원

Vol.10 디자인 경영
정가 23,000원

Vol.11 ON-Branding
정가 20,000원

Vol.12 슈퍼내추럴 코드
정가 20,000원

Vol.13 브랜딩
정가 28,000원

Vol.14 브랜드 교육
정가 23,000원

Vol.15 브랜드 직관력
정가 23,000원

Vol.16 브랜드십
정가 23,000원

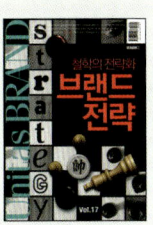
Vol.17 브랜드 전략
정가 23,000원

Vol.18 브랜드와 트렌드
정가 23,000원

Vol.19 브랜드의 미래
정가 23,000원

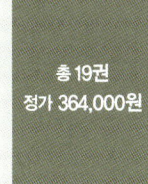
총 19권
정가 364,000원

Unitas BRAND
브랜드 · 마케팅 매거북 시리즈

SEASON I 브랜딩

판타지 브랜드
산업혁명 시대와 달리 사람들은 '필요'에 의해서 물건을 사는 것이 아니라 '욕망' 때문에 소비한다. 이른바 명품이라고 불리며 하이엔드에 위치한 고등브랜드들은 판타지라는 핵심인자를 통해 부의 대물림을 이루고 있다. 브랜딩의 연금술인 판타지가 있는 브랜드를 만들기 위한 전략을 고민할 수 있다.

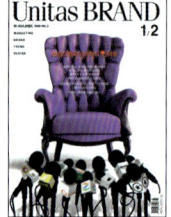
브랜드 뱀파이어
시장에서 주연급 조연이자 조연급 주연인 얼리어답터, 트렌드 리더, 브랜드 마니아 혹은 이노베이터들을 찾아 그들을 '혁신 소비자' 같은 모호한 용어가 아닌 '뱀파이어'라는 이름을 주었다. 마치 한 번 물면 또 한 명의 뱀파이어가 생기는 것처럼, 무시무시한 영향력을 가진 그들을 만나 보자.

고등브랜드
사람을 닮아가는 브랜드들이 있다. 자신의 정체성을 성(性, SEX)과 성(聖, SAINT)으로 표현하는 그들은 그야말로 섹시SEXY한 브랜드와 홀리HOLY한 브랜드다. 전혀 어울리지 않을 것 같은 가치를 자신의 진화 코드로 삼아 '가치'의 기준이 된 이들을 우리는 '고등브랜드HIGHER BRAND'라 설명한다.

휴먼브랜드
복잡한 브랜드 아이덴티티에 대해서 스타벅스의 하워드 슐츠 회장은 아주 간단한 정의를 내린다. '당신이 무엇을 상징하고 있는 가를 고객들이 인식해야 한다' 그렇다면 당신 자신은 무엇을 상징하는가? 여기서 휴먼브랜딩이 시작된다. 오늘날 상징이 되어버린 휴먼브랜드를 소개한다.

휴먼브랜더
한 개인이 어떻게 브랜드가 될 수 있는지 다각적인 접근을 시도했다. 브랜드 이론을 사람에 적용시켜 휴먼브랜드에 대한 정의를 시도하고 휴먼브랜드를 만드는 휴먼브랜더를 통해 휴먼브랜드의 자질을 살폈다. 또한 '다중지능' 이론의 창시자 하워드 가드너와의 깊이 있는 인터뷰 등도 확인할 수 있다.

브랜드 런칭
불길한 시장 악화 징조, 급작스러운 트렌드의 변화, 선도 브랜드들의 견제, 무분별한 가격 할인 전략, 그리고 전혀 예상하지 못했던 내부 조직의 갈등과 와해. 이것들은 브랜드 런칭을 준비하면서 터지는 시한 폭탄들이다. 런칭을 준비할 때 찾아오는 쓰라린 현실에 대비해 런칭의 내성을 길러보자.

RAW
우리가 RAW에 대해서 주목하는 것은 RAW가 불황 탈출의 대안일 뿐 아니라 웰빙 다음을 잇는 거대한 트렌드이며, 소비자의 강화되고 재해석된 욕구인 브랜드를 선택하고 강화시키는 문화의 기준이며, 브랜드 궁극의 목적이기 때문이다.

브랜드와 컨셉
현장에서 일상적으로 쓰이는 '컨셉'이란 도대체 무엇이고, 이것이 중요한 이유는 무엇일까? 물론 여기에서 주목하는 것은 컨셉의 '정의'가 아니라 '활용'이다. 컨셉의 활용인 컨셉추얼라이제이션을 배우기 위해 60여 명의 전문가들의 조언을 구하고, 컨셉있는 브랜드의 컨셉 스토리를 담았다.

호황의 개기일식
불황 속에서 우리는 현실, 사실, 그리고 진실에 주목해야 한다. 불황은 불안을 야기해 소비를 정체시킨다. '현실'적으로 시장 전체가 얼어붙어야 하는 것이 '사실'이지만 '진실'은 다르다. 예상치 못한 시장에서 활황의 DNA를 가진 슈퍼 브랜드가 탄생하는 것이 현실이며 사실로 드러나는 진실이다.

디자인 경영
매년 3만 7천 명의 디자이너가 배출되고, 누적 디자이너 수 백만 명의, 인구 대비 디자이너 비율이 세계 최고인 대한민국. 최근 어렵지 않게 들을 수 있는 '디자인 경영'이란 과연 무엇일까? 디자인 경영은 브랜드 경영이며, 브랜드 경영은 곧 디자인 경영이다. 우리는 이를 '뫼비우스 경영'이라 부른다.

온브랜딩
온브랜딩(ON-BRANDING)의 ON은 온라인의 줄임말이 아니다. 늘 켜져 있음, 작동하고 있음의 ON, 살아있음의 ON을 의미한다. 기업이 주목해야 할 변화는 이제 자신의 브랜드가 자신의 의도대로 브랜딩되는 것이 아니라 24시간 꺼지지 않는 소비자의 관심에 의해 브랜딩되고 있음이다.

슈퍼내추럴 코드
브랜드에 초자연적인 애착, 집착, 중독의 모습을 보이는 소비자들. 이들은 브랜드를 자신의 혹은 생활의 일부라고 믿고, 브랜드에게 우정을 느끼는가 하면 상품을 모아 박물관을 만들겠다 한다. 이들은 도대체 왜, 브랜드에 슈퍼내추럴한 현상을 보며, 그런 브랜드는 어떤 슈퍼내추럴 코드를 지녔을까?

브랜딩
브랜드란, 또 브랜딩이란 대체 무엇일까? 시즌 I의 12권을 총정리해 브랜드라는 세계관으로 인간사를 조망한 이 책은 브랜더에게는 브랜드의 관리 능력을, 마케터에게는 시장 전략을, 디자이너에게는 전략의 시각화 방법을, 일반 독자에게는 브랜드가 갖는 엄청난 영향력에 대한 인사이트를 줄 것이다.

CONTENTS 판타지 브랜드, 브랜드 뱀파이어, 고등브랜드, 휴먼브랜드, 휴먼브랜더, 브랜드 런칭, RAW, 브랜드와 컨셉, 호황의 개기일식, 디자인 경영, 온브랜딩, 슈퍼내추럴코드

Unitas BRAND는 총 23권, 5,600페이지로 구성되어 있으며 기획기간 3년, 제작기간 4년 동안 성공적인 브랜드 사례 270여 개를 분석하고 국내 전문가 및 브랜드 현장 리더 500여 명, 해외 석학 및 전문가 90여 명의 지식을 압축하여 만든 브랜드 전문 매거북 시리즈입니다.

SEASON II 솔루션

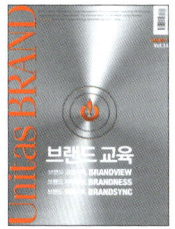
브랜드 교육
지금까지 기업의 직원 교육 목적은 탁월한 전문가를 양성해 기업의 이윤을 극대화하는 것이었다. 그러나 진정한 브랜드 교육은 직원이 주인 정신을 넘어 브랜드의 '창업자 정신'을 공유하게 한다. 즉, BRAND MANAGER를 위한 교육이 아니라 직원을 '비욘드 마스터BEYOND MASTER'로 만드는 교육에 가깝다.

브랜드 직관력
소비자는 끊임없이 3가지를 이야기하는데 첫 번째는 하고 싶은 말, 두 번째는 하고 싶지 않은 말 그리고 세 번째는 미처 생각하지 못한 말이다. 첫 번째와 두 번째는 관능검사로 가능하다. 하지만 세 번째는 오직 직관으로만 이해할 수 있다. 이것이 브랜더가 가져야 할 직관 지능이다.

브랜드십™
브랜드 영속을 꿈꾸는 리더들이 '진짜' 해야 할 일은 무엇인가? 진정한 브랜드의 리더는 CEO가 아닌, 누가 되어야 하는가? 그리고 브랜드를 영속하게 하는 문화는 과연 어떻게 만들어지는가? 영속하는 브랜드가 되기 위해 리더가 갖춰야 할 조건들을 제안한 이 책에서 그 비밀이 밝혀진다.

브랜드 전략
시장의 판이 바뀌었다. 마케팅이 시장을 호령하던 시대가 끝나고 마케팅 중심의 질서를 재편하고 있는 것이 브랜딩이다. 따라서 우리가 서슴없이 사용하고 있는 '전략'이라는 용어도 브랜딩 시대에 맞는 재해석이 필요하다. 브랜딩 시대에 필요한 전략은 바로 '명확한 철학을 갖는 것'이다.

브랜드와 트렌드
트렌드와 브랜드, 비즈니스에서 빼놓을 수 없는 이 두 단어의 관계를 조망한다. 양날의 검과도 같은 트렌드는 제대로 이해될 때만 브랜드의 목적 달성에 요긴한 것이 된다. 비즈니스 운명의 양손과도 같은 브랜드와 트렌드의 관계에서 적정한 융합 기술은 어떻게 구현될 수 있는지 살펴보자.

브랜드의 미래
미래는 예언이 아니라 예측이다. 브랜더와 마케터가 미래를 알아야 하는 이유는 무엇일까? 그들이야 말로 미래를 가장 먼저 알아야 하는 사람들이기 때문이다. 미래를 미리 예측하여 그것에 맞는 라이프스타일을 구축하는 것은 물론, 완성시켜야 하는 것이 그들의 임무이기 때문이다.

브랜드 창업
오늘 우리에게 익숙하거나 사랑받는 브랜드의 대부분은 작은 가게, 즉 누군가의 창업에서 시작됐다. 왜 어떤 창업은 브랜드로 정착해 오랫동안 사랑 받고, 어떤 창업은 3년도 못 돼 시장에서 사라지게 되는 것일까? 창업이 곧 브랜드 런칭이 되게끔 하는 숨은 비밀을 밝혀보자.

스마트 브랜딩
기업의 크기가 작아서 더 유리한 브랜딩 방법은 없을까? 대부분의 강소브랜드는 작은 규모를 장점으로 인식하고 그들의 핵심가치를 극대화했다. 그 과정에서 보인 기존의 경쟁개념과 상식을 벗어나는 독특한 면모는 자신이 믿는 가치에 대해서는 타협하지 않는 강한 정신력에서 비롯됐다.

브랜딩 임계지식 사전
《브랜딩 임계지식 사전》은 〈유니타스브랜드〉 시즌 I, II의 컨텐츠를 200개의 키워드를 중심으로 응축한 책이다. 마케팅 관점에서 벗어나 절대적인 브랜드로 거듭나기 위해 필요한 임계지식을 사전의 형태로 구성했다.

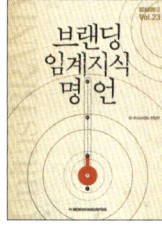
브랜딩 임계지식 명언
《브랜딩 임계지식 명언》은 〈유니타스브랜드〉 시즌 I, II에서 소개한 국·내외 브랜드 전문가의 통찰 지식과 지금까지 유니타스브랜드가 발견한 새로운 현상을 정리해 인사이트를 얻을 수 있도록 명언집의 형태로 구성했다.

MORAVIANUNITAS www.unitasbrand.com / www.unitasmatrix.com 광고문의 010-2269-7384 sunrise@unitasbrand.com

Unitas BRAND MEMBERSHIP

www.unitasbrand.com
TEL 02.545.6240
MOBILE 010.4177.4077
격월 짝수달 초 발행

등급별 가이드

회원 여러분의 필요에 맞춰 다양한 등급별 정기구독 제도를 마련하였으니, 각각의 혜택을 참조하여 꼭 필요한 멤버십 회원으로 신청하시기 바랍니다.

New Red 기업단체구독 MEMBERSHIP 레드 450,000원

 유니타스브랜드 정기발송 (5권 X 연 6회)

 기업로고 노출 (BI/CI)

 유니타스브랜드 뉴스레터

 특별 세미나

구분	브랜드 매거진			지식 세미나		통합지식 네트워크
Purple 퍼플 300,000원	유니타스브랜드 정기발송 (연 6회)	유니타스브랜드 뉴스레터	무크지 or 단행본 (연 1회)	유니타스브랜드 컨퍼런스 (동반 2인 무료)	브랜딩 클래스 (연 2회)	북 세미나 (연 4회)
Black 블랙 120,000원	유니타스브랜드 정기발송 (연 6회)	유니타스브랜드 뉴스레터	무크지 or 단행본 (연 1회)	유니타스브랜드 컨퍼런스 (동반 1인 50% OFF)		
Green 그린 96,000원	유니타스브랜드 정기발송 (연 6회)	유니타스브랜드 뉴스레터				

세미나 및 교육 가이드

*사정에 의해 일정이 변경될 수 있습니다.

구분	횟수/시간	참가비	무료 참가자격	1월	2월	3월	4월	5월	6월	7월	8월	9월	10월	11월	12월
Branding Class (권민 편집장 브랜딩 클래스)	2회 (pm 7:00~8:30)	100,000원	퍼플 (동반 1인 50% OFF)						6/9					○	
UnitasBRAND Conference (유니타스브랜드 컨퍼런스)	4회 (pm 1:30~6:00)	70,000원	퍼플 (동반 2인 포함) 블랙 (동반 1인 50% OFF)				4/7		6/24				10/13	11/24	
Book Seminar (북 세미나)	4회 (pm 7:00~9:00)	20,000원	퍼플			3/4	4/12					○		○	
Knowledge Donation Conference (지식기부 컨퍼런스)	1회	–	–										○		
Red 특별세미나	1회	–	레드										○		

㈜모라비안유니타스 서울시 서초구 방배동 907-4 석교빌딩 3층 Tel 02.545.6240 Email unitas@unitasbrand.com @UnitasBRAND

기업구독자

경기도교육정보연구원(문헌자료실), 한국광고단체연합회, 스튜디오바프㈜, ㈜뉴데이즈, ㈜애드쿠아 인터렉티브, ㈜해피머니 아이엔씨, ㈜이투스, ㈜컨셉, 한국우편사업지원단, 우리컴, ㈔한국용기순환협회, ㈜디자인원, 얼반테이너, 민주화 운동기념 사업회, 광고인, 디자인수목원, ㈜에스마일즈, 다우그룹, 비아이티컨설팅㈜, ㈜카길애그리코리아, 한국수입업협회, 송추가마골, ㈜굿앤브랜드, ㈜마더브레인, 브랜드36.5, 브랜들리, ㈜위즈덤하우스, ㈜작인, ㈜반디모아무역, ㈜브릿지 래보러토리, 한양애드, TBWA KOREA, ssp company, ㈜더크림유니언, MDSPACE, 유니버설문화재단, ㈜준코토미컴퍼니, ㈜아티포트, ㈜휴먼컨설팅그룹, ㈜한빛인터네셔널, 대림통상, ㈜디자인컨티늄코리아, ㈜에이션패션, 동화홀딩스㈜서울사무, 더아이디어웍스 주식회사,중소기업 기술정보진흥원, 익사이팅월드커뮤니케이션, ㈜인디부니, 프린서프, 아이비즈웍스, 에리트베이직, ㈜빅솔, 브랜드아큐멘, ㈜아이듀오, rogmedia, ㈜위즈코리아, 지아이지오, 서하브랜드네트웍스, ㈜에스앤씨네트웍스,㈜씨엔엠인터라거티브, 주식회사 오디바이크, ㈜엑스프라임, 삼화페인트공업㈜, CDR어소시에이츠, 시니어커뮤니케이션, 에이다임, 고양아람누리, ㈜세라젬, ㈜기독교텔레비전, 시티그룹글로벌마켓증권, 서울장애인종합복지관, ㈜네시삼십삼분, obs경인tv, 금양인터내셔날, ㈜에프앤어스, 아시아저널, 한국생산성본부, 이다커뮤니케이션즈㈜, ㈜플립커뮤니케이션즈, 여름커뮤니케이션, ㈜인터내셔널 비아이에프, ㈜줌톤, ㈜이디엠에듀케이션, ㈜에듀인피플, ㈔한국성서유니온선교회, ㈜휴맥스, 대구전문서적, ㈜이룸네트워크, 리빙디자인연구소, ㈜루키스, 더브레드앤버터, ㈜윕스, ㈜아크앤팬컴, ㈜코리아더카드, 롯데삼강, 유엠엑스, ㈜투데이아트, ㈜더블유알지, ㈜패션홀릭

Unitas CLASS
School of Marketing and Strategy

마케팅과 전략의 교육 솔루션으로
10만 명의 전략가를 양성하는 기업 교육 회사입니다

Open Program

개인의 역량향상과 팀의 성과향상을 위해
최적의 전략과 솔루션을 제공하는 공개교육
프로그램

**Human Insight를 통한 Creative Ideation,
[Reading for Leading] 성과내는 책 읽기**

Premium Program

체계적인 사전분석과 커뮤니케이션을 통해
해당 기업의 문제를 해결하고 성과를
도출하는 기업 맞춤형 교육 프로그램

신입사원 브랜드 교육, 브랜드 내재화 교육, 디자이너를 위한 브랜딩 스쿨, 브랜드 비전/미션개발, 임원들을 위한 BrandView교육, 브랜드마케팅 시장조사 방법론, 브랜드 컨셉 구축과 실행

Network Program

최고의 전문가와 현장담당자들의 지식과 경험
을 공유하는 세미나 / 컨퍼런스 프로그램

**Book-Seminar, 정기 컨퍼런스, 24hr 컨퍼런스,
UNITAS MATRIX 세미나, Unitas Viewer Box**

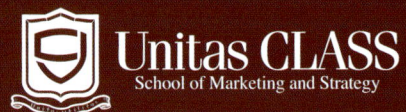

㈜유니타스클래스 www.unitasclass.com
3F, 907-4, Seokgyo bldg., Bangbae-dong, Seocho-gu, Seoul, KOREA 137-060
T +82.2.517.1984 / +82.333.0478   F +82.2.517.1921   E class@unitasclass.com   담당 **신현선** 팀장

기업의 미래에 투자하는

신입사원 브랜드 교육

Why 브랜드 교육?

기업의 전략은 누구나 따라할 수 있습니다. 그러나 강력한 브랜드는 그 누구도 쉽게 넘볼 수 없습니다.

직무기술서에 쓰여진 일만 잘하는 신입사원을 만드시겠습니까, 자사 브랜드에 대한 주인의식을 통해 강력한 브랜드를 구축해가는 신입사원으로 육성하시겠습니까? 선배가 시키는 일만 잘하는 신입사원을 만드시겠습니까, 고객의 눈으로 시장과 기업을 읽고, 자사 브랜드의 미래가치를 찾는 신입사원으로 성장시키겠습니까?
유니타스클래스의 '신입사원 브랜드 교육'을 통해 신입사원과 기업의 미래에 투자하시기 바랍니다.

교육내용

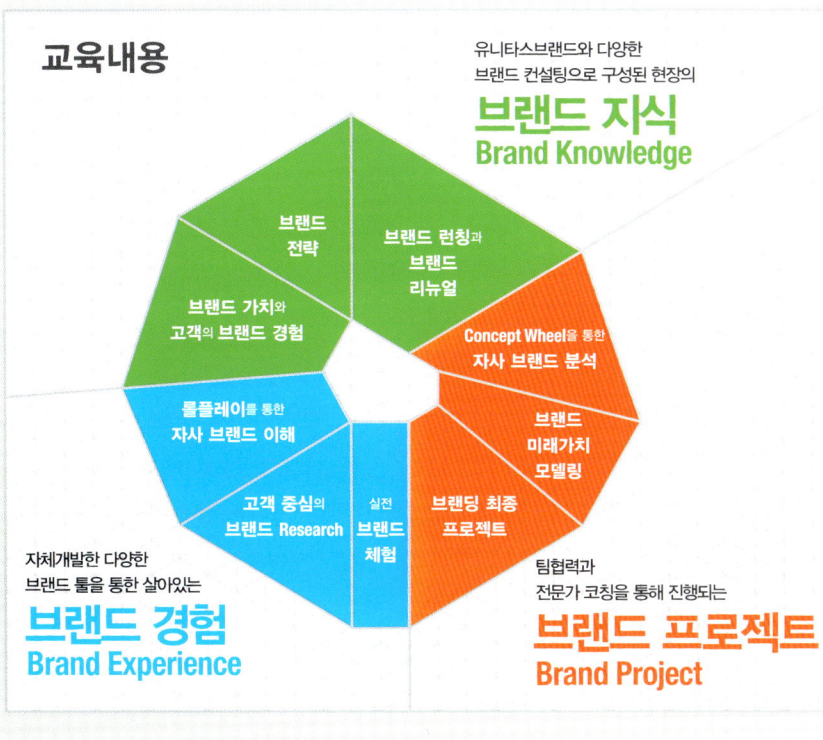

유니타스브랜드와 다양한 브랜드 컨설팅으로 구성된 현장의
브랜드 지식
Brand Knowledge

- 브랜드 전략
- 브랜드 런칭과 브랜드 리뉴얼
- 브랜드 가치와 고객의 브랜드 경험
- Concept Wheel을 통한 자사 브랜드 분석
- 롤플레이를 통한 자사 브랜드 이해
- 브랜드 미래가치 모델링
- 고객 중심의 브랜드 Research
- 실전 브랜드 체험
- 브랜딩 최종 프로젝트

자체개발한 다양한 브랜드 툴을 통한 살아있는
브랜드 경험
Brand Experience

팀협력과 전문가 코칭을 통해 진행되는
브랜드 프로젝트
Brand Project

교육대상	각 기업의 **신입사원** 또는 **주니어급 사원**
교육기간	기본형 1~2일 프리미엄형 3~4일 기업에 따라 협의후 조정
교육방법	강의, 특강, 체험활동, 게임, 롤플레이, 모델링, 팀협력 프로젝트

※기준 인원은 **15명 이상**이며, 비용은 협의 후 결정합니다.

기대효과

- 고객 관점에서 브랜드 중요성을 인식하고 브랜드를 보는 시각을 갖게 합니다.
- 신입사원의 신선한 시각으로 자사 브랜드를 관찰할 수 있는 시각을 갖게 합니다.
- 자사 브랜드의 브랜드 정체성을 분석하여 미래 가치창출의 기회를 발견할 수 있습니다.
- 신입사원으로서 다양한 프로젝트에 능동적으로 참여할 수 있는 프로세스와 방법을 학습합니다.

Unitas CLASS
School of Marketing and Strategy

Premium Program

체계적인 사전분석과 커뮤니케이션을 통해
해당 기업의 문제를 해결하고 성과를 도출하는
기업 맞춤형 교육 프로그램

IMAGINATION
아이디어를 자유롭게 적어 보세요.

CONCEPTUALIZATION
컨셉 휠을 이용해 당신의 아이디어를 정리해보세요.

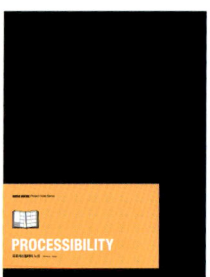
PROCESSIBILITY
정리된 컨셉을 각종 프로젝트에 활용하세요.

INTEGRATION
아이디어, 컨셉, 프로세스를 한 번에 관리할 수 있습니다.

IDEATIOIN
당신의 아이디어를 사분면을 활용해 정리하세요.

SOFT **IMAGINATION LINE**
아이디어를 줄 노트에 정리해 보세요. (소프트 커버)

SOFT **IMAGINATION DOT**
아이디어를 도트 노트에 정리해보세요. (소프트 커버)

SOFT **CONCEPTUALIZATION**
컨셉 휠을 이용해 아이디어를 정리하세요. (소프트 커버)

SOFT **PROCESSIBILITY**
정리된 컨셉을 각종 프로젝트에 활용하세요. (소프트 커버)

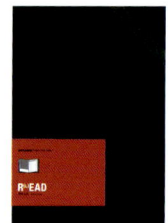
R(I)EAD
책을 읽고 성과를 창출해 보세요.

ART black
당신의 단기 프로젝트를 돕습니다. (3개월)

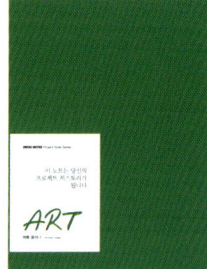
ART green
당신의 단기 프로젝트를 돕습니다. (3개월)

MORE COLOR VARIATION
다양한 컬러를 준비 중 입니다.

RESEARCH
시장조사의 필수 노트! 리서치 노트입니다.

SOFT **INTEGRATION**
스마트 인티그레이션 노트입니다. (소프트 커버)

PROJECT IS ART

당신의 프로젝트 히스토리가 됩니다.

SOFT **IDEATION**
당신의 아이디어를 사분면을 활용해 정리하세요. (소프트 커버)

smART black
작은 사이즈로 단기 프로젝트를 돕습니다. (3개월)

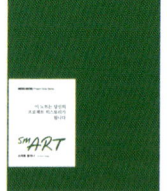
smART green
작은 사이즈로 단기 프로젝트를 돕습니다. (3개월)

smART red
작은 사이즈로 단기 프로젝트를 돕습니다. (3개월)

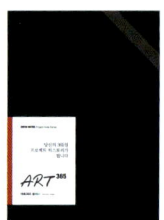
ART365 black
장기 프로젝트를 위한 노트입니다. (1년)

ART365 red
장기 프로젝트를 위한 노트입니다. (1년)

multi ART black
프로젝트뿐만 아니라 드로잉과 스케치를 할 수 있습니다. (1년)

multi ART red
프로젝트 뿐만 아니라 드로잉과 스케치를 할 수 있습니다. (1년)

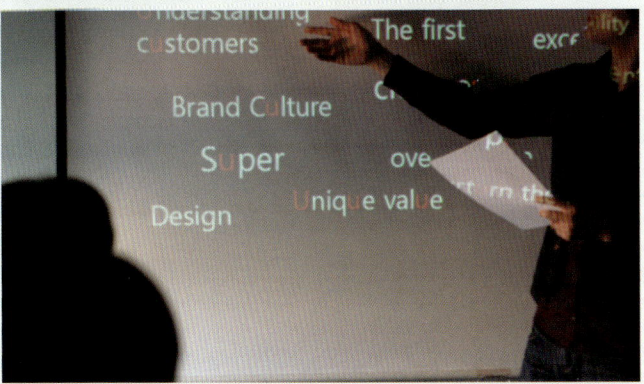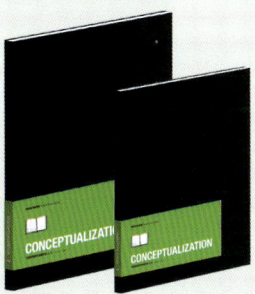

BOOK

Unitas BRAND
브랜드, 마케팅, 트렌드, 디자인에 관한
전문 매거북(magazine+book)으로, 격월간 발행

Unitas VIEW
트렌드, 문화, 라이프스타일, 예술, 리서치 등의 주제를
무크지 형태로 발행

단행본
브랜드를 비롯한 전문 분야에 대한 다수의 연구서
저술을 통해 지식을 개발

CONSULTING

Unitas Consulting
브랜딩 최적화를 위한 브랜드 컨설팅 서비스를 제공
브랜드 철학 및 비전구축과 이를 가시화하는
전략 수립 컨설팅 병행

Unitas Coaching
CEO와 Top Management의 실제적인 브랜드 경영을
돕기 위한 프로그램을 제안

BRANDING HOUSE
브랜드를 브랜드답게 만듭니다

EDUCATION

Unitas CLASS
전 직원의 브랜드화를 위한 브랜드 전략가 양성 교육, 기
업 맞춤 교육 및 집합 교육 등 브랜드 특화 교육 커리큘럼
제공

Unitas Conference
최고의 브랜딩, 마케팅 전문가들과 함께하는 컨퍼런스
및 세미나를 통해 브랜딩 역량을 향상

SOLUTION

Brand 창업
브랜드 창업센터를 통해 예비창업자를 위한 교육 및 세
미나 진행. 브랜드 창업을 근간으로 한 유니타스브랜드
시즌III 기획. Vol.21 '브랜드 창업'과 《아내가 창업을 한
다》 출간.

UNITAS MATRIX
프로젝트가 진행될 때 최상의 결과를 얻을 수 있도록 돕
는 프로젝트 도구. 프로젝트 플래너, 크리에이티브 노트,
시장조사 노트, 독서 노트 등을 통해 전략적 사고의 툴
제공

㈜모라비안유니타스 서울시 방배동 석교빌딩 3층 Tel 02.545.6240 Email unitas@unitasbrand.com www.unitasbrand.com 문의 조선화 실장